듣는 마음,
말하는 기술

듣는 마음, 말하는 기술

정신과 의사들이 현장
상담에서 배운 대화의 힘

김효원 김은영 정두영

글항아리

머리말

이 책은 정신건강의학과 의사들이 알려주는 말하기 방법과 실전 지침서다. 시중에 이미 말하기 책이 많은데 새로운 책을 써도 될까 하는 마음이 없지 않았다. 서점의 자기계발서 매대에는 좋은 목소리로 말하는 법, 다른 사람을 설득하고 협상에서 이기는 법, 매력 있고 인기 있는 사람으로 만드는 대화법을 알려주는 책들이 가득 진열되어 있다. 게다가 정신건강의학과 의사를 말하기 전문가라고 볼 수 있을까, 우리의 말하기는 보통 사람들의 말하기와 다른 것일까 하는 고민도 없지 않았다.

정신건강의학과 의사가 화법의 전문가는 아니지만 어떻게 잘 말할까를 계속 고민하고 공부하는 사람인 것은 맞다. 의사가 되자마자 내 면담 모습을 비디오로 촬영해 교수님, 동료들과 함께 보면서 의견을 주고받는 시간이 있었다. 그때 비디오를 보며 내가 생각했던 나 자신의 모습과 크게 달라서 놀라고 부끄러워했던 기억이 있다. 당시 교수님께서 내게 '단호하게 말하는 사람'이라고 하셨던 것을 잊을 수 없다. 이후 훈련을 통해 스스로도 몰랐던 나의 말하기 습관들을 알아차리고 다듬어갈 수 있었다.

일반적인 대화가 어려운 정도의 조증 환자나 조현병 환자를 진료할 때도 말로 표현되지 않는 것 속에서 상대방의 마음을 헤아리고, 치료자로서 돕고자 하는 마음을 어떻게 전하는지 배웠다. 흔히 상담이라 부르는 정신 치료를 하면서, 말로 내뱉어지지 않는 숨겨진 마음이 감정과 행동에 얼마나 많은 영향을 주는지를 알게 되었고, 따라서 말해지지 않은 마음을 들여다보는 훈련을 받았다.

소아정신의학을 전공하고 부모 교육 및 가족 치료를 하면서 개인과 주변 사람들의 상호작용을 직접 확인하고, 사람들이 흔히 반복하는 비효율적인 대화 습관과 의사소통의 문제를 어떻게 도와줄까 고민했다. 의과대학의 의사소통 담당 교수가 된 후에는 언어적·비언어적 의사소통에 대한 커리큘럼을 만들어 의대생들을 가르쳐왔다.

정신건강의학과 의사의 말하기는 보통 사람의 말하기와 다르다. 우선 정신건강의학과 의사들은 잘 듣는다. 좋은 말하기의 기본은 듣기다. 상대방의 말과 비언어적 의사 표현뿐만 아니라, 차마 말하지 못한 마음이나 숨기고 싶은 마음, 스스로도 알아차리지 못한 마음을 들으려고 언제나 노력한다.

그러다보니 숨겨진 감정과 상황의 맥락을 더 잘 읽는다. 취업에 실패한 사람의 좌절감과 실망감뿐 아니라 자신에 대한 분노, 주변 사람들을 또 실망시키면 어떻게 하나 하는 두려움, 미래에 대한 불안, 눈앞에 닥친 경제적 고민, 결혼을 재촉하는 여자친구와의 결혼을 미루면서 갖게 된 안도감도 읽어내는 것이다. 그리고 상대방이 원하는 것이 좌절에 대한 위로인지, 다시 일어날 수 있다고 믿어주는 것인지, 어떻게 하면 좋을지에 대한 구체적이고 실제적인 조언인지를 빠르게 알아차린다.

또한 상황과 맥락에 따라 무엇을 말할 것인지 결정한다. 상대방의 감정에 공감하는 말을 할 것인지, 현실적인 문제에 대한 충고와 조언을 할 것인지, 상대방이 믿고 의지할 수 있는 존재가 될 것인지, 혹은 단호하게 좀더 노력해야 한다고 직언할 것인지를 생각하면서 말하는 것이다.

물론 정신건강의학과 의사라고 해도 개인마다 말하는 방식은 서로 매우 다르다. 나는 상대방의 감정을 잘 따라가는 편이지만 나 자신의 감정도 솔직하게 드러내는 말하기를 좋아한다. 때로는 진료실에서 부모님들과 함께 눈물을 흘리기도 하지만, 때로는 "아이가 잘못될 가능성이 매우 높은데도 치료를 하지 않으시겠다는 거죠?"라며 단호하게 말하기도 한다. 일상생활에서 만나는 사람들에게 최선을 다하지만 관계라는 것이 내 뜻대로 되는 것은 아니어서 포기하고 내려놓는 말하기를 해야 할 때도 있다는 것을 안다.

이 책의 3장과 4장을 쓴 김은영 선생님은 서울대학교 정신건강센터에서 학생 상담을 하고 의과대학에서 공감적 소통과 인성 리더십 교육을 담당해왔다. 자신이 지금 맞는 길을 가고 있는지 확인해주기를 바라고 해결책을 묻는 이들에게 섣부른 조언과 확언을 하기보다 신중한 질문을 통해 스스로에 대해 더 깊이 생각하며 알아가게 하고, 진실한 단어로 자신을 표현하도록 이끄는 말하기를 선호한다. 과장이나 두려움 없이 내 생각과 감정을 표현하는 말하기는 타인뿐만 아니라 결국 자신에게도 깊은 위안을 주므로 '말을 잘하는 것' 보다 '말이 통하는 사람', 즉 '진심이 통하는 사람'이 되는 것이 중요하다고 생각한다.

1장과 5장을 쓴 정두영 선생님은 울산과학기술원(유니스트) 의 과학대학원에서 연구실을 운영하는 이공계 교수의 역할, 클리닉, 보건실, 상담실을 통합 운영하는 행정가의 역할, 직접 환자를 마주하는 정신건강의학과 의사의 역할을 동시에 수행하는 독특한 경험을 하고 있다. 의사소통 문제가 조직과 조직 내에 있는 사람들에게 지대한 영향을 준다는 것을 알기에 교수와 교직원, 학생을 위한 교육에도 관심이 많다. 대학 안에서 팀과 조직을 구성하며 생기는 갈등과 스트레스를 좀더 효율적으로 다룰 수 있게 된다면 한국 사회에서 안타까운 사건들을 줄이고 좀더 보람차게 일할 수 있는 환경을 만들 수 있으리라 생각하기 때문이다.

결국 좋은 말하기는 '발화'가 아니라 '대화'임을 우리 저자들은 강조하고 싶다. 상대방의 생각과 감정, 입장을 고려하면서 나와는 입장이나 배경이 다른 사람을 이해하고, 갈등으로 서로 손해를 보기보다는 상처 주지 않고 협력에 집중하는 것, 주고받는 대화 속에서 관계를 쌓아가는 것이 좋은 말하기다. 이 책에서는 다른 사람들의 말뿐만 아니라 숨겨진 마음을 이해하고, 자기 생각과 감정을 잘 전달하며, 함께 문제를 해결하면서도 나와 상대방을 모두 지킬 수 있는 말하기에 대한 구체적이고 실제적인 방법을 알려준다. 말하기를 통해 현실의 문제를 슬기롭게 해결하고, 삶에서 마주치는 관계를 더 풍요롭게 만들고자 하는 분들께 도움이 되기를 바란다.

저자들을 대표하여 김효원 씀

차례

일러두기

• 1장과 5장은 정두영, 2장과 6장은 김효원, 3장과 4장은 김은영이 집필했다.

1장

대화가 관계를 바꾼다

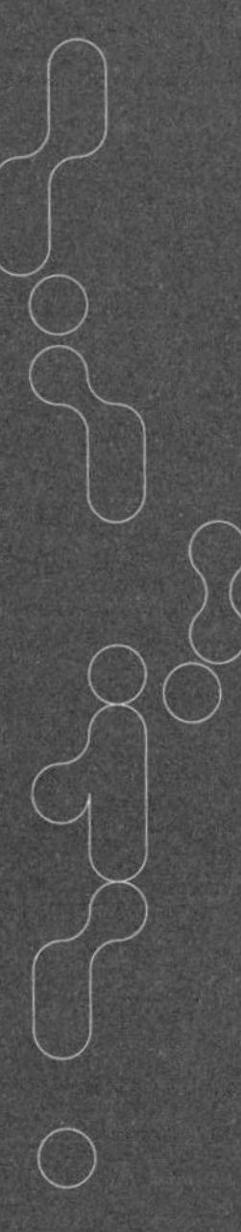

육체의 강인함이나 지식을 암기하는 능력이 중요했던 사회에서 점점 의사소통 능력이 있어야만 잘 살아남을 수 있는 사회로 바뀌고 있다. 우리 주변에서 일어나는 다양한 문제는 의사소통을 대수롭지 않게 여긴 결과로 쉽게 설명된다. 우리는 잘 쓰인 글이나 잘 짜인 연설을 떠올리면 새로 배워야 할 것이 많다고 생각한다. 반면 대화에 관한 한 자신의 능력 정도면 부족함이 없다고 여긴다. 내 생각을 그대로 목소리라는 형태로 바꿨으니 충분하다고 착각하는 것이다. 하지만 의사소통을 잘하기 위해서는 내가 원하는 것을 정확히 인식하고 상황과 상대의 욕구를 판단해 적절한 형태로 전달하는 종합적인 기술을 갖춰야 한다. 예를 들어 기차 앞 좌석 사람들이 떠든다고 해서 짜증을 내며 이를 지적했다가 싸움으로 번지면 평온함을 원했던 자기 욕구는 충족하지 못하고 기분만 더 나빠진다.

여러 해 전 알파고가 등장하자 사람들은 인간보다 지능이 뛰어난 기계에 뒤처질지 모른다며 우려했다. 이제는 챗GPT를 비롯한 생성형 인공지능들이 등장해 글의 요약과 번역은 기본이고 프로그래밍, 그림 그리기, 작곡을 넘어 종합적인 능력을 갖춰야 하는 영화감독의 역할까지 넘보고 있다. 그런데 생성형 인공지능을 활용하기 위해 배워야 하는 것은 수학 수식도, 프로그래밍도 아닌 좋은 질문과 요청을 하는 방법이다. 이것을 프롬프트 엔지니어링이라 하는데 복잡하고 어려운 요청을 단계별로 친절하게 구체적으로 설명할수록 더 좋은 성과를 얻을 수 있다고 한다. 예시나 반례를 들어 설명하고, 첫 결과물이 원하던 바가 아니어도 검토해서 정확한 피드백을 주면 더 나은 결과물을 되돌려준다. 육체적 강인함이나 수학 계산력을 자신이 직접 일궈내는 능력이라고 본다면, 의사소통은 타인과 함께 더 좋은 결과를 만들어내는 능력이라고 할 수 있다. 즉 다른 사람의 능력을 잘 활용하려면 내가 뛰어난 의사소통 능력을 갖고 있어야 한다. 그런데 한발 더 나아가 이제는 인공지능을 활용하기 위해서도 이 능력을 갖춰야 한다. 유능한 비서처럼 쓸 수 있는 인공지능이 탄생했더라도 비서를 제대로 다룰 줄 모르는 사람에게는 무용지물인 것이다.

복잡한 경제 문제에 대한 성급한 개입이 성공하기 어려운 점을 설명하기 위해 노벨 경제학상 수상자인 밀턴 프리드먼은 '샤워실의 바보'라는 비유를 들었다. 샤워 꼭지를 틀자마자 찬물이 쏟아져 놀란 바보는 더운물 쪽으로 방향을 급히 돌렸다가 물에 데어 놀란다. 상황을 이해하지 못하고 다시 찬물 쪽으로 돌렸다 뜨거운 물로 돌리는 일을 반복해 원하는 바를 얻지 못한다는 것이다. 정신건강의학과 의사는 이런 현상을 환자들에게서 자주 목격한다. 예를 들어 잠을 설치고 나면 잠을 못 잘 것에 대한 걱정으로 자꾸 낮잠을 자다가 도리어 불면증이 악화되기도 하고, 면접을 잘 보려다가 너무 긴장해 오히려 망치는 것처럼 자기 안에서 일어나는 현상을 잘못 해석해 악화되는 방향으로 행동하곤 한다. 똑똑하고 성공한 사람이라고 해서 예외는 아니다. 대학교수나 학생들도 종종 자신의 욕구나 감정을 잘 인지하지 못한다. 불안이나 우울 같은 감정은 수돗물 온도보다 더 이해하기 어렵다. 상태 파악도 쉽지 않은데 올바른 대처 방법을 생각해내고 실행까지 하는 것은 더더욱 어렵다. 자기 안에서도 이런 오류가 생겨나는데 하물며 여러 명이 등장하는 인간관계는 오류에 더 취약할 수밖에 없다. 타인을 이해하는 듣기는 생각보다 쉬운 일이 아니다. 말하는 사람의 표현이 분명하지 않을 때도 있고 듣는 사람이 잘못 이해할 때도 있기 때문이다. 양쪽에서 동시에 조금씩 오류가 생기면 둘이 결합되어 큰 오해로 번지기도 한다. 오해가 반복되면 일과 관계 모두 망가진다.

소통 단절의 예로 우리는 흔히 명절 스트레스를 든다. 오랜만에 친척을 만났을 때 궁금하다며 대입, 취직, 결혼, 출산 여부를 묻지 말라는 것이다. 하지만 진짜 문제는 질문의 주제가 아니라 대화의 맥락이다. 내 마음을 알아주는 친척과 산책을 나갔다가 내가 궁금해하는 것을 나누며 좋은 정보도 얻는 상황을 떠올려보자. 커리어나 연애에 대한 질문을 한다고 해서 이 상황을 망치진 않을 것이다. 답변을 강요받지 않는 데다 내 감정이 잘 수용되고 있다면 이 질문은 더 이상 금기가 아니다. 오히려 좋은 정보를 얻거나 서로를 위하는 마음을 느끼며 관계가 돈독해지기도 한다. 문제는 대화를 위한 마음의 문을 열기도 전에 호구조사를 하기 때문에 생긴 것이다. 하지만 좋은 대화를 위한 기술은 한 번에 터득하기 힘드니 사람들은 아예 이런 주제를 묻지 말라고 조언하는 것이다.

어쩌면 우리 사회가 의사소통을 중요하게 다루지 않았던 것이 많은 문제를 일으켰을 수 있다. 타인의 말을 적극적으로 들으며 내가 상대에게 관심을 갖고 있음을 표현하는 것, 이를 통해 상대로부터 전해지는 정보를 정확하게 이해하는 것, 적절히 반응하며 자기감정을 파악하고 정확한 정보를 전달하는 것을 통해 우리는 '샤워실의 바보'와 같은 비효율적인 상황을 줄일 수 있다. 이는 친구, 연인, 가족 등의 친밀한 관계뿐만 아니라 직장동료, 상사, 거래처와 같은 업무상의 관계에서도 마찬가지다. 계속되는 회의에 업무 시간을 많이 들였는데도 정보는 제대로 전달되지 않고 감정만 다쳐 스트레스를 받는다면 조직의 업무 효율성은 떨어질 수밖에 없다.

우리는 수동적인 지필 시험 형태로 평가를 받다보니 정규 교육에서 대화가 강조되지 않았다. 핵가족화와 부모의 맞벌이로 인해 가족 내 대화 시간도 많지 않았다. 서로 다른 의견을 조율하기보다는 윗사람의 명령을 따르는 문화에 익숙했다가 국제화된 새로운 세대의 등장으로 인해 혼란을 겪고 있다. 이런 환경에서 의사소통 훈련은 내 건강을 지키고 대인관계의 갈등을 줄이며 직장에서 더 많은 성과를 내는 데 도움이 될 것이다.

다만 '말 잘하는 법'을 배운다는 것을 어떤 술책으로 오해하면 안 된다. 거짓말은 어쩌다 한번 만난 관계에서는 통할지 모르지만 반복되는 관계에서는 불가능에 가깝다. 대화는 일방적인 연설이나 강연과는 다르다. 이 책에서는 나의 좋은 의도와 행동이 오류 없이 온전히 상대에게 전달되도록 소통하는 방법에 대해 말할 것이다. 텔레비전에서 훌륭한 인터뷰를 보면, 인터뷰어의 질문에 인터뷰이는 스스로에 대해 모르던 것까지 알게 되었다며 자기 이야기를 편안하게 꺼내놓고 그 순간을 즐긴다. 모두가 고도로 훈련된 인터뷰어의 경지에 이를 필요는 없지만 기본적인 기술들을 배워두면 큰 도움이 된다. 자신과 상대의 심리적 거리를 판단하며 소통하는 기술을 익힌다면 더 나은 대화를 할 수 있고, 이를 통해 삶은 더 만족스러워질 것이다.

---

1. 말하기는 타고나는 것이 아니다:
훈련 가능한 소통 능력

뛰어난 능력을 가졌지만 사회에서 일반적인 상황에 대처를 못 하는 고기능 자폐 캐릭터들은 드라마나 영화에서 의사소통 능력이 부족해 시청자의 눈길을 끈다. 드라마 「굿 닥터」나 「이상한 변호사 우영우」의 주인공들이 그렇다. 나는 유니스트 진료실에서 이런 특성을 가진 학생들을 만나 고민을 들을 때가 있다. 이들은 주변 사람들로부터 이해받지 못해 힘들어한다. 어려운 이론은 잘 꿰뚫으면서도 별 노력 없이 파악할 수 있는 상대방의 입장은 모른 척한다고 오해를 받는다. 과목으로 치면 또래보다 수학 점수는 쉽게 따내면서 도덕이나 사회 과목을 어려워하는 것을 주변 사람들은 잘 납득하지 못한다. 나는 이들에게 자신이 이 부분에 관한 한 약점이 있다는 사실을 받아들이길 권한다. 이들에게는 혼자 깊이 파고드는 종류의 일은 잘 맞을 수 있겠지만, 끊임없이 소통하며 팀으로 하는 일은 몹시 어려울 수 있다. 키가 작은 운동선수에게 농구나 배구의 센터는 좋은 선택지가 아니지만 다른 종목이나 포지션에서는 활약을 펼칠 수 있는 것과 같다. 하지만 동시에 그런 커리어를 선택하더라도 사회적 상호작용 훈련을 게을리하지 않도록 권한다. 우정이나 연애에도 필요하지만, 혼자 파고드는 1인 작업을 하더라도 결과물을 발표하고 업계 사람들과의 교류를 통해 지식을 습득하며 영감을 얻는 것은 큰 도움이 되기 때문이다. 모두가 정치인이나 사업가처럼 사람들을 조율하고 이끄는 고도의 소통 능력을 목표로 삼지는 않는다. 그렇지만 가족, 친구, 동료와 의미 있는 대화를 나누고 오해를 줄이는 것은 나이와 상황에 맞게 누구나 배워야 하는 일이다.

사람들 사이의 상호작용은 언어 능력과 깊이 연결되어 있다. 이와 관련된 가장 유명한 뇌 발달장애가 흔히 자폐라고 하는 자폐스펙트럼장애autism spectrum disorder다. 앞서 얘기한 드라마의 주인공들은 음식 주문과 같은 간단한 대화를 하는 데는 문제없지만 복잡한 대화에서는 티가 난다. 증상이 심하면 간단한 대화도 어렵기 때문에 연속선(스펙트럼)에 있다는 표현을 진단명에 넣은 것이다. 중요한 점은 어떤 경우든 언어와 사회성이 훈련을 통해 개선될 수 있다는 사실이다. 나도 아이가 돌 때 어린이집 선생님으로부터 보통 애들과 다르다는 말을 듣고 신경 써서 관찰했다. 자라면서 보니 운동 발달은 정상인데 언어 발달이 느려 언어치료를 시작했다. 하지만 또래들과의 차이는 점점 더 벌어졌다. 결국 자폐로 진단받고 몇 년간 집중적인 치료를 해 초등학교의 일반 학급을 다닐 수 있었다. 즉 우리가 외국어와 외국 문화를 따로 배우는 것처럼 모국어도 훈련이 가능한 것이다.

사회적 상호작용이 취약한 아이가 있는가 하면, 반대로 또래보다 더 뛰어난 아이들도 있다. 복잡하고 추상적인 개념들을 이해하는 언어지능이 높은 아이도 있고, 타인과의 교류를 즐기는 외향적인 아이들도 있다. 이런 자질을 가졌다면 의사소통 발달에 유리할 수 있지만 이것만으로 성인기의 의사소통 능력이 결정되지는 않는다. 후천적 영향을 무시할 수 없는 것이다. 소질을 보였던 아이들도 충분히 훈련할 만한 환경에 노출되지 못하면 이 소질이 꺾인다. 어렸을 때는 골목대장이던 아이가 사춘기를 심하게 겪은 후 외톨이가 되는 것도 드물지 않게 목격된다. 반대로 성인이 되어서도 낯선 이들과 대화하는 것이 부끄러워 피하던 사람이 중년이 되어서는 기차나 비행기에서 처음 본 사람과 대화를 매끄럽게 이어가기도 한다. 모두 사회지능이 훈련된다는 것을 뒷받침하는 증거다.

나이가 들면 자신의 관점도 변하고 사회에서의 위치도 변한다. 다른 사람이 바라보는 스스로에 대한 기대도 바뀐다. 대학생에게 기대하는 것과 신입 사원에게 기대하는 것은 다르다. 둘 사이에는 불과 1~2년밖에 차이 나지 않는데도 말이다. 유능한 기술자가 관리자로 바뀌었을 때 조직에서 요구되는 의사소통 능력은 하루아침에 달라진다. 마치 다른 배역을 맡은 배우처럼 말이다. 그러니 의사소통의 기본을 알아두고 일상에 적용하며 더 어려운 위치에서는 어떤 의사소통 능력을 갖춰야 하는지 미리 대비하는 것이 일의 성과와 좋은 인간관계를 위해 필수다.

2. 소통 부족이 일으키는 관계의 틈

아이의 뇌는 태어나면서 결정되는 부분도 있지만 부모의 양육에 따라 후천적인 영향을 받는다. 엄마 아빠 사이가 좋지 않다면 생의 초반부터 위험에 노출되는 것이다. 그런데 부부관계의 질은 대부분 의사소통 능력과 직결된다. 서로의 감정, 욕구, 생각을 이해하고 공유하는 능력이 핵심이다. 부부관계에 대한 연구로 유명한 심리학자 존 가트먼은 충돌이 발생할 때 이를 해결하는 방식을 관찰하면서 신혼부부가 앞으로 이혼할지 여부를 93.6퍼센트의 정확도로 예측했다.[1] 상대의 이야기에 적극적으로 고개를 끄덕이며 적절히 반응하는 부부는 문제가 있어도 잘 극복했지만, 대화를 피하거나 공격과 방어로 대응하는 커플은 결국 이혼했다. 부모 사이의 의사소통이 잘 되지 않을 때는 부모 자녀 간 대화 역시 잘 이루어지기 어렵다. 정서적으로 안정된 환경에서 아이는 부모를 보고 자신의 정서를 다루는 법과 타인과 소통하는 법을 배운다. 나아가 이런 환경에 있는 아이가 학업 성취에도 유리하다.

우리 사회의 심각한 경쟁과 갈등으로 인한 스트레스는 급격한 출산율 감소에 영향을 주었을 것이라고 이야기된다. 빈부격차는 한국만의 문제가 아닌데도 높은 스트레스와 자살, 낮은 혼인율과 연애 경험은 여타 국가의 통계를 뛰어넘는다. 자신의 정서를 관리하고 타인과 소통하는 훈련이 부족하니 관계에서 긍정적인 경험을 잘 못 한다. 이때 굳이 힘들게 타인과 맞추기보다 유튜브나 넷플릭스를 보며 빠르게 만족감을 얻으려고 한다. 또 대학에서 동아리 활동과 조별과제는 인기가 없고, 어렵게 취직한 뒤에도 조직원과의 갈등 탓에 금방 퇴사하는 사람이 늘고 있다. 엄마 아빠의 행복한 모습을 본 적이 없는 사람은 결혼해서 그저 그런 삶을 사느니 차라리 혼자가 편하다고 한다. 부모와 나 사이에 즐거운 경험이 없으니 자녀를 낳아 똑같은 삶을 물려주기보다 포기하겠다는 것이다. 부모 세대는 그들대로 자녀의 취직과 결혼이라는 목표를 완수하지 못했다는 생각에 걱정이 많아진다. 또한 기업들은 치열한 경쟁을 뚫고 들어온 신입들이 조직에 적응하지 못해 투자 효율이 떨어질 것을 우려한다.

이것은 우리만 겪는 문제가 아니다. 1990년대 후반 미국에서는 급격한 변화로 사회의 스트레스가 증가하고 폭력, 괴롭힘, 갈등의 문제가 늘어났다. 이에 대응하고자 정규 교육과정에 사회정서학습social and emotional learning이라는 과목이 도입되었다. 기존에는 도덕관념을 인지적으로 배우는 데 집중했다면, 이제 일상에서 마주치는 문제에 적용하는 훈련 개념으로 방향이 바뀐 것이다. 이 과목을 통해 학생들은 자신을 인식하고 관리하며, 타인의 마음을 읽고 관계의 기술을 익혀

책임 있는 결정을 내리도록 교육받는데, 나이에 맞게 목표를 설정하고 반복해서 훈련한다. 이를테면 초등학생은 친절함, 존중, 긍정 행동에 대한 책을 읽고 가족과 함께 스스로 할 수 있는 행동 목록을 만든다. 웃어주고 인사하고 안아주는 구체적인 행동들을 적어둔다. 반대로 다투기, 약속 어기기처럼 감점이 되는 행동도 가족과 논의해서 함께 적는다. 득점과 감점을 반복하다가 설정한 목표에 도달하면 가족 파티를 하는 식이다. 개념을 글로 이해하는 데서 끝나지 않고 실생활에서 훈련을 반복하는 것이다. 초중고 교육과정에 이 훈련이 자리 잡은 후 학교 내 폭력과 괴롭힘은 감소했다. 학생 개개인의 사회적, 정서적 적응력이 강화되었을 뿐 아니라 읽기, 쓰기, 수학 등의 주요 과목 성적까지 향상되었다. 각 가정에서 어린 시절부터 부모를 통해 모범적인 사회적 상호작용을 배울 수 있다면 좋겠지만 모두가 운이 좋을 순 없으니 교육을 통해 보완한 것이다.

인간이 느끼는 안정감과 행복감은 대인관계에 의해 좌우된다. 가정이나 학교에서 그 기술을 제대로 익힐 기회가 없었다면 성인이 된 후라도 자신에게 시간을 내어 배울 기회를 선물해주자. 우리는 가벼운 관계에서는 큰 문제가 없는 사람이 가족이나 부부관계에서의 대화를 어려워하는 것을 종종 본다. 친구나 동료와 즐거운 정보를 나누거나 공통된 어려움에 맞장구치는 것은 복잡한 갈등을 풀어가는 것보다 쉽기 때문이다. 친구와 동업하면 사업도 망하고 친구도 잃는다는 말은 이런 이유에서 나왔을 것이다. 갈등 상황에서 서로 격려하고 타협하는 것은 고난도 기술이다. 함께 사업을 일구거나 가정을 이루고 육아를 하는 상황에서는 복잡한 대인관계 기술이 필요할 수밖에 없다. 오은영 박사가 출연하는 방송 프로그램에서 아이뿐 아니라 성인 간의 대화도 치료 목표가 되는 것에는 이런 배경이 있다. 특히 부부 사이의 대화는 현재의 커다란 결정과 갈등이 각자의 복잡한 인생사와 얽혀 있기 때문에 상대에 대한 깊은 이해가 뒷받침되어야 한다. 나도 정신건강의학과 레지던트 수련 중에 지금의 아내와 커플 상담을 받았고 전문의가 된 후로도 상당 기간 부부 상담을 받으며 서로에 대한 이해를 넓혀갔다. 상담에 대한 인식이 좋지 않았던 과거와 달리 요즘은 직접 전문가의 도움을 찾는 사람이 늘고 있다.

3. 관계를 잘 맺는 사람들의 소통 비결

사회적 상호작용은 일터에서도 중요하다. 과거에 대부분의 사람이 농사를 지을 때는 묵묵히 힘든 작업을 견뎌내는 능력이 중요했다. 반면 현대의 산업 구조는 직접 고객을 상대하든 하지 않든 동료나 외부 업체와 협력할 일이 많아졌다. 경영자가 아니더라도 소통 능력을 갖춰야 하는 이유다. 이것은 한국의 교육과정에서는 잘 평가되지 않던 부분이다. 한국은 대학 입학에 모든 자원이 집중되는데, 읽기와 쓰기 위주로 평가하고 말하기와 듣기는 등한시한다. 미국 대입에서 시험 외에 학생회와 동아리 회장, 프로젝트 리더 활동이 에세이와 추천서를 통해 평가받는 것과는 다른 양상이다. 미국에서 팀 스포츠 활동이 좋은 평가를 받는 것도 이런 이유에서다. 우리와 비슷한 배경을 가진 일본의 기업들은 대졸 사원을 뽑을 때 스타벅스 아르바이트 경력을 높이 산다. 대인관계 기술과 협업 능력, 스트레스 및 자기관리 능력이 검증되었다고 보는 것이다. 내 대학원 연구실도 타기관, 타학과와 종종 협업을 하기에 의사소통 능력을 점검하면서 신입생을 선발한다.

대인관계를 위한 언어는 별도의 학습이 필요하다. 수능 문제의 긴 지문을 읽거나 논술시험에서 긴 글을 서술할 때와는 또 다른 능력이 요구된다. 컴퓨터를 작동하기 위해 프로그램 언어를 배우고 외국인에게 뜻을 전달하기 위해 외국어를 배우듯이 마주한 상대와 생각 및 감정을 주고받는 기술은 별도로 훈련해야 한다. 연설을 잘하는 것과 대화를 잘하는 것에 공통점과 차이점이 있듯이 긴 보고서를 잘 쓰는 것과 짧은 이메일을 잘 쓰는 것에도 공통점과 차이점이 있다. 모국어니까 대화를 위한 기술을 따로 배울 필요가 없다고 생각하는 것은 큰 오산이다. 회사와 같은 공적 공간에서 특별한 기술을 배우는 것도 해야 한다. 간단한 전화 응대도 회사 특성에 따라 별도로 교육을 받곤 한다. 어떤 회사는 원칙을 중시하는 반면, 다른 회사는 상황에 따른 유연성을 중시한다. 안타까운 점은 사회에서는 점점 대인관계 능력이 중요해지는데 이를 훈련할 환경은 더 나빠졌다는 것이다. 소셜미디어로 교류하고 배달 음식도 앱으로 주문하다보니 전화 통화가 어색하고 두렵다는 청년이 늘어난다. 업무용 전화 예절 이전에 일반적인 통화부터 연습해야 하는 실정이다.

다행인 점은 한 상황에서 훈련한 소통 능력이 다른 상황에서도 응용될 수 있다는 것이다. 가볍게 안부 물으며 편안한 분위기를 만들고 정보를 정확하게 전달하는 것은 어디서나 유용하다. 둘이 주고받을 때는 대화이고 여럿이 모이면 회의가 된다. 상황과 상대의 반응에 따라 유연하게 조절하면 된다. 예컨대 요즘은 효율을 높이기 위해 메신저를 이용한 채팅도 업무에 많이 사용된다. 챗으로 관련 업무 내용만 간단히 보내는 게 상황에 따라 유용하기도 하고, 차갑거나 예의 없게 느껴지기도 한다. 소통 능력이 좋다면 어떤 게 적절한지 판단하기 쉽고 자칫 문제가 생겨도 쉽게 대응할 수 있다. 지위를 가지고 명령만 했던 '보스'보다는 각자의 입장을 이해하고 설득한 '리더'의 조직이 팀워크가 더 좋기 마련이다. 보스형인 부모가 가정에서도 동일한 방식으로 대화한다면 아이가 부모에게 의존하는 시기에는 드러나지 않던 문제가 자기주장이 강해지는 청소년기에 불거지기도 한다. 반대로 다양한 개성의 자녀들을 잘 키워낸 경력 단절 여성이 이 경험을 바탕으로 업무에 복귀해 탁월한 리더십을 발휘하기도 한다.

회사가 의사소통 능력이 뛰어난 직원을 원하는 것처럼 개인도 대인관계의 갈등이 없는 조직을 원한다. 청년들의 대기업 선호는 임금 격차 때문이기도 하지만 작은 조직의 문화를 견디기 어려워하는 점 때문이기도 하다. 대기업이라고 해서 대인관계 문제가 없는 것은 아니지만 최소한 시스템이 자신을 보호해주리라 믿는 것이다. 안정적인 면 때문에 인기 있었던 공무원도 업무 방식에 실망해 떠나는 사람이 많다. 의사소통이 급여 수준이나 보상 체계를 바꿔주지는 않지만 인수인계, 보고, 회의, 회식 등에서 직장생활의 스트레스 수준과 만족도에는 큰 영향을 미칠 수 있다.

2장

듣는 사람들

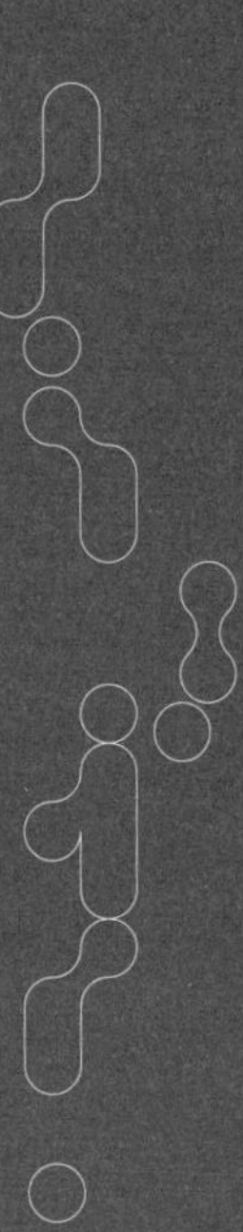

말하기는 말을 하는 사람과 듣는 사람 사이에 무언가를 전달하는 과정이다. 전달은 말하는 사람으로부터 듣는 사람에게 한쪽 방향으로만 일어나는 것이 아니라 상호적으로 일어난다. 말하는 사람과 듣는 사람이 계속 바뀌는 대화에서는 당연한 일이지만, 강연이나 발표에서처럼 발표자와 청중으로 구성된 경우에도 주고받기는 끊임없이 일어난다. 대화는 한 사람이 자기 생각을 이야기하면, 다른 사람이 그것을 잘 듣고 자기 생각이나 감정을 더해 되돌려주는 과정이다. 강연이나 발표에서는 발표자가 주로 말하고 청중은 듣지만, 발표자 역시 청중의 반응을 살피면서 내용이나 속도를 조절해야 하므로 발표자에게도 듣기는 중요하다.

흔히 말이 많은 사람 혹은 말주변이 뛰어난 사람이 말을 잘한다고 생각한다. 자기 경험이나 생각, 의견, 감정을 정리해서 잘 표현하는 사람이 말을 잘하는 것은 분명하다. 그렇지만 자기 얘기만 계속하는 사람은 듣는 이를 불편하게 할 수 있다. 사람은 누구나 자기 이야기를 하고 싶어하는 욕구를 가지고 있다. 말수가 적은 사람도 편안한 상대와 있을 때, 혹은 좋아하는 주제에 대해서는 말을 잘한다. 그래서 누구라도 자기 생각이나 느낌을 표현할 기회 없이 상대방의 이야기만 계속 듣는 것은 불편해한다. 그리고 대부분은 말을 잘하는 사람보다 자기 얘기를 잘 들어주는 이와 함께 있을 때 편안함을 느낀다. 사실 상대방의 이야기를 잘 들어야 거기에 맞는 위로도 할 수 있고, 내 생각을 전달하거나 상대방을 설득할 수도 있다. 따라서 말 잘하는 사람이 되기 위한 가장 중요한 자질은 잘 듣는 사람이 되는 것이다.

---

1. 누구나 좋아하는 사람:
내 얘기를 잘 들어주는 사람

듣는다는 것은 단지 소리를 듣는 것이 아니다. 상대방이 말하는 내용뿐만 아니라 그 내면에 있는 것, 언어로 표현되지 않는 것도 읽어내려는 과정이며, 상대방의 감정에 공감해 깊이 듣고, 자신이 이해한 바를 상대방에게 확인시켜주는 과정을 뜻한다. 또한 상대의 말을 정확히 이해하고 싶은 마음을 보여주는 것이며, 관계를 쌓아가는 과정이기도 하다.

소설 『불편한 편의점』[1]에는 알코올 중독으로 기억을 잃은 노숙인 '독고'가 등장한다. 편의점에서 일하게 된 독고는 그곳을 찾아오는 손님들의 이야기를 들어준다. 그는 기억을 잃어버린 탓에 자기 얘기는 할 수가 없다. 반면 독고를 만난 사람들은 그가 가만히 듣기만 하자 '이해하기 힘든 심정과 답답한 느낌이 사라지고 묘한 안도감'이 드는 경험을 한다. "들어주면 풀려요"라는 독고의 말처럼 누군가 내 이야기를 잘 들어주면 생각이 정리되고 쌓여 있던 감정이 조금 풀리는 듯한 느낌이 든다. 내 이야기를 귀담아듣는 사람이 편안하게 여겨지고 왠지 좀 가까워진 것도 같다.

정신건강의학과 전공의 1년 차 초반에 환자나 보호자를 만나 어떤 말을 해야 할지 잘 모르겠다고 하면, 교수님과 선배들이 '그냥 얘기를 잘 들으면 된다'고 하셨다. 교수님 한 분은 '살면서 누가 자기 말없이 20분 동안 당신 얘기를 듣기만 한 적이 있는지 생각해보라'고 하셨다. 대부분의 사람은 남의 이야기를 들으면서 '그럴 때는 이렇게 해야지'라며 충고와 조언을 하거나, '나도 예전에 그런 적이 있는데' 하면서 본인 얘기를 하기 쉽다. 자기 입장과 생각과 욕구를 낮추고, 다른 사람 이야기에 진정으로 귀 기울이는 것은 쉽지 않기 때문이다. 그래서 사람들은 누구나 자기 얘기를 잘 들어주는 사람을 편안하게 생각하고 좋아하는 것 같다. 나아가 이처럼 잘 듣는 것은 말을 잘하는 것의 바탕이 된다.

2. 듣기의 기술

말하는 사람과 듣는 사람 사이에 전달되는 것에는 내용뿐 아니라 목소리의 크기와 억양, 뉘앙스, 눈빛과 표정, 몸짓, 말의 전후 맥락과 분위기도 포함된다. 즉 듣는 입장에서도 말뿐만 아니라 비언어적인 것을 파악하는 게 중요하다. 또 내가 들으면서 어떻게 듣는지를 점검해야 한다.

(1) 듣는 태도

잘 듣는 데는 태도, 즉 비언어적 요소가 매우 중요하다. 심리학자 앨버트 메러비안은 처음 만나는 사람에게 어떤 내용을 전할 때 표정과 태도, 몸짓이 55퍼센트, 목소리나 억양, 어조가 38퍼센트의 영향을 미치며, 내용은 7퍼센트만 역할한다고 했다.[2] 이런 통계는 실험을 통해 얻은 것이어서 실제 의사소통에 그대로 적용할 순 없다. 그렇더라도 현실에서 표정과 제스처, 눈 맞춤, 억양이나 어조 같은 비언어적인 요소는 언어적 의사소통만큼이나 큰 역할을 한다.

의과대학생들이 의사가 되기 위해 봐야 하는 시험 가운데 모의 환자를 만나 면담 및 진찰을 하는 진료수행시험Clinical Performance Examination, CPX이 있다. 의대를 다니는 중에 CPX 시험을 준비하고자 학생들이 모의 환자와 면담하는 과정을 교수들이 일방향 거울로 관찰하고 피드백하기도 하는데, 이때 가장 먼저 눈에 띄는 것은 학생들이 모의 환자를 대하는 태도다. 모의 환자에게 너무 가깝게 다가가거나, 혹은 의자 등받이에 기대어 멀찍이 떨어져 이야기하거나, 환자를 보지 않고 말하거나, 볼펜을 돌리거나, 손톱을 뜯거나, 손을 책상 아래에 두고 이야기하면 종종 피드백을 준다.

다른 사람의 말을 들을 때 적절한 태도에 관해 설명한 모델 가운데 SOFTEN 방법이 있다. 들을 때의 태도 가운데 중요한 요소인 미소Smile, 열린 자세Open Posture, 몸을 앞으로 기울이기Forward Lean, 신체 접촉Touch, 눈맞춤Eye Contact, 고개 끄덕이기Nod의 앞 글자를 따서 지은 것이다.

미소
Smile

따뜻한 미소는 수용과 관심의 아이콘이다. 상대방을 향해 웃어주는 것은 그를 안심시키고 기분 좋게 해준다. 미소는 상호작용의 톤을 부드럽게 만들며 상대방이 편안하게 느끼고 여유를 갖게 해준다. 미소는 사람들 사이의 경계심을 낮추고 서로 연결해주는 공통의 언어다. 특히 상대방의 말에 반응해서 웃어주는 것은 잘 듣고 있다는 느낌을 전달하고, 상대방이 자신의 진솔한 생각이나 의견, 감정을 좀더 쉽게 말하도록 해준다.

열린 자세
Open Posture

상대방을 향해 열린 자세는 "나는 네 이야기를 듣고 싶다"는 마음을 전달한다. 팔짱을 끼고 어깨를 치켜세운 자세는 "네가 무슨 말을 하나 한번 보자"와 같이 판단, 비난 혹은 방어하는 태도로 상대의 말을 듣고 있다는 느낌을 줄 수 있다. 팔짱을 끼지 않은 열린 자세는 상대방을 편하게 해주고, 판단과 비난을 받을 것에 대한 두려움 없이 자기 자신을 표현할 수 있게 해준다.

몸을 앞으로 기울이기
Forward Lean

몸을 자연스럽게 살짝 앞으로 기울이는 것은 상대방의 이야기에 적극적인 관심이 있고 중요하게 생각하고 있다는 것을 보여주는 자세다. 내 이야기를 듣고 싶어하며 이 대화에 진정으로 집중하고 있다는 느낌을 주어서 대화가 잘 이어지도록 한다. 반대로 등을 뒤로 기댄 자세는 관심 없거나 방어적이거나 거만하다는 인상을 준다. 구부정한 자세는 기운 없고 피곤하거나 대화에 별 의욕이 없는 것을 암시하며, 곧은 자세는 에너지가 많고 자신감과 확신이 있다는 것을 시사한다. 이렇게 잘 듣고 있다는 신호를 주기 위해 우리 자세를 가다듬을 수도 있고, 다른 사람의 자세를 보면서 상대의 마음 상태를 짐작할 수도 있다.
몸을 앞으로 기울일 때는 상대방과 지나치게 가까워지지 않도록 주의해야 한다.

신체접촉
Touch

신체접촉은 가까운 사이에서 신뢰와 안전함을 전달하는 강력한 도구다. 악수하거나 어깨와 등을 두드리는 것과 같은 가벼운 신체접촉은 상대방의 긴장을 풀어주고 대화의 친밀감을 높인다. 그러나 공식적인 대화에서는 지나친 신체접촉을 조심해야 하고, 남녀 사이에서는 오해를 받을 접촉을 삼가야 한다.

눈맞춤
Eye Contact

눈맞춤을 이어나가는 것은 효과적인 의사소통의 핵심적인 요소다. 눈을 바라본다는 것은 그 자체로 상대방을 존중하고, 그 이야기에 진정 관심을 갖고 있으며, 들을 준비가 돼 있다는 뜻이다. 이로써 상대방은 좀더 편하게 느끼며 자기 이야기를 꺼낼 수 있다. 그렇지만 눈을 너무 뚫어지게 쳐다본다면 부담스럽게 느껴질 수 있으므로 중간중간 상대방의 턱이나 넥타이의 매듭 부분을 바라보는 것이 좋다. 눈맞춤을 하지 않고 말하면 상대방을 무시하거나 그에게 관심이 없는 것으로, 혹은 자신의 불안이 높은 것으로 오해받을 수 있다.

고개 끄덕이기
Nod

고개를 끄덕이는 것은 강력한 비언어적 전달 수단이다. 이는 상대방이 말한 것을 이해하고 그에 동의한다는 뜻이다. 이 행위로 상대는 내 이야기를 잘 듣고 있으며, 거기서 묻어나는 감정이 정당하다고 말해주는 듯한 느낌을 받을 수 있다. 고개를 끄덕이는 사소한 몸짓은 서로 존중하고 이해하려 노력하고 있다는 표현이다.

이외에도 상대방과 팔 하나 간격의 신체 거리를 유지하는 것, 손을 눈에 잘 보이는 곳에 두는 것, 손으로 손톱을 뜯거나 볼펜을 돌리거나 꼼지락거리지 않는 것도 중요하다. 또한 사람의 목소리는 음조, 강세, 전달 속도, 크기, 억양 등에 따라서 서로 다른 의미와 태도를 전달할 수 있다. 이러한 비언어적 신호들을 통해 상대방에게 내가 경청하고 있음을 알리고 대화가 원활히 진행되도록 할 수 있다. 그러나 이 모든 것을 지나치게 잘하려고 하면 경직될 수 있으니 나 자신이 편하고 자연스럽게 느껴지는 방식을 찾는 것도 중요하다.

(2) 리액션하기

진료실에서 가족치료나 부부치료를 할 때 "자기 얘기를 하기보다는 상대방 얘기를 잘 들어주세요"라고 말씀드리면, "이미 대화가 단절됐는데, 어떻게 하면 상대방이 말을 잘 하게 할 수 있나요?"라는 질문을 자주 받는다. 그럴 때면 「런닝맨」「무한도전」「SNL」 같은 예능 프로에 나오는 리액션을 잘 살펴보시라고 권한다. 특별한 말 없이 리액션을 잘하는 것만으로도 상대방의 말을 끌어낼 수 있다.

감탄사를 사용하라

상대방의 말에서 중요하다거나 감정이 풍부하게 드러나는 부분에서 감탄사를 사용한다. '와우!' '대박!' '아하!' 등과 같이 표현하면 상대방은 당신이 자기 이야기에 집중하고 있다고 느낀다. 넷플릭스 드라마 「정신병동에도 봄이 와요」를 보면 "뭘 해주려고 하지 마. 뻔한 위로도 하지 말고……. 헐, 대박, 정말 이런 말들이면 충분합니다"라는 대사가 나온다. 우울한 사람에게는 '헐' '대박' '정말'과 같은 감탄사만으로도 큰 위로가 된다는 것이다. 짧은 감탄사는 상대에게 자기 이야기를 진지하게 들어주고 있다는 것을 알려 대화에 활력을 더할 수 있다. 그리고 상대방의 말이 중요하고 흥미롭고 더 알고 싶다는 것을 전하는 간단한 표현만으로도 더 깊은 대화를 이끌어낼 수 있다. 이런 리액션을 할 때는 감정을 담아서 하는 것이 중요하다.

감탄사	대화를 이끌어내는 표현들
와, 응, 어, 네	놀랍네요
그렇구나, 그렇군, 그렇군요, 그렇죠	와, 대단하세요, 멋져요
그래? 그랬어?	그거 재미있는 생각인데
그렇죠?	너무 흥미로워요
맞아요, 정말요	몰랐어요
정말? 진짜?	말씀하신 대로네요
저런	계속해봐
헐	자세히 얘기해봐, 좀더 얘기해봐
대박	그래서 어떻게 됐는데?
우와, 와우	네 생각이 듣고 싶어. 너는 그렇게 생각한다는 거지?
	너한테 아주 중요한 문제구나

중요한 내용을 따라 말한다

상대방이 말한 내용 가운데 중요한 부분과 감정이 많이 드러나는 단어 및 문장, 혹은 마지막 문장을 반복해서 말한다. 이렇게 상대의 말 일부를 따라하는 것은 경청하고 있다는 신호를 주는 가장 간단한 방법 중 하나다. 상대의 말을 되풀이하려면 결국 그가 무슨 말을 하는지 들어야 한다. 또한 상대의 말을 반복하는 짧은 시간 동안 서로의 감정을 이해하고 가라앉히며 생각을 정리할 수도 있다. 완전히 판박이로 말하기보다 아래와 같이 표현을 살짝 바꾸면 집중해 듣고 있다는 느낌을 더 잘 전달할 수 있다.

A: 체중이 늘어서인지 자꾸 피곤해서요. 요즘 헬스장에 다

니기 시작했어요.

B: 운동을 시작하셨군요.

상대방의 행동을 따라한다

비언어적인 것도 상대방의 말에 대한 반응이다. 고개를 끄덕이는 것은 그 자체로 큰 리액션이다. 상대방이 물을 마시면 자연스레 따라 마신다. 너무 티 나지 않게 상대방의 행동을 따라하는 것도 그 마음을 얻는 데 효과적일 수 있다.

(3) 질문하기

질문은 상대방의 이야기를 잘 듣고 있다는 가장 적극적인 표현이다. 하버드 경영대학원 교수 보리스 그로이스버그와 로빈 에이브럼스는 필요하다고 생각되는 것보다 항상 더 많이 질문하라고 했다.[3] 상대의 말을 듣고 적극적으로 질문하는 것은, 그의 말을 집중해서 들었다는 표현이 될 뿐 아니라 상대방의 의도를 정확하게 이해하도록 돕는다.

좋은 질문은 상대방이 자기 경험이나 생각, 의견, 감정을 좀더 쉽게, 자세히 표현할 수 있도록 이끌어낸다. 그래서 질문을 잘하는 사람은 타인에게 쉽게 공감하고, 위로를 잘하며, 설득이나 협상에서도 유리한 위치를 점하게 된다. 말수가 적은 사람일수록 질문을 잘하면, 상대방의 생각이나 입장을 잘 알 수 있고, 좋은 관계를 쌓아갈 수도 있다.

세부 사항 질문하기

제일 좋은 질문은 상대방이 한 말에서 구체적으로 세부 사항을 묻는 것이다.

지훈: 연휴에 일본 여행 갔다 왔어.

은주: 어디 갔어?

지훈: 교토랑 오사카에 갔지.

은주: 재미있었겠다. 교토에서는 뭐 했어?

지훈: 긴카쿠사金閣寺랑 기요미즈데라清水寺도 가고, 후시미 사케 마을에도 갔어.

이 대화에서 "재미있었겠다"는 상대방의 경험에 관심을 보이는 감탄사이고, "어디 갔어?" "교토에서는 뭐 했어?"는 구체적인 세부 사항을 이끌어내는 질문이다. 언제, 어디서, 어떻게, 무엇을과 같은 의문사를 잘 써서 질문하면 구체적인 내용을 이끌어낼 수 있다. "예를 들면 어떤 걸까요?" "구체적으로 어떤 것을 말씀하시는 걸까요?"와 같은 질문도 도움이 된다.

선택형 질문보다는 열린 질문이 좋다

예/아니오로 선택할 수 있는 것보다는 열린 질문이 좋다. 예/아니오를 유도하는 질문은 간단한 대답에 그쳐 대화를 중단시킬 우려가 있다.

선택형 질문

은주: 이번 여행에서 사케 마을이 제일 재미있었어?

지훈: 응.

열린 질문

은주: 이번 여행에서 어디가 제일 재미있었어?

지훈: 니시키 시장에서 맛있는 음식을 먹는 것도 좋았는데, 후시미 사케 마을에서 다양한 사케를 시음해본 게 제일 재미있었어.

은주: 사케를 좋아하는구나.

지훈: 원래는 취향이 없었는데, 이번에 마셔보고 좋아하게 됐어.

은주: 한국에서 마실 때랑 맛이 달랐어?

지훈: 응. 다양한 종류를 조금씩 다 마셔보니까 내가 좋아하는 스타일을 알게 되더라고.

은주: 어떤 스타일이 가장 좋았어?

느낌이나 감정을 질문하기

말하는 사람의 느낌이나 감정을 물어보는 것도 좋다. "기분이 어땠어요?"와 같이 감정을 물어봐도 좋고 "너무 재미있었겠어요" "많이 속상하셨어요?"와 같이 상대방이 느꼈을 것으로 짐작되는 감정을 물어봐도 된다.

3. 상대방의 반응에서 읽어야 할 것

말을 제일 못하는 유형은 상대방의 반응에 관심 없고 자기가 하고 싶은 얘기만 하는 사람이다. 가까운 사람과의 수다나 대화든, 다수의 청중 앞에서 발표하는 것이든, 협상이나 설득에 임해서든 상대방의 반응을 살피는 것이 중요하다.

(1) 말해지지 않는 것을 듣기

미국의 경영학자인 피터 드러커는 "의사소통에서 가장 중요한 것은 말해지지 않은 것을 듣는 것"이라고 했다. 우리가 다른 사람의 말을 들을 때도 우리 자신의 태도를 통해 무언가를 전달하듯, 말하는 사람의 몸짓, 성량, 어조, 눈맞춤과 같은 비언어적 태도를 관찰함으로써 말해지는 것 아래에 숨어 있는 감정과 욕구, 의도, 생각을 알아차릴 수 있다.

또한 말해지는 것과, 비언어적인 신호를 통해 전달되는 말해지지 않은 것이 서로 다를 때에는 비언어적인 것에 상대의 마음이 더 많이 반영되어 있다고 한다. 상대가 말을 아끼거나 논리적으로 설명하려 애쓰더라도 몸짓과 자세는 딴판일 수 있다. 상황을 잘 파악하고 상대가 필요로 하는 것이 무엇인지 알아야만 적절한 대답을 할 수 있다.

또한 사람마다 자기 생각이나 감정, 의견을 표현하는 방법과 정도는 모두 다르다. 화났을 때 목소리가 커지고 말이 빨라지는 사람이 있는가 하면, 오히려 착 가라앉는 사람도 있다. 사람들이 말할 때 차분하게 잘 관찰하면서 그의 개인적인 성향을 잘 파악해야만 그 마음속도 더 쉽게 이해할 수 있다.

또한 관찰에 내 평가가 섞이지 않도록 하는 것이 중요하다. "목소리가 커지고 말이 빨라진 것"은 관찰이고, "화가 난 것 같다"는 내 추측이다. 이렇게 다른 사람의 생각, 느낌, 의도, 욕구를 추측하는 일은 다른 사람의 마음을 이해하고 대화를 잘 이어가기 위한 것이다. 그런데 자신이 추측한 것만이 사실이라고 여기거나, 사실과 추측을 혼동하거나, 관찰에 평가가 섞이면 오히려 대화를 어렵게 만들 수도 있다.

- **관찰**: 갑자기 목소리가 커지고 말이 빨라졌네.
- **추측**: 아까 내가 한 말 때문에 화가 났나? 아니면 당황한 걸까?
- **사실과 혼동**: 내 말을 듣고 말이 빨라지는 것을 보니 나를 싫어하는 것 같아.
- **평가**: 화낼 일도 아닌데 화를 내다니 이상한 사람이야.

(2) 말해지지 않는 것 속에서 감정 읽기

자신의 솔직한 느낌을 인정하고 표현하는 것이 관계를 유지하고 갈등을 해결하는 데 도움이 될 수 있다. 문제는 우리 문화가 여전히 감정을 잘 드러내지 않는 게 훌륭하다고 생각한다는 것이다. 하지만 표현하지 않은 감정은 사라지지 않고 상대방 마음속에 남아 있다가 대화와 관계에 영향을 준다. 따라서 상대방을 잘 관찰해 그 마음속에 숨어 있는 감정을 읽어주고, 상대가 자기감정을 표현하도록 해주는 것이 중요하다. 속 깊은 감정을 말로 표현하도록 하는 것이 대화에서는 관계를 다치지 않게, 협상에서는 내 의견이 받아들여지게 하는 중요한 방법이다.

얼굴 표정에는 사람의 성격, 감정, 동기, 의도가 모두 드러난다. 표정은 기쁨, 슬픔, 분노, 감사, 죄책감, 억울함 등 말하는 사람의 내적인 상태를 반영할 뿐 아니라 다른 사람과 상호작용하는 방식에 대한 의도를 드러내서 사회적 상호작용을 조절하는 역할을 한다. '지금 말하고 싶다' '아니다, 그 주제는 그만 말하고 싶다'와 같은 의도를 전달하는 것이다. 또한 목소리는 음조, 강세, 전달 속도, 크기, 억양 등에 따라 서로 다른 의미와 태도를 전달할 수 있다.

예를 들어 사람이 불안할 때는 목소리가 크고 빨라지며, 얼굴이 붉어지고, 호흡은 가쁘고, 심장박동도 빨라지고, 땀이 나고, 근육에는 힘이 들어간다. 대화하다가 상대방이 이런 모습을 보이면 우선 속도를 늦추고 어떤 부분이 상대를 불안하게 하는지 살펴보도록 하자.

이렇게 얼굴 표정과 자세, 몸짓, 말투와 억양에서 말해지지 않는 것을 파악하고, 거기 숨어 있는 말하는 사람의 감정을 읽어내는 것이 잘 듣는 데 있어서 중요한 요소다.

(3) 감정과 생각을 구별하기

상대방의 말에 담긴 감정을 읽으려고 노력할 때는 마음속에 있는 생각과 감정을 구별하는 것이 중요하다. 둘은 깊은 연관성을 갖고 있긴 하나 명백히 다르다.

A: 기숙사 룸메이트가 최근에 연애를 시작했는데, 매일 밤 10시쯤 여자친구랑 통화를 해. 일찍 자고 싶을 때도 있고, 과제를 할 때도 있는데 너무 신경 쓰이더라고.
B: 밤마다 룸메이트가 늦은 시간에 통화해서 방해도 되고 화도 나겠다.

B는 A의 말 속에서 룸메이트가 늦은 시간에 통화하는 것 때문에 불편하고 화나는 감정을 읽고 이것을 말로 표현해주었다. A는 마음속으로 아래와 같은 생각을 하고 있었을 수도 있다.

A의 생각:
룸메이트도 있는데 인간적으로 늦은 시간에는 통화를 하지 않는 게 당연하다.
룸메이트는 나를 배려하지 않는 것 같다.
나는 룸메이트에게 존중받지 못하는 존재다.

상대방의 말과 말해지지 않은 것 아래에 숨어 있는 감정 및 생각을 구별하고, 상대방과의 관계나 대화의 목적에 따라서 어디에 반응할지를 결정해야 한다. 회의나 협상, 강연, 발표 등과 같이 상대방의 생각에 대해 주로 반응해야 하는 말하기에서도 우선 감정부터 읽어주면 분위기가 부드러워지고, 생각과 의견에 대한 대화 역시 쉬워진다. 감정을 따라가는 말하기가 중요한 이유다.

4. 감정을 따라가며 듣기

사람들은 진짜 자기 마음을 있는 그대로 투명하게 표현하지 않는다. 속상하거나 화났는데도 괜찮은 척하고, 심지어 반대로 표현하기도 한다. 적극적 듣기는 상대방의 말과 함께 비언어적인 요소들을 헤아리고, 그 안에 숨어 있는 감정을 따라가면서 공감하며 듣는 것이다.

(1) 감정을 따라가며 듣기

지연의 친구 혜영은 늘 약속 시간보다 10~20분 늦는 남자친구 때문에 속상하다. 혜영은 다른 사람을 기다리게 하는 것을 싫어해 5~10분 일찍 나오기 때문에 결과적으로 30분쯤 기다리게 된다. 그렇지만 관계가 멀어질까봐 남자친구에게 아무 말 못 한다.

혜영: 괜찮아. 내가 괜히 일찍 나간 거잖아.

지연: 네 남자친구 너무한 거 아냐. 그렇게 매일 기다리게 한다면 차라리 헤어지는 게 낫지 않을까?

이런 대화는 혜영의 마음속에 감춰진 '속상함'이나 '두려움'에 대해 고려하지 않은 것이다. 지연은 친구가 걱정돼서 말하는 것이지만, 혜영의 입장에서는 자기 마음을 몰라주는 것 같고 별로 도움도 안 되는 조언이라고 여길 수 있다.

혜영: 어제도 남자친구가 늦었어. 내가 괜히 일찍 나가서 많이 기다렸나봐.

지연: 네가 일찍 나간 거라도 남자친구가 늦으면 속상하겠다.

혜영: 응. 한두 번 늦을 때까지는 그런가보다 했는데, 매번 늦으니까 속상하네.

지연: 매번 늦으면 나를 중요하게 생각하지 않나 싶어 서운한 마음이 들 것 같아.

혜영: 정말 그래. 서운하고, 이러다가 헤어지는 것은 아닌지 걱정될 때도 있어.

혜영이 지연의 감정을 천천히 따라가면서 읽어주었기 때문에 지연은 자기 마음에 숨겨져 있던 감정을 들여다보고 친구에게 말할 수 있었다. 그러면서 지연의 마음은 조금 가벼워지고 남자친구와의 관계에 대해서도 좀더 객관적으로 생각해볼 수 있었을 것이다. 혜영이 꼭 어떤 해결책을 제시해주지 않아도, 그냥 내 말에 공감해주는 사람 앞에서 감정을 꺼내놓을 수 있다는 것만으로도 자신의 상황을 돌아볼 수 있는 것이다.

(2) 공감하기

적극적 듣기에서 중요한 것은 공감이다. 공감은 다른 사람의 감정을 이해하고 함께 느끼는 능력이다. 공감을 크게 인지적 공감cognitive empathy과 감정적 공감emotional empathy으로 나누기도 한다. 인지적 공감은 다른 사람이 생각하거나 느끼는 것을 인지적으로 이해하는 능력이다. 주로 상대방의 감정과 생각을 객관적으로 이해하려고 노력할 때 일어난다. 감정적 공감은 다른 사람의 생각과 감정을 인지적으로 이해하는 것에 더해 그 사람의 감정까지 함께 느껴 더 깊은 수준의 이해에 도달한다. 집에 화재가 나서 아이를 잃은 부모를 볼 때, 인지적으로 공감하는 사람은 부모가 상실감이나 죄책감, 삶의 의미 자체가 사라진 느낌을 받을 것이라고 생각한다. 감정적으로 공감하는 사람은 한발 더 나아가 그 부모의 고통을 함께 느끼고 마음 아파한다.

인지적이든 정서적이든 공감은 다른 사람에 대한 관심과 이해를 바탕으로 해 누군가에게 강력한 위로가 된다. 상대가 공감해준다는 느낌을 받으면 누구나 마음이 편안해지면서 감정을 조금 내려놓을 수 있다. 부정적인 감정을 말로 표현하고 나면 부정적인 생각에서 좀 더 수월하게 벗어날 수 있고, 상황을 더 객관적으로 볼 수 있게 된다. 문제를 해결할 방법도 더 쉽게 찾을 수 있다.

상대방과 입장이 같지 않거나 상대방의 제안을 받아들이지 못할 때도, 그에 대한 감정을 이해하고 인정하는 것은 문제 해결에 도움이 된다. 남자친구가 이번 주말에 교외 수목원에 놀러 가자는데 나는 출근해야 하는 상황이라고 가정해보자.

남자친구: 이번 주말에 우리 수목원 가자.

나: 나 바빠. 주말에 출근해야 해.

상대방이 놀러 가고 싶어하는 마음이나 그 이유에 대해서 특별히 주의를 기울이지 않는 대답이다.

남자친구: 이번 주말에 우리 수목원 가자.

나: 수목원 가고 싶어?

남자친구: 주말에 날씨가 좋다고 해서……. 요즘 계속 일이 많았는데, 모처럼 바람 쐬고 싶거든.

나: 바람도 쐬고 좀 쉬고 싶구나. 나도 그렇긴 한데 어쩌지? 주말에 출근해야 해서…….

이렇게 놀러 가자고 하는 이유와 감정을 인정해주면 남자친구는 자신이 이해받고 있다고 생각한다. 그러면 거절당했다는 느낌이 좀 덜 들고, 상황을 더 쉽게 받아들일 수 있다.

(3) 공감 VS 동감

가끔 '상대방이 왜 화났는지 이해할 수 없는데도' '내 마음이 상대방과 같지 않은데도' 공감을 표현해야 하는지 물어보는 분들이 있다. 사실 사람은 저마다 다 다르기 때문에 같은 상황에서 같은 느낌을 받진 않는다. 공감은 상대방과 함께 느낀다는 의미이지, 상대방의 감정을 똑같이 느낀다는 뜻은 아니다. 공감共感, empathy은 상대방 마음에서 일어나는 일을 이해하려는 노력을 통해 그의 감정을 이해하는 과정이다. 이에 비해 동감同感, sympathy은 사람이라면 본능적으로 타인이 느끼는 것과 비슷한 감정을 갖는 것을 의미한다. 그래서 공감은 상대방 마음속으로 뛰어 들어가서feeling oneself into 그의 세계를 이해하려는 경험인 데 비해, 동감은 상대방이 느끼는 것을 같이 느끼는feeling with 것이라고 설명하기도 한다.

동감이 다른 사람이나 상황에 대한 우리 자신의 감정에 좀더 가깝다면, 공감은 다른 사람의 감정에 집중할 때 일어난다. 상대방의 관점에서 상황을 살피며 그 사람이 왜 슬픈지, 그 감정은 어디서 오는지 파악하고, 그걸 우리 자신의 것으로 내면화하는 것이다. 이런 과정을 통해 우리는 다른 사람의 입장을 더 잘 이해할 수 있다.

동감은 때로 상대의 기분을 상하게 할 수 있다. "나도 그런 적 있어서 그 기분 잘 알아" "어떤 기분인지 알 것 같아"라는 말은 대화의 초점이 말하는 사람에게 옮겨간 것처럼 느껴지게 한다. 즉 상대의 감정을 이해한다기보다 내 감정을 표현하는 것이다. 따라서 상대방은 자기감정이 존중받지 못한다고 느낄 수 있다. '난 그럴 때 이랬는데' '나는 그 상황에서……'와 같은 말로 자기 일화에 집중하면, 상대방에게 "너는 나 같은 일을 겪지도 않았는데 어떻게 내 마음을 알아?"라는 반응을 불러일으킬 수 있다.

반면 공감은 대화의 중심이 상대방에게 있는 것처럼 느껴지게 한다. "많이 속상했겠다" "정말 좋았겠다" 등의 표현에서 속상하거나 좋았던 사람은 상대방이기 때문이다. 이렇게 타인의 감정을 중심으로 이해하고 표현할 때 공감적인 대화를 나눌 수 있다. 쉽게 말해 공감은 다른 사람의 고난, 불행, 슬픔 등을 걱정하고 안타까워하는 마음이다.

(4) 공감 VS 동의

다른 사람에게 공감하는 것이 마치 그의 의견에 동의하는 것처럼 느껴져서 잘 못하겠다는 사람들도 있다. 그러나 적극적 듣기, 공감하며 듣기가 상대의 말과 행동 방식에 무조건 동의한다는 뜻은 아니다.

아이가 학교 담임 선생님이 자기만 유난히 미워하는 것 같다고 말하는데 학부모 총회 때 담임과 잠깐 인사를 나눠보니 차별과 편애를 할 분은 아닌 듯싶었다. 아이는 전에도 사소한 일로 담임이 자기를 싫어한다고 말한 적이 있다. 그래서 아이의 말에 선뜻 동의하기가 어렵다. 또 아이의 말에 괜히 수긍했다가 아이가 담임 선생님뿐만 아니라 학교 자체를 싫어하게 될까봐 걱정되기도 한다. 그러다보면 "담임 선생님이 그럴 리가 있니?"라고 반박하거나, "네가 뭘 잘못했겠지?"라면서 아이 탓을 하는 말을 하게 될 수 있다. 공감하는 것이 곧 동의라고 생각하기 때문에 이렇게 대답하는 것인데, 공감은 상대방과 생각은 다를 수 있지만 느끼는 감정만큼은 함께한다는 것이다.

아이의 의견에 반박

아이: 엄마, 이번 담임 선생님은 나만 미워해. 너무 싫어.

엄마: 담임 선생님이 그럴 리가 있니? 네가 잘못 생각한 것 아냐?

아이: 아니야. 정말 나만 미워한다니까.(더 화가 남)

공감하며 듣기

아이: 엄마, 이번 담임 선생님은 나만 미워해. 너무 싫어.

부모: 담임 선생님한테 서운한가보다.

아이: 응. 그래.(서운한 감정이 좀 내려감)

"담임 선생님한테 서운한가보다"는 담임이 자기만 미워한다는 아이의 생각에 동의하는 것이 아니다. "서운함"이라는 아이의 감정에 공감하는 말이다. 이렇게 적극적 듣기를 통해서 상대방의 마음과 함께하는 말을 하면 아이의 서운한 감정이 좀 풀어지고, 담임 선생님이 정말로 자신을 싫어하는지에 대한 엄마나 다른 사람의 의견을 더 받아들일 수 있게 된다.

5. 숨겨진 맥락을 파악하며 듣기

(1) 하지 못한 말 이해하기

다른 사람을 불편하게 하거나 다른 사람의 제안과 부탁을 거절하는 말을 힘들어하는 사람이 많다. 이에 마음속에 있는 것을 표현하지 못하고 완곡하게 돌려서 말하기도 한다. 대화할 때는 이런 숨겨진 맥락, 하지 못한 말을 찾아서 들으려는 노력이 중요하다.

팀장: 연말인데 프로젝트 준비했던 사람들끼리 저녁 식사 할까

요? 회식비가 좀 남아 있으니 소고기 회식해요.

은지: 좋아요. 감사합니다.

팀장: 그날 아이는 어떻게 해요?

은지: 남편한테 일찍 들어와서 보라고 할게요.

(**은지의 속마음:** 요즘 남편이 매일 야근하는데, 회식 때문에 일찍 오라는 말을 어떻게 하지? 안 그래도 요즘 회사 일이 잘 안 돼서 힘들어하던데. 엄마도 미국 이모한테 가셔서 부탁할 수 없고 곤란하네. 고기 좋아하지도 않는데. 못 간다고 하면 팀장님이 싫어하겠지? 회식도 업무의 연장이라고 항상 말씀하시는데, 집안일 때문에 업무에 영향을 주는 사람이라고 생각하면 어떻게 하지? 그래도 육아휴직 끝나고 복직할 때 가장 많이 도와준 분인데, 팀장님이 나한테 실망하면 어떻게 해.)

은지는 팀장님을 실망시킬까봐, 혹은 상사에게 부정적인 평가를 받을까봐 두려워서 회식에 참여하기 어렵다는 거절을 하지 못한다. 그러고는 아이를 부탁할 사람이 없어 안절부절못한다. 이렇게 사람들에게는 솔직하게 대화하는 것을 방해하는 고통스러운 감정이 있을 수 있다. 거절당하는 것에 대한 두려움, 나쁜 사람이 되는 것에 대한 두려움, 상대방을 실망시키는 것에 대한 두려움, 인사평가에서 나쁜 점수를 받을 것에 대한 현실적인 두려움……. 상대방과 진솔하게 대화하며 관계를 맺고 싶다면 우선 공감을 통해서 그의 고통스러운 감정을 덜어주어야 한다.

팀장: 그런데 왜 말하면서 쭈뼛거려요? 혹시 남편한테 아이 부탁하기 어려운 거 아니에요?

은지: 사실은 남편이 연말까지 프로젝트를 마감해야 해서 요즘 계속 야근 중이거든요. 남편이 아이를 봐줄 수 있을지 확실치 않아서 뭐라고 말씀드리기가 조심스러워요.

팀장: 그런 사정이 있군요. 그러면 남편이 가능한 날을 먼저 물어봐줄래요? 회식 날짜를 그때로 잡아도 되고, 정 안 되면 점심 시간에 맛집 가도 되죠.

은지: 감사합니다.

(**은지의 속마음**: 앗, 표정만 보고 어떻게 내 마음을 아셨지? 아이 걱정 없이 회식에 참여할 수 있게 돼서 다행이다.)

상대방이 자기감정을 말로 표현하는 경우든, 은지처럼 비언어적인 방식으로 표현하는 경우든, 그 속에 숨겨져 있는 메시지를 알아차리고 여기에 공감해주는 사람이 좀더 깊이 있는 관계를 이어갈 수 있다.

(2) 욕구 파악하기

사람들은 흔히 자신이 원하는 것을 정확히 말하지 않는다. 본인이 진정 원하는 게 뭔지 몰라서 그럴 수도 있고, 관계에 자신이 없어서 그럴 수도 있고, 마음속 욕구를 꺼내서 말하는 것이 어색하거나 혹은 괜히 지는 것 같아서일 수도 있다. 그런데 상대방의 말을 들으면서 겉으로 드러난 내용이 아니라 숨겨진 욕구에 반응할 수 있다면 그와 좀더 깊은 내면적 관계를 맺을 수 있다.

아내: 이번 주는 왜 매일 늦게 와?

남편: 회사에서 야근하니까 그렇지. 내가 놀다가 늦게 오는 것도 아니잖아?

아내: 아니, 언제 내가 놀다가 늦게 온다고 했어?

남편은 아내의 질문에서 표면적인 데 초점을 맞춰 답변했다. 사실 아내는 남편이 야근 때문에 늦게 오는 것을 알고 있다. 아내가 "왜 매일 늦게 와"라고 물어보는 것이 살짝 비난처럼 느껴져서 "놀다가 늦게 오는 것도 아니잖아"라고 덧붙이기는 했지만, 이것은 아내의 마음속 감정(외로움)과 욕구(남편과 친밀한 시간을 갖고 싶다)를 헤아리지 못한 것이다.

아내: 이번 주는 왜 매일 늦게 와?

(**아내의 속마음:** 한 주 내내 남편이 늦게 오니까 저녁도 혼자 먹고 외롭다. 남편이랑 친밀한 시간을 많이 보내고 싶은데.)

(**남편의 속마음:** 지금 늦게 온다고 화내는 건가? 혼자 있어서 속상하다고 하는 건가? 나를 많이 기다렸나?)

남편: 많이 기다렸지? 계속 혼자 저녁 먹어서 좀 외로웠겠다.

아내: 응, 자기랑 같이 저녁 시간 보내고 싶었는데 이번 주는 조금 외로웠어.

남편: 이번 주만 지나면 급한 프로젝트는 끝나니까 조금만 기다려.

아내: 다행이다. 저녁을 너무 오래 같이 안 먹으면 꼭 당신이랑 멀어지는 것 같아서. 일주일에 두 번은 같이 먹으면 좋을 것 같아.

남편: 그러자. 다음 주에 내가 맛있는 거 해줄게.

(3) 조언이 필요한 순간 VS 위로가 필요한 순간

대화하는 중 상대방이 자신이 겪고 있는 어려움을 털어놓으면 누구라도 조언을 건네기가 쉽다. 뭔가 도와줘야 할 것 같고, 해결책을 제시해야 할 것 같은 느낌이 드는 것이다. 그런데 누군가에게 자신의 어려움을 얘기하는 사람들은 대체로 조언보다는 위로를 원한다. 그리고 위로를 바라는 사람에게 조언을 건네면 뭔가 내 마음을 잘 몰라주는 것 같고 감정을 중요시하지 않는 것 같아 서운함을 느낄 수 있다.

입사한 지 4개월 된 신규 간호사인 재연은 퇴사를 고민 중이다. 어머니가 췌장암 진단을 받았기 때문이다. 수술이나 항암치료를 하는 동안 재연이 어머니를 병원에 모시고 다녀야 하고 돌봄을 거들어줄 사람은 없다. 지금 일하는 병원은 근무 환경도 좋고 늘 일하고 싶었던 곳인 데다, 입사 초반의 적응 기간도 지나고 이제 편해지기 시작했는데 그만두려니 너무 아쉽다.

재연: 나 병원을 그만둬야 할 것 같아. 엄마가 췌장암 진단을 받아서 간병해야 되거든.

친구: 아이고 정신없겠다. 근데 병원 그만두는 건 너무 아까운데.

월급도 많이 주고 근무 환경도 좋잖아.

재연: 그래도 치료가 중요한데 아빠도 돌아가시고 나는 외동이니까.

친구: 한번 그만두면 다시 좋은 병원에 취직하기 어려울 텐데. 입사한 지 얼마 안 돼서 경력 인정도 못 받고. 쉬다가 다시 들어오면 일에 대한 감도 떨어질 테고.

재연: 휴.(마음속으로 불안이 점점 올라온다)

친구: 내가 너라면 어떻게든 버틸 것 같아.

재연: 나도 그만두고 싶어서 이러는 게 아니잖아.(짜증이 나기 시작한다)

사실 병원에 사직서를 낼지 말지는 재연이 가장 많이 고민했다. 병원에 근무하면서 엄마를 간병할 방법이 있는지도 재연이 가장 열심히 찾아봤다. 재연에게 필요한 것은 조언이 아니라 엄마가 암에 걸려서 놀라고 당황스러운 마음과 간병을 위해서 병원을 그만둘 수밖에 없는 자신의 안타까운 상황에 대해 공감하고 위로해주는 행위였을 것이다.

그렇다면 상대방에게 위로가 필요한 순간인지, 조언이 필요한 순간인지 어떻게 구별할 수 있을까? 사실 우리가 일상에서 접하는 대부분의 대화는 조언보다 위로를 필요로 한다. 학교에서나 직장에서 업무상 만나는 사람들과의 대화 중 조언이 필요한 순간도 많을 것이다. 어느 쪽이든 대부분의 경우 조언이 필요하다면 본인이 먼저 물어볼 것이다. 아니면 어떻게 해야 할지 모르겠고, 그래서 곤란하다는 것을 언어적 혹은 비언어적으로 표현할 것이다. 이렇게 직간접적으로 조언이 필요하다고 상대방이 내비칠 때 조언을 해야 한다. 그리고 우리가 조언을 바라는 경우는 상대방이 관련 문제에서 경험과 정보가 많거나 혹은 의사결정을 할 수 있는 윗사람일 때다. 그러니 조언을 건네기 전에는 내가 상대방보다 경험과 정보가 더 많은지, 실제 도움을 줄 수 있는지 고민해봐야 한다. 그리고 조언이 필요할 것 같아 건넬 때도 상대방이 느끼는 감정에 대한 위로와 공감을 먼저 해야 한다.

재연: 선생님, 엄마가 췌장암 진단을 받으셨는데 간병할 사람이 없어서요. 병원을 그만둬야 할 것 같아요.

수간호사: 아이고, 걱정이 많겠네.

재연: 네. 췌장암은 급격히 진행된다고 해서 걱정이에요. 수술도 하셔야 하고 항암치료도 힘들다고 하니…….

수간호사: 그러게, 췌장암이라서 더 걱정되겠어.

재연: 병원 일도 이제 손에 익고 재미있어졌는데, 그만둔다고 생각하니까 너무 아쉽고요. 이렇게 좋은 병원에서 나중에 다시 일할 수 있을까 싶어 속상하고 고민돼요.

수간호사: 그렇겠네. 간병휴직 같은 걸 해보면 어떨까? 1년까지 쓸 수 있는 것 같던데.

재연: 입사한 지 4개월밖에 안 됐는데도 간병휴직을 쓸 수 있을까요? 재직 기간이 짧아서 생각도 못 했어요.

수간호사: 병원 규정이 어떻게 돼 있는지, 그리고 재연 선생님이 간병휴직을 사용할 방법이 있는지 내가 한번 알아볼게.

이 대화에서 수간호사는 정보도 더 많고 의사결정을 도와줄 수 있는 사람으로, 재연이 사직서 쓰는 문제와 관련해 고민된다는 말을 하자 재연이 생각지도 못한 방법을 함께 찾고 도와주겠다고 한다. 조언은 바로 이런 것이다. 그리고 조언에 앞서 재연의 상황에 충분히 공감을 해줬다.

나는 소아청소년 정신건강의학과 의사로 살면서 진료실에서 수많은 질문을 받는다. 우리 아이가 왜 이렇게 행동할까요? 이 병은 왜 생겼을까요? 좋아지려면 어떻게 해야 하나요? 약물치료를 해야 할까요? 어떤 약을 쓸까요? 약을 바꿔야 할까요? 짧은 진료 시간이지만 가능한 한 자세히 대답하려고 한다. 어느 날에는 다운증후군이 있는 십대와 보호자가 진료실에 왔다. 아이의 학교 적응과 직업 재활, 진로에 대해서 한참 이야기를 나누고 진료가 끝날 즈음 "다운증후군이 있는 아이인데 참 잘 컸어요. 장애가 있는 아이를 이렇게 훌륭하게 키우시느라 엄마가 정말 고생 많으셨어요"라고 말씀드렸다. 엄마는 그 어떤 조언보다 고생했다는 한마디가 더 도움 된다고 하면서 많이 우셨다.

(4) 숨겨진 욕구와 의도

대화를 하다보면 무슨 생각을 하는지 투명하게 들여다보이는 사람도 있는 반면, 도무지 속을 알 수 없는 사람도 있다. 혹은 상대방이 건네는 말에 다른 의도가 있는 듯해 불편함이 느껴지기도 하고 상대방 자신도 무슨 의도에서 말을 꺼낸 것인지 모르는 것 같다는 생각이 들기도 한다.

지완은 최근에 카페를 개업했다. 원두를 직접 수입해서 로스팅해 커피를 만드는 카페다. 근처에 원두를 직접 볶는 곳이 없어서인지 개업한 지 얼마 안 됐는데도 손님이 많다. 커피를 주문받고 바로 보이는 곳에서 갈아 핸드드립으로 내린 다음 손님에게 직접 건네주다보니 지완에게 말을 거는 사람이 많다.

정보 공유의 욕구

손님 1: 메뉴판에 커피 원산지가 쓰여 있는 것을 보고 당황하면서, "어느 커피가 맛있어요?" 하고 물어본다. 커피를 원두별로 따로 내려주는 카페에 처음 온 손님 같다. "고소한 맛을 좋아하세요? 아니면 신맛이 조금 나는 것을 좋아하세요?" 하고 물어보니까 표정이 펴지면서 고소한 맛의 커피를 주문했다. 손님 1의 욕구는 정보다. 자신에게 필요한 정보를 얻어서 원하는 것을 주문하기만 하면 된다.

친밀감의 욕구

손님 2: 지완을 보자마자 "안녕하세요? 김지완 바리스타님이시죠? 『커피의 역사』 쓰신 거 너무 재미있게 읽었어요. 쉽고 흥미로워서 커피도 맛있을 것 같아 왔어요."라고 말한다. 일반적인 바리스타와 손님의 관계보다는 조금 더 가까워지고 싶다는 것이 손님 2의 욕구다. 대개 친밀감의 욕구는 손님의 말을 잘 들어주고, 눈 맞추고 리액션하고, 진지하게 답하면 충족될 수 있다. 이런 손님 가운데 일부는 단골이 된다. 물론 너무 가깝게 다가온다면 적절하게 거리를 두어야 할 수도 있다.

자기과시 욕구

손님 3: 주문하면서 같이 온 친구에게 메뉴에 있는 원두에 대해 지역별로 커피 맛이 어떻게 다른지 자세히 설명한다. 원두를 볶는 로스팅기를 가리키면서 커피 볶는 과정에 대해서도 상세히 설명한다. 친구는 "와, 넌 그런 걸 어떻게 다 알아? 멋지다"라며 감탄한다. 친구의 말에 어깨를 으쓱하는 것 같다.

손님 3의 욕구는 자신의 지식이나 경험을 드러내는 것, 그래서 주변 사람들로부터 긍정적인 반응을 얻는 것이다. 칭찬이나 인정을 받고 싶은 것일 수도 있고 자신을 드러내고 싶은 것일 수도 있다. 대개는 "손님, 커피에 대해서 잘 아시네요"라고 인정하는 말을 덧붙이면 손님 3의 욕구를 충족할 수 있다. 그런데 자기애적 성향이 강한 사람 중에는 인정이나 칭찬으로 만족하지 못하고, 자신을 더 드러내려 하거나 계속 잘난 척하는 이도 있다. 그럴 때는 반응하지 않아도 된다.

특별한 서비스에 대한 욕구

손님 4: 주문한 커피를 모두 마신 후 리필을 해달라고 요구한다. 리필이 안 된다고 말하지만 케이크도 먹고, 음료도 많이 주문했는데 왜 안 해주냐며 계속 불만을 토로한다. 이렇게 상대방의 욕구가 구체적으로 원하는 서비스일 때는 들어줄 것인지, 아니면 어렵다고 단호하게 말할 것인지 결정해야 한다. 들어주기 어렵다고 결정했으면 손님이 계속 요구해도 일관되게 대응해야 한다.

조종하려는 욕구 (숨겨진 이득이 있는 경우)

손님 5: 주문하면서부터 원두 종류가 몇 개 없다고 큰소리로 투덜거리더니, 커피를 마시면서는 맛이 이상하다, 원두의 질이 나쁜 것 같다, 로스팅한 지 오래된 것 같다며 계속 불평을 쏟아낸다. 너무 큰 소리로 악평하니 주변 손님들도 불편해하는 것 같다. 이런 부류 중에는 불평을 위한 불평을 계속하는 사람도 있지만 숨겨진 의도를 가지고 있는 사람도 있다. 알고 보니 손님 5는 며칠 전 길 건너편에 개업한 카페 사장의 동생인데, 손님이 많지 않아서 지완의 가게 손님들에게 나쁜 인상을 남기러 온 것이다. 그러면 자기네 카페에 손님이 많아지지 않을까 기대하면서. 이는 전형적인 심리적 조작manipulation 이다.

심리적 조작의 사전적 의미는 조작, 속임수, 교묘한 취급 등이다. 심리학이나 정신분석에서는 상대방을 진심으로 대하기보다는 자신이 원하는 대로 이용하거나 조종하려

> 할 때 심리적 조작이라는 용어를 쓴다.[4] 우리가 인간관계에서 불편한 느낌을 받을 때, 손님 5처럼 상대방이 나를 진심으로 대하는 것이 아니라 뭔가 의도를 가지고 대한 것이었음을 나중에 깨닫곤 한다. 사이코패스 혹은 소시오패스라 불리는 이들은 기본적으로 타인을 심리적으로 조작하는 데 능란한데, 일상에서도 이처럼 우리를 이용하려는 사람을 흔히 만날 수 있다. 그런 사람들의 말을 들으면서 감춰진 의도가 있다는 것을 빠르게 파악하고, 가능하면 이들의 조작을 다른 사람들 앞에서 밝히는 것이 좋다. "어머, 길 건너에 개업한 ○○카페 사장님 동생이군요. 우리 카페 커피랑 비교하고 싶어서 오셨나봐요. 그런데 너무 대놓고 깎아내리시네요"와 같이 말이다.

대화할 때 사람들 말 뒤에 있는 욕구와 의도는 이렇게 다양하다. 침묵, 부정, 판단과 분석하는 말, 요청, 눈빛과 몸짓 아래에 있는 감정·욕구·의도를 파악하고, 그가 진정 원하는 바를 듣게 해주는 것이 좋은 대화다. 물론 상대방의 욕구와 의도를 내가 만족시켜줄 수 없거나, 나를 나쁘게 대하려는 의도를 가지고 있다면 상황에 맞게 적절히 대처해야 한다.

6. 타인과 나를 동시에 이해하기

듣기는 좋은 의사소통의 기본이다. 상대에게 당신의 이야기를 들을 준비가 돼 있고 진지하게 임하고 있다는 것을 전달하면서, 또 상대방의 마음속 감정과 욕구를 따라가며 귀 기울이는 과정은 의사소통을 진정성 있고 자연스럽게 일어나도록 도와준다. 우리가 상대방의 이야기를 잘 들으면, 그도 우리 이야기를 진지하게 들으려 할 가능성이 높다. 우리가 상대방의 욕구와 감정을 따라가면서 들으면, 그도 우리 욕구와 감정을 조금 더 진지하게 생각할 가능성이 높다. 그러면 관계는 더 깊어지고, 내가 상대방에게 바라는 바도 더 잘 이룰 수 있다.

또한 다른 사람의 감정에 공감하고 욕구와 의도를 찾으려고 노력하는 과정에서 우리는 자신의 감정과 욕구, 의도에 대해서도 돌아볼 기회를 갖게 된다. 상대방이 나에게 바라는 것을 곱씹다보면, 상대방과 나는 어떤 관계인지, 내가 상대방에게 진정으로 바라는 것은 무엇인지를 생각하게 된다. 이렇게 우리 자신의 마음을 돌아보는 과정을 통해 스스로를 더 깊이 이해할 수 있게 된다. 또한 나와 타인의 관계를 조율하며 맞춰가는 능력이 자라 이 모든 것이 삶을 좀더 따뜻하고 풍부하며 진솔하고 성숙하도록 돕는다.

3장

말하기의 기본기 다지기

1. 우리는 왜 소통할까?

우리는 왜 타인과 소통할까? 누군가는 "나를 아는 사람이 아무도 없는 낯선 곳에 가서 살고 싶다"거나 "무인도에 가서 제발 혼자 있고 싶다"고 하며, 어떤 이는 분명한 목적이나 이유가 없는 말은 할 필요가 없다며 과묵함을 미덕으로 삼기도 한다. 사실 우리 모두는 혼자만의 시간을 필요로 한다. 그렇지만 홀로 존재하는 것이 정도를 넘어서면 외로움과 고독은 고통을 유발하고 생존을 위협한다. 우리는 타인과의 관계 속에서 '따로 또 같이' 존재하며 어떤 식으로든 소통해야 한다.

(1) 건강하게 살고 싶다면 소통하라

외로움이나 사회적 고립이 신체적 생존을 위협한다는 것은 널리 알려진 사실이다. 7년간 테러리스트의 포로였던 한 기자는 "아무도 없는 것보다는 최악의 친구라도 같이 있는 것이 낫다"고 말했다.[1] 외로움은 수명을 단축시키며[2] 면역력을 떨어뜨려 각종 감염성 질환, 만성 질환과 암 발생률을 높인다.[3] 반면 타인과의 대화는 외로움 때문에 생기는 각종 신체 질환을 줄여준다.[4] 소중한 사람에게 애정 어린 말을 더 많이 들을수록 스트레스 호르몬은 줄어든다.[5] 매일 10분이라도 사교적인 대화를 하면 기억력과 인지 기능은 좋아진다.[6] 건강하게 살기 위해 하루에 몇 마디 말을 해야 하는지 정해진 기준은 없지만, 분명한 사실은 대화의 질이 양만큼이나 중요하다는 것이다.

(2) 타인이라는 거울을 통해 나를 알아간다

타인과의 소통은 나 자신이 누구인지 확인하는 유일한 방법이다. 우리가 어떤 사람인지(평범한지, 매력적인지, 현명한지, 어리석은지, 그리고 내 역량과 한계는 어느 정도인지, 어떤 역할을 할 수 있는지)는 혼자서 결코 알 수 없다. 거울 없이 내 생김새나 표정, 인상을 알 수 없듯이, 우리는 나를 거울처럼 비추는 타인을 통해 자신이 어떤 사람인지 파악한다. 즉, 타인과의 관계에서 나에 대한 타인의 반응을 통해 정체성을 확인하고 자존감을 유지한다. 아주 어릴 때만큼은 아니겠지만, 나에 대해 타인이 하는 말들은 평생 동안 영향을 끼친다.

(3) 풍요로운 감정을 누리고 싶다면 서로 헤아리는 대화를 하라

관계에 대한 욕구, 특히 나를 소중히 여기고 받아들여주는 관계는 인간의 가장 기본적인 욕구 중 하나다. 이런 관계에서 느끼는 우정, 사랑, 쾌락, 행복감, 동료애, 안락함이 삶의 만족감과 행복에 가장 결정적인 역할을 한다. 그런데 친구라고 해서 다 같지 않고, 부부라고 해서 사랑이 무조건 따라오는 것은 아니듯 내가 누구와 관계를 맺고 있다고 해서 좋은 감정이 저절로 얻어지지는 않는다. 어떤 관계든 긍정적인 감정을 나누고 서로 위로하고 공감하며 마음을 연결하고 더 친밀해지는 것, '찐친'이나 솔메이트가 되는 것은 얼마나 소통이 잘되는가, 말이 잘 통하는가가 좌우한다. 누구나 마음을 헤아리는 대화의 방법을 익혀야 하는 이유다.

(4) 상대에게 영향력을 행사하려면 효과적인 의사소통 기술을 배워라

마음을 나누기 위해서뿐만 아니라 타인에게 영향력을 행사하기 위해, 즉 상대방이 내가 원하는 방식으로 행동하도록 하기 위한 말하기도 있다. 설득과 협상, 지시, 부탁, 정보 전달, 논쟁, 피드백하기, 거절, 사과 등이 여기에 속한다. 서로 존중하면서 목적을 달성하려면 말하는 상대가 누구인지와 어떤 맥락인지를 고려한 효과적인 말하기 방법을 익히는 것이 중요하다. 이런 의사소통 능력은 리더가 갖춰야 할 가장 중요한 자질 중 하나이며, 직업적 성공에 있어서는 선택이 아닌 필수적인 능력이다.

3장에서는 나에게 중요한 사람들과 더 원활하게 소통하는 데 필요한 말하기 기술을 소개한다. 말하기 선수가 되기 전에 기초 체력을 튼튼히 하는 단계다. 좋은 말하기 습관은 무엇인지 짚어보고, 대화를 편안하게 시작하고 자연스럽게 이어나가기 위한 팁들을 줄 것이다. 대화의 흐름에서 느껴지는 감정을 적절히 다루지 못하면 어떤 종류의 말하기든 오해와 갈등으로 이어지기 쉽다. 대화 중에 감정을 자각하고 조절하면서 표현하는 방법에 이어, 대화를 더 깊고 의미 있게 끌어올리기 위한 좋은 질문을 소개하려 한다.

2. 좋은 말하기의 습관 만들기

말하기는 운전하기와 비슷하다. 운전 습관처럼 사람마다 특징적인 말하기 습관이나 대화 패턴이 있다. 편안하면서도 안전하게 운전하려면 좋은 습관이 몸에 배어야 하듯이 좋은 말하기 습관이 들어야 대화에서 불필요한 오해와 긴장을 줄일 수 있다. 모두가 카레이서가 될 필요는 없듯이, 우리 모두가 협상 전문가나 상담가가 될 필요는 없다. 그렇더라도 좋은 말하기 습관은 누구에게나 갖춰져 있어야 한다. 이를 위한 네 가지 지침을 알아본다.

(1) 똑 부러지게 말하기
: 정확하고 구체적으로 말해서 오해를 줄이자

사람들은 자신이 설명을 잘하며, 상대방의 말을 잘 이해하고 있다고 스스로를 과대평가하는 경향이 있다. 그렇지만 생각보다 대화에서 오해하는 일은 흔하게 일어난다. 다만 오해 때문에 생긴 문제가 바로 불거지지 않으니 모르고 지나가는 것뿐이다. 오해를 줄이려면 정확하고 구체적으로 말하는 습관을 길러야 한다. 바로 '똑 부러지게 말하기'다.

아래에 제시된 오해를 유발하는 말하기 습관이 있는지 체크해보자.

과장하거나 축소하기

습관적으로 '좀(조금)' '약간' '아마' '살짝' 처럼 의미를 축소하거나, '정말' '진짜' '아주' '죽도록' '항상' '맨날' 처럼 과장하는 말을 붙이는 사람들이 있다. 실제로 상담할 때 "조금 힘들어요"라고 했는데 일상생활을 전혀 못 하고 있거나, "정말 죽을 것 같아요. 너무 힘들었어요"라고 하는데 그런대로 잘 지내는 사람이 많다. 이렇게 말하고서 자기 상태를 제대로 이해해주는 사람이 없다며 서운해하기도 한다.

정확한 기준을 제시하지 않고 비교 언어 사용하기

"최대한 빨리 끝내자" "천천히 생각해도 돼"라고 했을 때, '빨리' '천천히' 처럼 비교하는 말은 명확한 기준이 없으면 서로 다르게 해석될 수 있다. "확실하지는 않아" "어느 정도는 그렇지" "꽤 ~한 편이야" 등도 듣는 사람에 따라 그 정도를 마음대로 해석할 수 있다. 이런 표현을 자주 쓴다면 서로 오해하며 답답해할 가능성이 높아진다.

스스로 내 감정의 강도나 생각의 확신 정도를 어떤 식으로 표현하는지 잠시 되돌아보자. 사적인 관계보다 직장에서는 비교 기준과 마감 시한, 전달하고자 하는 생각에 대한 확신의 강도 및 일이 발생할 확률을 더 정확히 말해야 한다. 애매할 때는 '프로젝트 성공 확률은 80퍼센트 정도로 생각됩니다' 처럼 수량화하는 것이 낫다.

여러 가지로 해석될 수 있는 모호한 말하기

여러 의미로 해석될 수 있는 애매한 말도 오해를 불러오는 주범이다. 물론 일부러 모호하게 말할 때도 있다. "내 성격이 어떤 것 같아?—약간 독특한 면이 있지(속마음: 별로야)"처럼 솔직하게 표현하기 어려울 때다.

그러나 의도하지 않았는데도 애매한 말로 오해를 사는 경우가 훨씬 더 많다. "주말에 시간 돼?—아마도. 특별한 일은 없어"에서는 만날 약속을 한 것인지 아닌지 불분명하다. "지금 밥 먹을래?—괜찮아"는 밥을 먹겠다는 의사 표시인지 아닌지 모호하다. "데이트하기 좋은 곳으로 예약했어"도 좋다는 기준이 다 다르므로 기껏 공들여 예약한 장소에 상대방은 실망할 수도 있다.

병원에서는 이런 오해가 정말 흔해서 의료 커뮤니케이션을 배우는 것이 방대한 의학 지식을 암기하는 것만큼이나 중요해졌다. 예컨대, 여러 약 중 이 약이 가장 좋다는 뜻으로 의사가 "지금으로서는 이 약물이 최선입니다"라고 말했을 때, 환자는 이 약물 외에 달리 치료 방법이 없다는 절망적인 의미로 받아들일 수도 있다.

모호한 말은 하는 사람에게는 편할지 모르나 상대방은 말의 의미와 의도를 짚느라 피곤해지고, 결국 마음대로 해석하게 되니 오해를 피할 수 없다. 특히 업무상의 지시나 협상, 문제 해결적 대화를 할 때는 최대한 명확하게 말하는 것이 좋다.

추상적인 말하기

"프로젝트 계획서를 제출하기 힘들어" "야근을 두 시간 이상 하는 것은 힘들어"보다는 "일하는 게 힘들어"가 쉬운 것처럼 우리는 항상 구체적인 말보다 추상적인 말을 한다. 일상 대화에서는 추상적인 말이 쉽고 유용하지만, 지나치면 "아버지는 꼰대야" "나는 되는 일이 없어"처럼 과도한 일반화로 편견이나 낙인이 되어버린다. 의도찮게 상대방을 비난하거나 오해하는 일을 피하려면, 특히 사람에 대해 기술하거나 갈등을 해결하거나 요구해야 할 때라면 추상적인 말보다 특정 대상의 구체적인 행동, 그 행동이 일어나는 상황과 조건을 세밀하게 말하는 것이 좋다. 아래 예시처럼 구체적일수록 더 명확한 메시지가 전달된다.

(가장 추상적인 표현)

"아버지들은 꼰대다."

"아버지들은 자녀를 좀더 존중해야 한다."

"내 아버지는 나를 비난하거나 나에게 지시하는 말을 줄여야 한다."

(가장 구체적인 표현)

"내 아버지는(대상) 내가 늦게 귀가할 때(조건) 정해진 시간에 귀가하지 않는다고 비난하거나 통금 시간을 무조건 지키라고 일방적으로 지시하지 말아야 한다(행동)."

평소 자신이 자주 하는 추상적인 표현을 떠올려보고, 구체적인 표현으로 바꿔보자.

"나는 거절을 못 해"→"나는 회사에서(상황) 가끔(빈도) 나를 좋아했으면 하는 동료 두 명이(구체적인 대상) 도움을 요청할 때(조건), 내 일을 뒷전으로 밀어놓고 상대방의 요청을 먼저 실행할 때가(행동) 있다."

(2) '팩트체크'하는 습관으로 갈등 줄이기

'사실', 즉 팩트는 참인지 거짓인지를 구분할 수 있는 말인 반면, 개인적인 의견이나 판단은 참과 거짓으로 나눠지 않는다. 그런데 대화 중에 자기 의견이나 가설, 판단을 객관적인 사실인 양 말하는 사람이 많다. 그러면 그 판단이 참인지 거짓인지를 따지느라 논쟁과 말다툼이 생기기 쉽다. 상담할 때도 "사람들이 나를 싫어해요" "엄마는 늘 화가 나 있어요" 등 자신의 생각이나 추론을 사실인 것처럼 말하는 사람이 많다. '어떤 구체적인 상황에서 사람들이 나를 싫어한다는 생각이 들었는지'가 중요한데, '사람들이 나를 싫어하는 것이 참인지 거짓인지' 따지기 시작하면 대화는 끝이 없고 서로 짜증이 나기 쉽다. '팩트'와 의견/추론/감정을 분리해서 말하는 습관을 들인다면 불필요한 논쟁으로 인한 감정 소모를 피할 수 있다.[7]

"내 생각에는~"으로 사실과 의견을 구분하기 (사실-의견 구분)

의견은 사실에 대한 개인적인 신념이나 사고방식을 반영하는 말이다. 어떤 상황이나 객관적 사실에 대해 우리는 얼마든지 다른 의견을 가질 수 있다. 먼저 사실과 의견을 구분하고, 의견을 제시할 때 "내 생각에는~"을 붙여서 자기만의 주관적 견해임을 확실하게 표현하면 오해를 줄일 수 있다.

"너는 성차별적이야" → "너는 종종 '여자는~' '남자는~' 식의 이야기를 해.(사실) 내 생각에 너의 그런 말들은 성차별적이야.(의견)"

"나는 네가 ~한다고 생각했어/느꼈어"로 독심술에서 벗어나기 (사실-추론 구분)

독심술과 같이 내가 상대방의 마음을 다 꿰뚫는 것처럼 확정적으로 말하는 사람이 있다. 상대방의 감정, 의견, 의도에 대한 내 추론을 사실과 혼동하는 것이다. 아래의 대화를 보자.

유미: 너 왜 이렇게 짜증이 나 있어?(상대방이 짜증 낸다는 감정에 대한 추론을 사실로 확정)

구웅: 내가? 아닌데. 너야말로 왜 갑자기 시비 거는 거야?(상대방이 시비 건다는 의도에 대한 추론을 사실로 확정)

유미: 시비를 거는 게 아니라, 네가 자꾸 화내니까 그래.(상대방이 화낸다는 감정에 대한 추론을 사실로 확정)

구웅: 내가 언제 화냈어? 그런 적 없어. 생사람 잡지 마.

유미와 구웅 둘 다 상대방의 감정/의도에 대한 자신의 추론을 사실인 것처럼 확언하고 있다. 이때 "나는 네가 ~한다고 생각했어"로 자신의 주관적 추론을 사실과 구분하면 갈등 해결의 길이 열린다. 이어지는 대화를 보자.

유미: 네가 내 말에 쳐다보지 않고 '응' 하고 단답형으로 대답해서(사실), 나는 네가 나한테 화나 있다고 생각했어(추론). 내 생각이 맞아?

구웅: 아, 그게 아니고 골치 아픈 문제로 머리가 복잡해서 집중을 못 했어. 네가 갑자기 내가 짜증 낸다고 말해서(사실), 나는 네가 오히려 나한테 화나서 시비 건다고 생각했어.(추론)

감정적으로 말하지 않기 (사실-감정적 태도 구분)

감정이 듬뿍 담겨 있는 말을 하면서 마치 중립적인 사실인 것처럼 이야기하는 사람도 많다.
우리는 상대방의 같은 행동을 보고도 "저 사람은 좀 나대"라고 하기도 하고, "저 사람은 적극적이고 외향적이야"라고 하기도 한다. 전자는 부정적인 태도를, 후자는 긍정적인 태도를 드러낸다. '질척대는 – 친근한' '이상한 – 참신한' '답답한 – 신중한' '잘난 체하는 – 자기주장이 뚜렷한'을 비교해보자. 어떤 단어를 사용할지는 순전히 말하는 사람의 감정적 태도에 달려 있다. 사람들은 부정적 단어를 많이 쓰는 이를 '감정적인 사람' '꼬인 사람' '모난 사람'이라 하고, 긍정적 단어를 사용하는 이를 '예쁘게 말하는, 긍정적인 사람'이라고 한다.

말할 때는 사실과 의견을 구분하고, 의견을 제시할 때 내 감정적 태도가 어떤지를 자각한 다음 관계와 상황에 적절한 단어를 선택하자.

"나는 네가 일요일까지 해야 할 일을 토요일까지 하지 않고 있었을 때"(상황적 사실)

- 네가 느긋한 사람이라고 생각했어.
- 네가 계획적이지 않다고 생각했어.
- 네가 게으르다고 생각했어.

각 단어에 담긴 감정을 되짚어보자. 상대방에게 전달하고 싶은 감정에 따라 단어를 달리 선택할 수 있다. 당신이라면 어떻게 말하겠는가?

(3) 언어적 표현과 비언어적 표현을 적절히 섞어 쓰기

말에는 느낌과 감정이 흐르며 모든 대화에는 특유의 분위기가 형성된다. 대화에서의 이런 느낌이나 감정은 사실 비언어적으로, 즉 행동, 표정, 몸짓, 목소리 톤, 어조로 더 잘 표현된다. "나는 너를 만나서 기뻐"라고 말하는 것과 상대방을 와락 끌어안으며 행복한 미소를 짓는 것을 비교해보자. 대화 중에 "지금 화났어"라고 하는 것보다 앞에 놓인 휴대폰을 던지거나 문을 쾅 닫고 나가는 것 중 무엇이 감정을 더 확실히 전달하는가? "저는 첫 번째 의견이 더 낫다고 생각합니다"라며 고개를 숙인 채 작고 떨리는 목소리로 말하는 것과 상대방을 쳐다보며 단호하게 말하는 것은 어떻게 다른 느낌을 주는가?

보통 사람마다 비언어적 표현과 언어적 표현을 사용하는 패턴이 있다. 어떤 사람은 말보다 드라마틱한 행동과 표정으로 자신을 표현하는 반면, 표정이나 행동이 단조로워 상대방을 지루하게 하거나 긴장하게 하는 사람도 있다. 진료실에서는 잔뜩 긴장한 자세로 편안하다고 말하거나, 웃으면서 우울하다고 하는 것처럼 언어적 표현과 비언어적 행동이 일치하지 않는 사람도 자주 본다. 나는 어떤지 생각해보자. 잘 모르겠다면 믿을 만한 지인에게 물어봐도 좋다.

일반적으로 대화에서는 감정을 행동보다는 말로 표현하는 것이 관계를 유지하는 데 더 안전하다. 화났을 때 문을 닫고 나가버리는 것보다 "나는 네가 '너 좀 찌질해'라고 말했을 때 무시당하는 것 같아 화가 났어. 방을 뛰쳐나가고 싶을 정도였어"처럼 이유와 함께 내 감정을 표현한다면 갈등을 해결할 기회를 얻을 수 있다. 가장 효과적인 방법은 말과 행동을 적절히 섞는 것이다. 말없이 한숨 쉬면서 얼굴을 확 구기는 것보다는 살짝 찌푸리면서 "나 지금 불쾌해"라고 말하는 것이 분명하면서도 안전하게 감정을 전달한다. 또 "저는 이렇게 생각합니다!"라는 말에 더해 확신에 찬 말투와 제스처를 함께 하는 것이 설득에 유리하다.

(4) 대화의 목적에 따라 말하기 방식을 조정하기

눈이나 비가 올 때 조심해서 운전하고, 고속도로 운전과 시내 운전을 할 때 운전 방식을 조금씩 바꾸듯이 말하는 대상과 상황, 말하기의 목적에 따라 그 방식과 표현 방법도 달라져야 한다. 친밀함을 위한 대화에서는 개인적인 경험과 감정을 진솔하게 표현하고 공감하며 지지하고 정서적으로 연결되는 것이 중요하다. 언어적 표현이 다소 불분명해도 함께 즐거워하거나 슬퍼하는 것처럼 같은 감정에 머무르며 연결되어 있다는 느낌, 서로 이해받고 있다는 느낌이 더 중요하다. 나중에는 대화의 내용보다 "우리 그날 정말 재미있었지!"처럼 대화의 분위기나 그때의 감정만 기억에 남기도 한다.

반면 협상과 지시, 설득처럼 목적이 분명한 실용적인 대화, 직장에서의 공적인 대화에서는 내 생각이나 의견을 좀더 구체적이고 명료하게 말하는 것에 공들여야 한다. 한편 감정 표현은 절제하고 때로는 숨길 필요도 있다. "너무 좋아요!"보다는 "동의합니다"가, "프로젝트를 내일까지 해야 한다는 사실 때문에 불안해요"보다는 "프로젝트를 내일까지 할 수 있을지 살짝 걱정되는 부분이 있는데요, 특히 이 부분이 어렵게 느껴집니다"가 더 낫다. "저는 그 의견에 반대합니다"보다는 "대체로 맞는 말씀이지만 저는 좀 다르게 판단하는 부분이 있습니다"처럼 상대방의 체면을 세워주거나 감정 노동처럼 보이는 말을 덧붙여야 하는 경우도 있다.

말하기는 언뜻 복잡하고 어려워 보여도 운전을 배우듯이 누구나 연습을 통해 익힐 수 있다. 운전대를 처음 잡을 때는 모든 게 낯설고 떨리지만 한번 좋은 습관이 생기면 특별히 의식하지 않아도 편안하고 부드럽게 운전할 수 있듯이, 일단 좋은 말하기 습관이 입에 붙으면 대화에서 오해와 갈등이 줄어 스트레스가 적어진다. 말하기의 목적과 관계에 따라 적절히 생각과 감정을 표현하는 것은 4장과 5장에서 좀 더 구체적으로 다룰 것이다.

3. 잡담은 모든 대화의 시작이다

요즘은 모두가 바쁘고 점점 언어나 관계도 실용적인 것을 선호하는 사회가 되다보니 잡담을 시간 낭비라고 여기거나 잡담 잘하는 사람을 실없다고 여기곤 한다. 그러나 잡담, 즉 가볍게 하는 소소한 대화의 가치를 과소평가해서는 안 된다. 인간관계를 시작하고 유지하는 데에도, 목적 있는 대화를 매끄럽게 이어가는 데에도 잡담이 약방의 감초 같은 역할을 하기 때문이다.

사람들과 이야기할 때 긴장되고 편안하지 않아 결국 혼자 지내고, 일도 분담하거나 협력하기보다는 혼자서 하게 된다는 대학원생이 있었다. 그는 어렸을 때부터 집에서 자신이 무슨 말만 하면, "또 쓸

데없는 소리 한다" "그런 게 왜 궁금하니?" "지금 그런 얘기나 하고 있을 때야? 핵심만 말해" "그래서, 결론이 뭐야?" 식의 피드백을 자주 받았다고 했다. 그 영향으로 대화할 때 꼭 필요한 내용인지 스스로를 검열하고, 반드시 필요한 용건이 있거나 뭔가를 요구할 때만 말하게 된다고 했다.

어색한 분위기를 편안하게 만들며 대화를 시작하거나 서로를 탐색하며 친밀한 대화를 제대로 해본 경험이 너무 부족했던 것이다. 그 대가는 혹독했다. 그는 외로웠지만 막상 누군가와 함께 있을 때는 부자연스럽고 불편했다. 앞으로 더 많은 사람과 관계 맺고 대화해야 한다는 사실이 괴로웠고, 하는 일이 적성에 맞지 않는다고 생각했다. 그는 분명 동료들과 친해지고 싶은 마음이 가득했지만 동료들이 그것을 알았을까? 그들은 그가 어떤 사람이라고 느꼈을까?

관계나 분위기를 부드럽게 만들어주는 소소한 대화 없이 토론, 협상, 지시, 문제 해결 등 목적이 있는 실용적인 대화만 하는 사람을 우리는 보통 재미없는 사람, 감정이 없는 사람, 인간미가 없는 사람, 타인에게 관심 없는 사람이라고 느낀다.

상대방의 기분이 좋지 않거나 피곤할 때나 바쁠 때 무작정 내 용건을 말하거나 듣고 싶은 내용을 질문하면서 말 걸면 아무리 가까운 사이라 해도 무례하거나 배려심 없는 사람, 사회성이 떨어지고 눈치가 없는 사람, 자기중심적인 사람이라고 여겨지기 쉽다.

(1) 스몰토크의 힘

서로의 상태에 맞춰가며 편안하고 매끄럽게 대화를 시작하려면 잡담, 즉 서로에게 부담 없는 가벼운 이야기로 마음을 여는 과정이 필요하다. 일종의 예열 단계다. 특히 새로운 인간관계가 시작될 때, "당신은 어떤 성격이에요? 저랑 대화하고 싶으세요?"와 같은 곤란한 질문보다 가벼운 이야기를 하며 상대방의 반응을 관찰하고 어떤 사람인지 탐색하는 것이 더 안전하다. 초면에 "당신과 친해지고 싶어요"와 같은 돌직구보다 상대방의 말에 자연스럽게 적극적으로 응하면서 호감을 표현하는 것이 서로 부담을 주지 않는다.

잡담은 인간관계를 유지하는 데도 중요하다. 가족처럼 아주 가까운 사이에서도 '근황 토크'처럼 시시콜콜한 대화가 적어질수록 소원해졌다고 느끼기 쉽다. 반대로 이야기하자면, 서로 거리감을 느낄수록 잡다한 대화는 줄고 꼭 필요한 말만 하게 된다. 어찌 보면 재미있는 TV 프로그램이나 맛집 이야기는 꼭 안 해도 되는 것이지만 대화의 순간만큼은 즐거움, 호기심, 기대감과 같은 감정을 함께 느끼며 마음이 연결되고, 이런 순간이 많아질수록 서로 더 가깝다고 느끼는 것이다.

설득이나 협상을 할 때도 스몰토크로 호감을 전하고 친밀한 관계를 만드는 것이 설득의 내용만큼이나 중요하다. 로버트 치알디니의 『초전 설득』에 따르면 본격적인 협상 전에 수다 떠는 시간을 가진 그룹이 바로 협상에 들어간 그룹보다 60퍼센트나 높은 성공률을 달성했다.[8] 비즈니스 미팅뿐만 아니라 가족이나 친구 사이에 문제 해결을 위한 대화를 할 때도 먼저 가벼운 잡담으로 편안하고 호의적인 분위기를 만들어보자. 상대방이 자신도 모르게 내 이야기에 고개를 더 끄덕일 것이다.

(2) 스몰토크, 무슨 내용으로 할까?

이제 스몰토크를 시작해보자. 마음을 열게 하고 호감을 전달하는 잡담의 기능을 생각하면 어떤 소재가 적합할지 답이 나온다.

무엇보다 서로 쉽게 접근할 수 있는 소재여야 한다. 즉, 적어도 상대방에게 익숙하거나 상대가 잘 알 만한 이야기, 어두운 내용보다는 서로의 긍정적인 특성이나 성취와 같은 밝은 이야기가 좋다. 대화하면서 동질감, 편안함, 즐거움, 호기심, 재미, 뿌듯함, 위안 같은 긍정적인 느낌을 주는 것이다. 그러면 상대방은 나를 '함께 있으면 편안하고 기분이 좋아지는 호의적인 사람'으로 느낀다.

쉽게 대화할 수 있는 보편적인 소재

초면이거나 아직 친해지기 전이라면 상대방이 어떤 생각과 가치관, 관심사를 가지고 있는지 잘 모르는 상태다. 이때는 쉽게 동의하거나 대답할 수 있는 소재가 좋다. 주제를 찾아 상대방의 느낌이나 의견을 묻고, 그의 대답에 내 감정이나 생각을 덧붙이며 대화를 이어간다.

- **지금 눈앞에 보이는 것:** "여기 참 멋진 곳이네요. 음악도 조용하고 분위기가 좋아요. 어떠세요?" "음식이 맛있어 보

여요." "저기 카페 예쁘네요. 커피 좋아하세요?"

- **날씨나 계절, 교통 상황 등:** "올겨울 유난히 춥네요." "하늘이 파랗고 깨끗한 게 참 화창한 날씨예요." "차가 정말 막히더라고요. 오시는 길에는 어떠셨어요?"
- **크게 흥행 중인 영화나 음악 등 대부분의 사람이 알 만한 흥미로운 이슈들:** "거리에 BTS 노래가 정말 많이 흘러나오더라고요."

명백하게 상대방에게 중요해 보이는 관심사나 긍정적인 면

초면이라도 좀더 적극적으로 호감을 드러내고 싶다면 상대방에게 중요해 보이는 관심사나, 눈에 띄는 상대방의 긍정적인 특성을 칭찬하면서 조심스레 느낌을 표현하는 것도 좋다. 상대방이 드러내놓고 말하고 싶어할 만한 내용이다.

"와, 강아지 정말 예쁘네요. 가끔 산책하시는 거 봤는데 가까이서 보니 더 예뻐요."
"아이가 참 귀엽네요."
(파티에서)"오늘 굉장히 멋지십니다."
"참 활기차 보이세요. 저도 같이 기분이 업되는 것 같아요!"

근황 중에 상대방의 중요한 성취나 축하할 만한 일

아는 사이라면 안부와 근황을 물으며 관심과 호감을 표현한다. 상대방의 주요한 성취나 축하할 일도 좋은 소재다.

"요새 어떻게 지내? 지난번에 운동 시작한 건 잘 되고 있어?"
"여행 다녀왔다고 들었어. 어땠어?"
"최근에 새로 시작한 일은 좀 어때? 열심히 준비했다고 들었어."
"얼마 전에 출산했다며? 정말 기쁜 일이야. 고생도 많지?"

상대방과의 유사성, 공통점

상대방과의 유사성, 공통점은 둘 다 익숙하거나 잘 아는 소재이므로 대화하기도 쉽고 좀더 친밀해질 수 있는 가장 좋은 주제다. 사람들은 사고방식이나 취미, 라이프 스타일, 직업, 가족관계 등 어떤 면에서든 자신과 비슷한 점이 있는 사람에게 흥미와 매력을 느낀다. 이런 상대에게는 이해하거나 공감하기 쉽고, 그의 행동이나 반응을 예측하기도 쉬워지므로 관계가 안전하다고 느낀다. 안전감은 우리가 느낌이나 감정, 의견을 솔직하게 표현할 수 있는 신뢰의 바탕이 된다. 이렇게 진솔한 대화를 하면서 관계는 점점 더 깊어진다.

상민: 참 건강해 보이세요.(눈에 띄는 긍정적인 특성) 건강 관리를 어떻게 하세요?

명재: 그렇게 봐주시니 감사하네요. 요즘 등산을 자주 합니다.

상민: 오~ 등산 정말 좋죠.(상대방의 말에 대한 의견 제시) 저도 최근에 청계산에 다녀왔습니다.(유사성) 어느 산을 주로 다니세요?

명재: 저도 주로 가족들과 야트막한 산에 다닙니다. 언제 한번 같이 가요.

공동의 추억, 특히 함께 어려움을 극복한 경험, 과거보다 더 발전한 현재 상대방의 특성

과거에 학교나 직장, 군대에서 알고 지냈다가 오랜만에 만나서 어색했던 사이가 있을 것이다. 이때는 무턱대고 근황을 물으면 대답하기 곤란한 사정이 있을 수도 있으니 조심해야 한다. 근황보다는 공동의 추억으로 이야기를 시작하는 것이 낫다. 즐거웠던 추억도 좋고, 어려움을 함께 극복했던 경험이 있다면 더욱 좋다.

과거와 현재를 비교하면서 상대방이 더 발전하거나 나아진 점을 언급한다면, 자연스럽게 과거에서 현재로 대화를 이어갈 수 있다.

"그때 우리 프로젝트 기간에 다 같이 밤새우고 고생하면서도 힘든 줄 몰랐던 게 엊그제 같은데…… 최근에 네가 발표하는 거 봤는데, 와~ 일취월장했더라."

(3) 잡담에서 피해야 할 것들

어렵고 논쟁적인 소재

잡담은 말 그대로 편안하고 가벼운 대화이므로 상대방이 대답하기 어려워하거나 고민이 필요한 무거운 주제, 대화하기를 원치 않을 법한 주제는 피해야 한다. 정치나 종교, 첨예한 시각차가 있을 수 있는 사회적 이슈 등이 포함된다.

"오늘 아침 신문에 사형제도 폐지 기사가 나왔더라고요. 폐지는 말도 안 돼요."

"요즘 이혼하는 사람 참 많아요. 결혼은 인생에서 손해 보는 장사 같아요."

"저기는 노키즈 존이네요. 저는 노키즈 찬성이에요."

지나치게 사적인 주제

초면에 가족관계나 직장, 경제력 등 지나치게 사적인 질문으로 대화를 시작하면 상대방이 심리적 부담을 느껴 답변을 거부하거나 대화가 중단될 수 있다.

"매번 일찍 나가시는 것을 봤는데 어느 직장에 다니세요?"

"애들 때문에 요즘 걱정이 많아요. 그 집 애는 공부 잘해요?"

부정적인 내용

상대방을 불쾌하거나 불안하게 만들 수 있는 내용도 피해야 한다. 상대방의 특성에 대한 부정적인 언급이나 대답하기 곤란할 수도 있는 근황이나 과거사 등이다. 상대가 이야기를 먼저 꺼내지 않는 한 내 궁금증 때문에 상대방의 문제를 들쑤시지는 말아야 한다.

"요즘 운동 열풍이 불고 있더라고요. 좀 아파 보이시는데 운동은 안 하세요?"
"너 옛날에 와이프랑 엄청 싸웠잖아. 요즘은 잘 지내니?"
"예전보다 더 늙어 보이네. 무슨 일 있는 거야?"

나만 아는 내용

나만 아는 전문적인 내용이나 나만의 관심사도 좋지 않다. 상대방이 정말 궁금해하거나 먼저 요청한다면 모를까 나만 아는 내용을 재미있게 들려준다는 생각은 버리자.

"요즘 우리 회사에서 헬스케어에 투자하려고 하거든. 너는 디지털 헬스케어가 뭔지 알아?"

위에서 스몰토크에 어울리는 대화 소재를 제시했지만 "오늘은 취미에 대한 이야기로 시작해야지"라고 정해놓고 애써 이야기를 끌고 갈 필요는 없다. 유연하게 상대방의 긍정적인 면 혹은 나와 비슷한 점을 찾거나 그의 관심사와 기분에 맞춰간다고 생각하자. 어떤 주제로 이야기를 하든 친밀감과 호감, 즐거움을 함께 느끼는 것이 더 중요하다는 점을 기억하자.

4. 말이 잘 통하는 사람

좋은 대화 소재를 찾는 것만큼이나 대화를 물 흐르듯 자연스럽게 이어가는 것도 중요하다. 그런데 핑퐁 대화를 생각보다 어려워하는 사람이 많다. 연애 리얼리티 프로그램을 보면, 분명 호감 갖는 것처럼 보이는데 대화를 좀처럼 잇지 못하고 적막 속에서 데이트를 안타깝게 끝내버리는 경우가 있다. 이런 대화 후에는 서로 안 맞는다고 느끼며 결국 멀어진다. 말은 계속하지만 각자 하고 싶은 말만 하는 '아무 말 대잔치'나 면접관처럼 일방적으로 질문만 하는 경우도 있다. 이 역시 서로 존중받지 못한다고 느낀다. 반대로 상대방에게 몰입해 대화하면서 '말이 통한다'고 느끼는 경우가 있는데, 이때 말이 통하는 정도가 서로에게 향하는 관심과 호감으로 직결되어 관계가 발전한다.

(1) 말이 통한다는 것은?

그렇다면 '말이 통한다'는 것은 어떤 느낌일까? 유미와 처음 만난 남성 사이의 대화를 들어보자.

유미: 오늘 비가 많이 오네요. (미소 지으며) 오는 길에 힘들지는 않으셨어요?

구웅: (옷에 묻은 빗물을 털며 무표정으로) 아뇨. 뭐 괜찮던데요.

유미: 아, 그러셨구나. 다행이네요…….

구웅: 직장 어디 다니세요?

구웅은 유미를 알아가고 싶지만 질문에는 수동적으로 대답하고, 가까워지기도 전에 사적인 질문을 한다. 유미는 자기 말에 담긴 배려와 관심이 무시당하는 데다 구웅이 상대를 존중하는 게 부족하다고 느낀다. 구웅이 자신의 말에 긍정적으로 반응할 것이라는 기대가 줄면 유미는 자신을 진솔하게 드러내기보다는 방어적인 태도를 보일 것이다. 관계에서 한발 물러서는 것이다.

유미: 오늘 비가 정말 많이 오네요. (미소 지으며) 오는 길에 힘들지는 않으셨어요?

바비: 네. 차가 엄청 막히더라고요. (웃는 얼굴로) 그래도 저는 비 오는 날 운전하는 걸 좋아한답니다. (유미 쪽으로 몸을 기울이고 눈을 보며) 유미씨는 어때요?

바비는 유미에게 적극적으로 동조하며 대답하고 기분이 좋다는 감정을 표현한다. 그리고 유미의 기분을 묻는다. 유미는 그가 자신의 감정이나 의견에 관심을 보이고, 나를 존중해줄 것이라는 인상을 받는다. 대화가 잘 통한다고 느끼며 서로를 좀더 알아보려 할 것이다.

사실 어떤 종류의 의사소통이든 대화의 분위기와 만족감은 말하기 기술 자체보다 '자신이 타인으로부터 인정받는다고 믿는 정도'에 달려 있다. "네 생각과 의견을 있는 그대로 존중해" "무엇보다 네 생각이 중요해"라는 존중과 인정의 느낌이 어떤 식으로든 전달되면 말을 버벅대거나 사소한 삐걱거림이 있어도 우호적인 대화가 이어진다. 반대로 "나는 사실 네 생각이나 감정에 별로 관심 없어" "너는 나한테 그렇게 중요하지 않아"처럼 무시하는 느낌이 전해지면 아무리 말주변 좋은 사람들이 모여서 대화가 이어져도 결국 안 하느니만 못하다. '말 잘하는 사람'보다 '말이 통하는 사람'이 되어 핑퐁 대화를 자연스럽게 이끌어가려면 무엇보다 상대방을 '리스펙트'하는 마음을 갖춰야 한다. 이 점을 염두에 두고 이제 본격적으로 핑퐁 대화를 시작해보자.

(2) 핑퐁 대화를 위한 지침

핑퐁 대화에서는 상대방을 '리스펙트'하는 태도를 적절하게 드러내는 것이 중요하다. ① 상대방의 생각과 감정에 관심을 기울이는 '질문하기' ② 상대방의 말을 존중하는 '리액션하기' ③ '내 생각을 표현'하며 '확장하는 질문으로 이어가기' 순서로 대화를 해보자.

① 상대방의 생각과 감정에 대해 질문하기

대화 주제가 정해졌다면 그에 대한 생각이나 감정을 물으며 대화에 초대한다. 더 구체적이고 풍부한 이야기를 이어가려면 닫힌 질문보다 열린 질문이 좋다.

"파스타 좋아해?"→"어떤 음식을 좋아해?"

"같이 영화라도 볼래?"→"만나면 뭐 하고 싶어?"

"자네 작업 방식이 옳다고 생각하나?"→"자네가 옳다고 생각하는 작업 방식은 뭐지?"

"와, 재미있었겠네요?"→"와, 그때 어떤 기분이었어요?"

가짜 질문에 주의하라

상대방의 생각과 의견이 궁금한 '진짜 질문'이 아닌 내 생각을 표현하거나 상대방에게 특정 대답을 끌어내기 위한 '가짜 질문'도 있다. 물론 내 의견을 강조하거나 동의를 구하는 데, 유머나 친밀감의 표현으로 '가짜 질문'이 도움이 되기도 한다. 하지만 서로 시각차가 있을 수 있는 민감한 주제일 때, 부정적인 내용일 때, 상대방과 확실히 신뢰하는 관계가 아닐 때는 '가짜 질문'이 상대방을 곤란하게 할 수 있다. 이때는 명확하게 내 의견과 질문을 나누는 것이 좀더 안전하다.

- **궁지로 몰기**: "김 대리님 아이디어 별로인 것 같지 않아요?"→"김 대리님 아이디어가 저는 별로예요. 주임님은 어떻게 생각하세요?"(의견과 질문 나누기)
- **동의를 강요하는 부정적 부가의문문**: "이 영화 재미있는 것 같아, 그렇지 않니?→"이 영화 재미있는 것 같아. 그렇지?"(좀더 부드럽게 동의 구하기)

- **답정너 질문:** "여보, 나 사랑해?"→"당신에게 사랑받고 싶어."
  "나 뚱뚱해 보여?"→"뚱뚱해 보일까봐 걱정돼."(솔직한 감정 표현)
- **제멋대로 가정하는 질문:** "그때 왜 노력하지 않았던 거야?"(상대방이 노력하지 않았다는 가정)→"그때 너는 어떻게 대처했어?"
  "뭐가 문제였는데?"(뭔가 잘못된 것이 있다는 가정)→"무슨 일이 일어났는지 말해줄 수 있어?"(함부로 추정하지 않고 질문하기)
- **숨겨진 의도가 있는 질문:** "김 대리, 내일 저녁에 뭐 해?"→"내일 저녁에 거래처 미팅이 있는데 같이 갈 수 있을까?"
  "솔직하게 말해도 화 안 낼 거지?"→"네가 화날 수도 있지만 솔직하게 말하고 싶어."(꾸밈없는 의도를 드러내기)

② 존중하는 리액션하기(반응하기)

상대방이 말한 내용이나 그 말에 담긴 감정과 의도를 그대로 읽어주고 확인하는 것부터 상대방에 대한 공감과 지지, 인정, 격려 등 나의 긍정적인 감정을 전달하는 과정이다.

"내가 잘 이해한 것이 맞아?"—
상대방의 생각, 감정, 의도를 읽고 확인하기

대화가 산으로 가지 않으려면 상대방이 드러내려는 바를 정확히 이해하는 것이 중요하다. 상대방의 말이 불분명하게 들린다면 내가 잘 이해하고 있는지 확인하는 게 좋다. 이런 확인은 상대방에게 주의를 기울이고 있다는 존중과 관심의 표명이기도 하다.

- **정보 확인:** "수요일보다는 금요일에 만나는 게 나을 것 같아."—"아하, 그러니까 수요일이 아니고 이번 주 금요일에 만나자는 거죠?"

"나는 단거 좋아해."—"디저트 좋아하겠네?"

- **의도 확인:** "너를 만나고 싶지만 요즘 좀 바빠서 너무 아쉬워. 정말 외롭거든."—"그렇구나. 너도 같이 놀고 싶은 마음은 있다는 거지? 그럼 내가 너희 집 근처로 갈까?"
- **생각 확인:** "나는 김 대리님이 그때 왜 그랬는지 이해가 안 가."—"아, 너는 김 대리님 행동이 옳지 않다고 생각하는구나."
- **감정 확인:** "그 영화를 보고 엄청 울었어."—"아이고…… 영화 내용이 굉장히 슬펐나봐."

"맞아, 좋아, 대단해, 그럴 만해, 나도 그런 적이 있어"— **공감과 지지 표현하기**

상대방에 대한 나의 긍정적인 마음도 전달한다면 상대가 계속해서 이야기를 좀더 구체적으로 이어갈 수 있다.

- **감정에 동조하거나 공감하기:** "그 프로젝트 사실 나도 힘들었어." "20년 전에 같이 간 이스탄불 여행 말이지? 나도 정말 즐거웠어." "네가 그때 왜 답답했는지 나도 알 것 같아."
- **의견에 동의하기:** "맞아. 네 남편은 너한테 완전 딱 맞는 사람이야." "네 말이 맞아. 요즘 경력직만 뽑으니 신입들은 취업하기가 너무 어려워." "정말 좋은 생각이야!"
- **칭찬하기:** "와. 그렇게까지 노력하다니 대단하다." "정말 훌륭한 취향을 가지셨네요!"
- **타당성 인정하기:** "네가 그 사람을 좋아할 만해." "네가 화날 법한 상황이야."
- **격려:** "네가 일 때문에 지금 얼마나 힘든지 알겠어. 어떻게 빨리 끝낼 수 있을지 같이 고민해보자. 그럼 너도 육아에 좀더 집중할 수 있을 거야."
- **유사한 경험 말하기:** "아, 나도 그런 비슷한 경험이 있어서 네 기분 알 것 같아."

③ 하지 말아야 할 리액션

상대방을 펌하하거나 무시하기

• "아, 네…… 네……." — **무반응이나 둔한 반응**

가장 해로운 것은 무엇보다 별 반응이 없거나 둔한 반응이다. 이렇게 무시당하는 것은 반박당하는 것보다 상대방에게 더 부정적인 인상을 준다. 상대방의 말에 "아, 그렇군요……" "그래?"라며 심드렁하거나 성의 없이 대꾸하고 더 이상 말하지 않는 것이다.

시선을 피하고 무표정하거나 냉랭한 표정을 짓는 것, 휴대폰을 보거나 다른 일을 하면서 "잘 듣고 있어"라고 말하는 것처럼 모순적인 반응의 표출도 상대방을 무시하는 행위다.

"요즘 재미있는 영화 많……" "나도 영화 좋아해!" — **말 끊기와 끼어들기**

아무리 지지하는 표현이라 하더라도 상대방의 말을 자꾸 끊고 끼어들면 배려가 없다고 여겨지고, 대화 속도가 빨라져 마음이 조급해진다. 끼어들기가 반복되면 상대방은 말하다가 의욕을 잃고 짜증 날 수 있다. 말이 끝나자마자 1초의 여유도 없이 바로 맞받아치는 것도 비슷하다. 대화의 속도는 차라리 느린 것이 편하다. 말을 끝까지 듣고 잠깐이라도 쉬었다가 반응하는 것이 신중하며 집중하고 있다는 인상을 줄 수 있다.

아무말 대잔치—
엉뚱한 반응

상대방이 한 말과 상관없이 각자 하고 싶은 말이나 질문을 하는 것이다. 가족끼리도 각자 할 말만 하면서 대화를 이어가는 경우가 드물지 않다.

지선: 「인어공주」를 봤는데, 역시 OST 너무 좋더라.

주영: 아, 금요일에 집 앞의 이자카야에 갔는데 거기 장어 너무 맛있더라. 같이 가자.

지선: 지금? 지금은 시간이 애매한데. 같이 「인어공주」 OST 들어보지 않을래?

주영: 너랑 장어에 소주 한잔 하고 싶은데.

AI 반응—
영혼이 없는 비인간적 반응

마음이 담기지 않은 상투적인 반응은 오히려 생각과 감정이 무시당한다고 느끼게 만든다.

은주: 요즘 애들이 아파서 잠도 못 자고 일에 집중을 못 하겠어.

승재: 그렇구나. 각자 힘든 개인 사정이 다 있지.

은주: 게다가 부장님이랑 스타일이 너무 안 맞아. 차라리 그만둘까봐.

승재: 그래, 사람이 다 똑같을 순 없으니까.

④ 내 생각과 감정을 표현하고 이어서 상대방의 의견을 묻기

대화라는 무대에서는 나와 상대방 둘 다 공동 주연이 되어야 한다. 상대방에게 리액션하면서 내 이야기도 적절히 솔직하게 하고 다시 상대방에게 질문해야 '티키타카'가 된다. 이렇게 서로 말하는 양과 내용의 깊이가 비슷해야 안전함과 친밀함을 느낀다. 이때 감정이나 생각의 '차이'보다는 '유사성'을 찾아 강조해야 호의적인 대화가 이어진다.

은영: 주말에 뭐 할 거야? 재미있는 시간을 보내고 싶어.

명재: 음~ 주말에 같이 놀자는 거지?(확인) 너무 좋아!(동의). 사실 우리가 최근 각자 너무 바빠서 함께할 시간이 필요하다고 생각했거든(나의 속마음 표현하기).

은영: 정말? 나도 왠지 소원해졌다고 느꼈어(속마음 표현하기).

명재: 우리 같은 생각을 하고 있었네(유사성 확인).

은영: (웃으며) 그러게. 혹시 평소에 같이 하면 재미있겠다 싶었던 것 있어? (이어가는 질문)

(3) 주의해야 할 말하기 — 둘 중 한 명만 중요한 대화

간혹 "저 진짜 리액션 좋거든요. 그런데 대화는 잘 못 해요"라고 말하는 사람 중에는 무대에서 나는 빠지고 상대방만 홀로 세워놓는 경우가 있다. 상대방에게 동조하고, 칭찬하고, 질문하면서 내 생각은 솔직하고 명료하게 말하지 않는 것이다. 반대로 상대방을 객석으로 몰아내고 나 혼자 무대에서 이야기하려는 사람도 있다. 두 가지 다 피해야 한다.

"내 이야기는 하지 않을 거야"— **면접관처럼 질문만 하기**

내 의사 표현을 하지 않으면 상대방 입장에서는 대화가 예측 불가능해지므로 긴장하게 된다.

은영: 주말에 뭐 할 거야? 재미있는 시간을 보내고 싶어.

명재: 아, 그래? 왜?(질문)

은영: 음…… 요즘 소원해진 것 같아서 같이 놀고 싶어(속마음 표현하기).

명재: 아, 그렇구나. 뭐 하고 싶은데?(이어가는 질문)

"이럴 수도 있고, 저럴 수도 있고"— **모호한 말하기**

말 그대로 애매모호하고 다양하게 해석될 수 있는 의사 표현으로 상대방을 헷갈리게 한다.

은영: 영화 좋아해? 혹시 「인어공주」 안 봤으면 같이 볼래?

명재: 아…… 「인어공주」 하는구나…… 재미있을 것 같기도 하고…….(모호한 반응)

은영: 그래? 재미있을 것 같아?(확인) 다음 주에 언제 시간 되는데?(이어가는 질문)

명재: 글쎄. 그때 가서 보자.(모호한 반응)

"내가 너보다 중요해"— **슬쩍 내가 원하는 화제로 옮겨가기**

상대의 말을 부분적으로는 인정하지만 그것을 발판 삼아 결국 내가 하고 싶은 이야기를 한다.

명재: 내일「인어공주」보려면 지금 예약해야 하는데…… 내일 오후에 시간 되는지 확실히 말해줘.
은영: 그래? 그런데 내일 영화 보려면 오늘까지 서류 정리 마무리해야 하거든. 혹시 지금 정리 좀 도와줄 수 있어? (시간 확인에서 도움 요청으로 화제 이동)

"내가 주인공이야"— **대화 독차지하기**

하버드대학 심리학과의 한 실험에 따르면 자신에 대해 말하는 것이 돈을 받거나 맛있는 음식 등으로 보상받은 것처럼 기분 좋은 상태로 만들어준다고 한다.[9] 심지어 돈 받는 것을 포기하고 자기 이야기 하는 것을 선택한 사람이 더 많았다. 독백을 해도 어느 정도 쾌락을 느낄 만큼 우리는 자기중심적으로 이야기하는 것을 원하도록 설계되어 있다. 자칫하면 나만 이야기하고 있을 수 있으니 의식적으로 말을 아끼고 상대방에게 질문하도록 노력해야 한다.

여기까지 대화를 이어가는 순서와 지침을 살펴봤다. 다시 한번 강조하는데, 상대방의 말에 반응하고 질문하는 기술도 중요하지만 상대방에 대한 진정한 관심과 존중하는 마음을 키우는 것이 더 중요하다. '말이 잘 통한다' '대화가 잘 된다'는 것은 결국 서로 진심을 주고받는다는 뜻이기 때문이다.

5. 정서지능이 높은 사람의 표현법

모든 종류의 대화는 느낌을 형성하고 어떤 감정을 불러일으킨다. 로봇이 아니고서야 아무런 느낌과 감정 없이 대화하는 사람은 없다. 그렇다면 감정은 어떻게 다루어야 할까? 대화할 때 감정을 자각하지 못하거나 표현하지 않는 사람이 있는가 하면, 서로 오가는 감정을 민감하게 깨닫고 표현하며 정서적 정보를 잘 활용하는 사람이 있다. 바로 '정서지능emotional intelligence'이 높은 사람들이다. 정서지능이란 대화에서 자신과 타인의 감정을 정확하게 이해하고, 적절하게 표현하며, 상황이나 분위기에 맞게 감정을 조절해 행동할 수 있는 능력을 말한다. 긍정적인 감정을 잘 표현하면 관계가 풍요로워지고, 부정적인 감정을 피하거나 억누르거나 폭발시키기보다 적절히 드러내면 대화에서 스트레스가 줄며, 문제 해결의 기회를 가질 수 있다. 정서지능이 높은 사람은 개인적인 인간관계에서뿐만 아니라 조직에서도 갈등 관리에 능숙해 사회적으로도 성공할 확률이 높다. 이번 장에서는 감정을 자각하고 표현하는 방법을 알아본다.

(1) 나의 감정을 알고 표현해야 하는 이유 — 감정의 기능

사실 자기감정을 표현하는 것은 익숙하고 쉬운 일이 아니다. 나는 기분장애를 주로 보는 전문의로서 하루에도 수십 번씩 "오늘 기분이 어때요?"라고 묻는데, 기분이나 감정을 섬세하게 표현하는 사람이 별로 없다. 많은 이가 "글쎄요. 잘 모르겠어요" "괜찮아요"라고 답한다.

감정을 설명하기보다는 "아무것도 못 했어요"라고 하거나, 특정 상황을 설명하기도 한다. "그때 어떤 감정이 들었어요?"라고 물어보면 "짜증 났어요" "나쁘지 않았어요" "화가 났죠" "좋았어요"와 같이 몇 개의 단어로만 표현한다. 정말 우리 감정은 이토록 단순한 걸까?

드라마 「유미의 세포들」에서 유미 마음의 마을 안에는 다양한 감정과 충동을 나타내는 세포들이 있다. 유미가 사랑에 빠질 때 사랑과 감성 세포가 대장 노릇을 하고, 상처 입었을 때는 텅 빈 마을 안에 슬픔과 눈물 세포만 등장한다. 연인과 밀당할 때는 자존심, 사랑, 분노, 질투, 불안 등의 세포들이 서로 다툰다. 이렇게 마음 안에서는 수많은 감정이 치열하게 존재감을 드러내는데 유미는 그런 감정들을 때로 자각하지 못하고, 어떤 말이나 행동을 한 뒤에야 '내가 왜 그랬을까? 그때 내 진심은 뭐였을까?'라며 뒤늦게 반추한다.

이렇게 내가 자각하거나 제대로 표현하지 못하는 경우가 있을 뿐 마음속의 매우 다양한 감정은 우리가 어떤 말과 행동을 하도록 강력한 동기를 부여한다. 자신감은 확신을 주는 단어를 좀더 사용하게 해 예상치 못한 사업상의 기회를 가져다주고, 불안은 데이트나 면접에서 의도와 상관없이 자꾸 자신 없는 말이 튀어나오게 하거나 말꼬리를 흐리게 한다. 상대방에게 화가 났지만 자각하지 못하거나 스스로 인정하지 않을 때, "나는 화가 나"라고 솔직하게 말하는 대신 무의식중에 상대방을 화나게 하는 비꼼과 빈정대는 말이 나와 관계를 차갑게 만든다.

이렇게 감정이 내 말과 행동에 주는 영향을 잘 모르면, 즉 내 감정을 잘 파악하지 못하거나 적절히 표현하지 못하면 내가 원하는 대로 대화의 분위기와 관계를 만들기 어렵다. 감정을 제대로 표현하지 않는 사람과는 솔직하고 인간적인 느낌의 대화가 힘들기 때문이다.

(2) 감정 표현의 5단계 지침

그렇다면 대화에서 어떻게 내 감정을 인지하고 적절하게 표현할 수 있을까? 감정 표현에 서툴다고 생각하는 사람들을 위해 다섯 가지 지침을 소개한다.

① 감정 인식하기

첫 단계는 나의 감정을 인식하고, 그 감정들에 이름을 붙여보는 것이다.

평소 감정을 떠올리거나 생각하는 것에 친숙하지 않다면, 아래의 방법을 통해 현재의 느낌이나 감정을 파악할 수 있다.

- **신체 감각:** 신체 감각은 내적 정서와 느낌의 명확한 표시다. 한국인은 감정 언어보다 신체 감각과 관련된 언어로 표현하는 경우도 많다.

두근거리는, 가슴 조임, 긴장된 턱, 답답한, 울렁거리는, 속이 부글거리는 — **불안, 두려움**

가슴이 텅 빈 듯한, 허기진, 힘이 없는 — **공허**

이완된, 나른한, 손발이 따뜻한, 가슴이 확장된 — **행복 등 긍정적인 정서**

• **비언어적 행동:** 표정, 자세, 몸짓, 어조, 말의 속도 등은 때로는 말보다 더 정확하게 감정을 반영한다.

축 처진 자세와 표정, 한숨, 아래로 향하는 시선, 느릿한 걸음걸이 — **슬픔, 피로**
웅크린 상반신, 손 떨기, 안절부절못하는 행동, 일그러진 표정 — **불안, 두려움, 흥분**
가슴을 쭉 편, 큰 목소리, 빠른 목소리, 미소 — **즐거운, 고양된, 흥분된**

• **언어적 표현:** 자연스럽게 떠오르는 나의 생각이나 흘러나오는 나의 말을 통해서 거꾸로 감정을 유추해본다.

나는 과제가 싫어 — **화난, 불안한, 당황스러운 등**
아무 느낌이 없어 — **무료한, 지루한, 평온한, 이완된 등**
네가 보고 싶어 — **행복한, 사랑이 솟는, 기쁜, 안락한, 고양된, 흥분된 등**

감정을 자각하고 명명하는 데 익숙하지 않은 사람은 신체 감각이나 비언어적 행동을 자주 점검하면서 자신의 감정과 느낌에 친숙해지는 것이 좋다. 익숙해지면 대화 중이라도 내 표정과 감각, 내가 하는 말 이면에 있는 감정을 순간적으로 자각함으로써 내 감정뿐만 아니라 상대방의 마음까지 알아차릴 수 있다.

"네 이야기를 들으니 몸이 나른하고 따뜻해지네. 행복하다."
"나도 가슴이 두근거리고 손이 떨린다. 네가 얼마나 두려웠는지 알겠어."
"회의 중에 어깨가 엄청 아팠어. 긴장을 많이 했나봐."

② 감정 표현을 섬세하게 하는 어휘 확장하기

대부분의 사람이 사용하는 감정 어휘는 굉장히 제한적이다. 어떤 사람은 '정말 좋다' '좋다' '별 느낌 없다' '나쁘다' '짜증 난다' '정말 싫다' 안에서만 왔다 갔다 한다.

단어 몇 개로 내 감정을 표현하는 것은 피아노의 도, 미, 솔 음으로만 곡을 만들거나 빨강, 노랑, 파랑 등의 색으로만 그림을 그리는 것과 같다. 다양한 색의 물감과 재료를 사용하면 섬세함을 표현할 수단이 더 생기듯 다양한 어휘로 감정을 섬세하게 표현할수록 대화는 풍성해지며, 내 감정이 더 진솔하게 전달된다. 아래의 다양한 감정 표현을 참고해보자.[10]

분노의 언어					
화남	비통함	격분	분개	복수심	심술이 남
속상함	토라짐	짜증	노여움	안달나게 함	잔인함
언짢음	격노	약 오름	불만족함	적대감	악의에 참

혐오감의 언어						
역겨움	혐오	싫어함	불쾌함	반감	분함	구역질이 남
질색함	생색 냄	조롱	증오	섬뜩함	저항감	양심
악감정	경멸	무시	질색	지긋지긋함	멸시	극도로 불쾌함

부러움의 언어						
부러움	열망	불쾌함	탐욕	옹졸함	씁쓸함	불만족함
못마땅함	시기	분함	탐냄	언짢음	낙담	가지고 싶어함

두려움의 언어							
공포	두려움	겁이 남	충격	거북함	불안	초조함	히스테리 상태
압도됨	긴장됨	걱정	우려	놀람	조마 조마함	공황	무서움

행복의 언어					
행복	만족	즐거움	유쾌함	황홀경	기쁨
축복	승리감	낙천적임	반가움	흥미	귀여움
열정	자긍심	안도감	명랑함	흥분	열의
의기양양함	재미	설렘	환희를 느낌	흥겨움	신남
매혹	흥취	엉뚱함	편안함	황홀함	희망
희열	발랄함	열성	고요한	편안한	나른한

질투의 언어						
질투	집착	누군가/무언가를 잃어버릴 것에 대한 두려움	경쟁심	경계심	조심함	방어적인 태도
의심	주시함	매달림	불신	소유욕이 강함	자기보호적임	

사랑의 언어										
사랑	매력	황홀감	집착	동정	흠모	배려	우애	갈망	다정다감함	애착
매혹	심취	욕망	따뜻함	흥분	연민	친절함	열정	욕정	좋아함	감동

슬픔의 언어							
슬픔	실망	연민	꺾임	단절	우울	절망	향수
번뇌	불쾌	괴로움	침울	비탄	무시	낭패	불안정
낙담	멜랑콜리함	비참	소외	상처	서러움	암울	고립
고뇌	불만족	거부	패배감	외로움	비애	심란함	불행

수치감의 언어								
수치심	비난받는 느낌	당혹감	굴욕	부끄러움	회한	심란함	창피함	자의식

죄책감의 언어					
죄책감	비난받는 느낌	회한	미안해함	후회	안쓰러움

③ 감정이 유발된 구체적인 이유와 함께 표현하기

모든 감정에는 이유가 있다. 그런데 그 이유에 대한 언급 없이 많은 사람은 "와, 즐겁다" "너한테 짜증 나!"처럼 감정 표현만 한다. 심지어 말하지 않아도 그 이유를 알아주길 바라고, (너무나 당연하게도) 상대방이 알아채지 못하면 실망하고 분노하기까지 한다.

긍정적인 감정이야 이유를 밝히지 않아도 관계에 크게 지장을 주지 않는다. 반면 부정적인 감정은 어떤 상황이나 상대방의 특정한 말과 행동에 의한 것임을 구체적으로 밝히지 않으면 오해와 억측으로 이어지기 쉽다. 따라서 부정적인 감정을 표현하면서 갈등이나 문제를 해결하려 한다면 최대한 구체적이고 분명한 이유를 밝혀야 한다. 상대방이 한 말을 그대로 인용하거나 행동을 CCTV로 관찰하듯 묘사할 수도 있다.

"너한테 짜증 나"라는 말은 '너'라는 존재가 중요치 않다는 느낌을 주는 반면, "대화 중에 자꾸 네 전화벨이 울려서 짜증 나"는 좀더 분명한 감정을 전달한다. "너랑 이야기하면 지루해"라는 표현은 관계 전반에 대한 불만만 드러내는 반면, "네가 최근에 만날 때마다 일 이야기를 하는데 나는 일 얘기가 솔직히 지루해"라고 표현하는 것이 구체적이며 갈등을 해결할 기회까지 준다. "부장님께서 저를 비난해서 속상했습니다"보다는 "부장님께서 '게으름 좀 피우지 마'라고 하셨을 때 속상하고 창피했습니다"라고 하면 상대방에게 좀더 명확하게 내 감정이 전달된다.

긍정적인 감정도 "축하해줘서 고마워"보다 "오늘 시간 내서 나를 만나러 오고 내가 승진한 것에 대해 진심으로 축하의 말을 해줘서 정말 기뻤어"와 같이 구체적으로 표현하면 서로의 기분이 더 좋아질 수 있다.

④ 복합적인 감정을 인지하고 관계와 상황을 고려해 무엇을 표현할지 결정하기

연락을 받지 않는 문제로 연인과 사소한 말다툼을 한다고 가정해보자. "나는 네가 오늘 여러 번 연락을 받지 않아서 속상해"라고 말할 수 있다. 여기서 내가 경험하는 감정이 전부 드러났을까? 연락이 안 되면 처음에는 화가 나고, 점점 좌절과 불안을 느끼거나 그 이유에 대해 혼자 생각하면서 질투와 시기심까지 느꼈을 것이다. 마침내 통화하게 됐을 때 안도감과 다행감을 느꼈다가, 무슨 일이 있었던 것은 아닌지 걱정되는 마음이 들었을 수도 있다. 직장에서 실수한 것에 대해 상사에게 비난받았을 때 처음에는 속상하고 억울했다가 점점 해고될지도 모른다는 불안감, 실수했던 나에 대한 자책과 분노 등을 느낄 수 있다.

이렇게 복합적이고 때로는 모순적인 감정을 느끼는 것이 흔한데도 우리는 하나의 감정, 특히 부정적인 감정에만 초점을 맞춰 표현하는 경향이 있다. 그에 따라 위의 상황에서는 연인에게는 속상함만, 상사에게는 억울함만 전달될 수도 있다. 물론 말해지지 않은 나머지 감정은 상대방이 모를 수밖에 없다.

감정을 표현할 때 먼저 할 것은 복합적인 감정을 인지하고 이름 붙이는 것이다. 그리고 상대방과의 관계나 대화의 분위기, 시간, 장소 등을 고려해 어떤 감정을 어느 정도로 표현하는 게 좋을지 결정한다. 회사 면접에서는 화를 아예 드러내지 않는 것이 낫듯이 직장이나 공적인 상황에서는 감정 표현을 좀더 절제할 필요가 있다. 사적인 관계에서도 거대한 파도가 밀려오듯 압도적인 감정을 느낄 때는 그 강도가 줄어들기를 기다렸다 표현하는 것이 낫다. 가장 쉬운 것은 상대방이 어떻게 반응할지 상상해보는 역지사지다.

위의 연인 간의 대화에서 만약 상대방이 바쁜 일정으로 지쳐 있다면 "속상하기는 했지만 연락이 닿으니까 안심되네"라며 두 가지 감정을 표현할 수도 있다. 상사에게도 "부장님 말씀 듣고 처음에는 억울하기도 했지만 저 스스로에게도 실망감을 느꼈습니다"가 좀더 나을 수 있다.

⑤ 내 감정은 네 것이 아니라 내 것이다! — 책임감의 언어 구사하기

우리는 타인이 특정 자극을 주면 특정 감정을 느끼도록 설정된 로봇이 아니다. 사람들은 같은 상황에서도 모두 다른 방식으로 느끼고 경험하며 기억한다. 그 감정을 감당하고 책임지는 사람은 타인이 아닌 나다. 감정을 표현할 때는 그 감정의 주체가 나임을 밝혀야 한다.

'나'를 주어로 감정을 뚜렷이 드러내는 방법을 '나' 언어I message라고 한다. '나 언어'는 특히 부정적인 감정일 때 상대방을 비난하거나 공격하지 않으면서 그에게 솔직한 감정과 내가 진정으로 원하는 것을 표현하는 좋은 방법이다.

①나는
②상대방의 말이나 행동, 상황
③나에게 미친 영향과 감정

④상대방에게 품는 소망

"약속 시간 좀 지켜. 정말 짜증 나"

①"나는,

②네가 약속 시간에 늦어서,

③걱정되기도 했지만 무시당하는 느낌이 들어 화도 났어.

④앞으로는 미리 연락해줬으면 좋겠어."

반대로 '너'를 주어로 하는 '너' 언어You message도 있다. '너는'으로 시작되는 말은 보통 상대방에 대한 판단을 포함하므로 '너 언어'로 부정적 감정을 표현하면("너는 좀 게을러" "너 때문에 프로젝트 망했어" "너 또 약속 잊어버렸네") 상대방 자체가 잘못된 존재라거나 문제적 인간이라는 뉘앙스를 풍기므로 상대를 더 도발하거나 상대로 하여금 회피하게 만들 수 있다. '너 언어'가 효과를 발휘하는 것은 상대방을 칭찬하거나 긍정적인 판단을 포함할 때다("너 오늘 정말 멋지다" "네가 어제 나를 도와줘서 과제를 끝낼 수 있었어. 너는 정말 따뜻하고 배려심 있는 사람이야").

상황에 따라 '우리' 언어We message가 도움 될 수도 있다. '나는'만 계속 말하면 타인에게 자칫 자기중심적인 사람으로 비칠 위험이 있기 때문이다. '우리는'으로 시작되는 언어는 상황이나 감정에 대한 책임이 모두에게 있다는 것을 가정한다. 그러니 공동의 일과 업무 등에 대한 이야기나 소속감을 강조할 때는 '나' 언어보다 '우리' 언어가 나을 수 있다. 둘을 비교해보자.

"나는 너와의 관계에서 편안함을 느낄 때가 많아." VS "우리 관계는 정말 편안해."

물론 "우리 관계는 왠지 소원해"라고 했을 때 상대방은 '나는 아닌데?'라고 반응할 수 있다. 따라서 상황에 따라 '나'와 '우리' 언어를 적절히 섞어 쓰는 것도 좋은 방법이다.

"나는 우리 관계가 소원하다고 생각해."
"나는 우리가 약속 시간에 늦을 때 서로 미리 연락했으면 좋겠어."

우리가 선택하는 단어 하나하나, 문장, 표정과 제스처 등 모든 것이 대화에서 감정의 흐름을 만든다. 그런데 감정은 우리가 인지하지 못하면 조절할 수도 없다. 이렇게 조절되지 않은 감정, 즉 참고 억누르고 폭발하는 감정은 우리가 원치 않는 방향으로 대화가 흘러가게 한다. 오해와 갈등을 낳고 관계를 왜곡하기 십상이다. 내 감정을 더 뚜렷이 자각하고 상황과 목적에 맞게 표현하는 것이 모든 의사소통의 기본이라는 점을 기억하자.

6. 좋은 질문과 나쁜 질문

지금까지 좋은 말하기 습관을 갖추고 대화를 이어가며 자기감정을 다루는 법을 알아보았다. 이제 대화의 수준을 높이는 것을 시도해보자. '깊이 있는 대화'를 만드는 핵심은 '좋은 질문'이다. 질문은 생각하고 성찰하게 하는 힘을 지니기 때문이다.

(1) 좋은 질문의 힘

깨달음을 주고 행동을 변화시킨다

정신건강의학과를 찾아오는 대부분의 사람은 눈앞에 마주한 어려움에 대해 의사로부터 결정적인 조언이나 깔끔한 해결책을 듣기를 원한다. 그런데 의외로 상담의 대부분은 '질문'으로 이어진다. 나는 주로 대학생들을 진료하는데 스스로 무엇을 원하는지 모르겠고, 지금 당장 무엇을 어디서부터 시작해야 할지 모르겠다고 털어놓는 학생들에게 자주 질문을 던진다.

'당신이 정말 하고 싶은 일은 뭔가요?'

'일상에서 작더라도 어떤 변화가 있으면 원하는 것에 좀더 다가갈 수 있을까요?'

'당신이 만약 자신의 가장 친한 친구라면 스스로에게 무슨 조언을 해줄 수 있을까요?'

처음에는 어색해하며 '모른다'고 하던 학생들도 질문을

반복해서 듣다보면 대답을 떠올린다. 그리고 자신에게 맞는 목표와 조언을 찾아낸다. 자신에 대한 답은 결국 자기 안에 있다는 것도 중요한 깨달음이다.

이렇게 자신에 대한 숙고로부터 나온 '깨달음'을 스스로 말했을 때 자발적인 행동 변화가 나타난다. 사람은 원래 자신이 말한 것을 일관되게 지키려 하는 경향이 있다. 만약 같은 내용을 의사가 '일단 이것부터 해보세요'라고 조언한다면 언뜻 맞는 말인 듯해 동의는 되지만, 시도하던 중 조금만 힘들어도 '나랑은 맞지 않아'라며 쉽게 포기한다. 이에 자신에게 아무 변화가 일어나지 않으면 의사의 실력을 의심하거나 조언을 따르지 못한 자신에게 화를 내며 더 크게 좌절한다. 섣부른 조언이 깨달음을 주기는커녕 좌절감만 키울 우려도 있는 것이다.

일본에서 수십 년간 대기업 경영자 코칭을 해온 이와즈 교이치로는 좋은 질문은 질문받은 사람이 자연스레 대답하고 싶어지고, 상대방에게 새로운 깨달음을 주는 것이라고 했다.[11] 자신을 향하는 좋은 질문도 인생의 가능성을 확장시킨다. '내가 좋은 아빠라면 지금 무엇을 할까?'라고 자주 묻는 사람은 아빠의 역할을 더 훌륭하게 수행할 것이다. '내가 CEO라면 지금 문제를 어떻게 해결할 것인가?'라는 질문을 자주 던지는 직장인은 자신에게 주어지는 큰 역할과 책임을 능동적으로 받아들일 준비를 할 수 있다.

좋은 질문은 명령이나 지시보다 더 강력하다

상대방에게 전달하고 싶은 중요한 메시지가 있을 때도 명령이나 지시보다는 질문이 더 낫다. "친구들에게 친절히 대해라"라는 말을 생각해보자. 말하는 사람은 '친절한 행동'이 무엇인지 염두에 둔 정답이 있겠지만 듣는 사람은 다르게 생각할 수 있다. 잔소리로 받아들여지면 "네"라고 대충 대답하고 잊어버릴 것이다. 이 말을 질문으로 바꿔 보면 어떨까?

"친구들에게 친절히 대하기 위해 네가 할 수 있는 일은 뭘까?"

"친절한 행동이란 뭘까?"

TV 채널을 돌리다가 퀴즈 프로그램에서 문제가 나오면 나도 모르게 답을 생각하게 되듯이, 우리 뇌는 질문을 받으면 답을 생각하도록 프로그래밍되어 있다. 이렇게 질문으로 '친절한 행동'에 대한 의견을 주고받다보면 대화의 초점이 '친절한 행동을 해야 한다'에서 '이러이러한 친절한 행동을 해보겠다'로 옮겨갈 수 있다. 이처럼 질문은 명령이나 지시보다 사람의 마음에 더 깊이 그리고 쉽게 파고들어 질문의 내용에 더 주의를 기울이게 만든다. 그리고 더 오래 기억에 남는다.

좋은 질문은 인간관계를 강화해준다

새 직장에서 인간관계를 시작하거나 지인들과의 모임이 있을 때 무슨 말을 해야 할지 모르겠다며 고민하는 사람이 많다. 관계의 물꼬를 트려면 왠지 매력적이고 재미있는 이야기를 해야 할 것 같은데 말주변이 없어서 괴롭다는 것이다. 이런 사람들은 말하는 자신이 어떻게 보일지 너무 신경 쓴 나머지 상대방에게 주의를 기울이지 못하거나 분위기를 제대로 파악하지 못한다. 말을 꺼내면 '갑분싸'가 될까봐 한마디도 못 하거나, 수동적으로 대답만 하거나, 반대로 한번 말을 시작했다가 흥분해 자기 이야기만 늘어놓고 뒤늦게 후회하기도 한다. 나는 이런 고민을 들을 때마다 가장 쉬운 방법으로 늘 이렇게 제시한다.

"상대방에게 질문하고, 열심히 듣고, 또 질문하라!"

우리가 대화하면서 마음이 해소되며 편안해지는 경험을 했다면 그것은 적절한 질문을 통해 내 생각과 마음을 찬찬히 들여다보고 진솔하게 표현할 기회를 얻었기 때문일 것이다. 상대방이 자신을 열어 보일 수 있게 하는 좋은 질문들—요즘 무엇에 관심 있는지, 무엇이 당신을 즐겁게, 슬프게 혹은 불안하게 하는지, 당신이 필요로 하는 것은 무엇인지, 당신을 위해 내가 무엇을 도울 수 있는지—을 잘 하는 것만으로도 상대방에 대한 깊은 관심과 호감을 드러낼 수 있다. 이런 질문은 성숙한 인간관계의 필수 조건이다.

이제 좋은 질문을 직접 해볼 차례다. 그건 가벼울 수도 있고 무거울 수도 있다. 대답하기 쉽고 부담이 없다면 가벼운 질문이고, 대답하기 곤란하거나 어려워서 숙고해야 한다면 무거운 질문이다.

(2) 가볍고 좋은 질문

관계를 편안하고 친밀하게 만들어주는 좋은 질문은 보통 대답하기 쉬우며 상대방에게 즐거움이나 뿌듯함, 편안함 등 긍정적인 감정을 떠올리게 하는 가벼운 것들이다. 보통 상대방의 성공 경험, 어려움을 극복하고 성취했던 긍정적인 경험이나 좋아하는 것을 묻는다.

"오늘 발표 잘 들었어. 와, 어떻게 그렇게 많은 자료를 조사한 거야?"

"해본 것 중 제일 재미있었던 취미활동은 어떤 거예요?"

"좋아하는 영화가 뭐예요?"

"그런 일을 겪었을 때 힘들었을 텐데, 어떻게 극복할 수 있었어요?"

"슬럼프를 어떻게 이겨내신 거예요?"

원래 인간은 진화론적으로 혼자서 자신에 대해 생각할 때 긍정적인 측면보다는 과거의 실수나 실패와 같은 부정적인 측면(그때 내가 왜 그런 말을 했지?, 그것을 선택하지 말았어야 했어, 나한테 그런 말을 한 사람을 용서할 수 없어 등등)을 더 잘 떠올리고 기억하는 성향이 있다. 부정적인 것을 더 잘 기억해야 미래에 대한 대처나 준비에 있어 생존에 유리하기 때문이다. 그러나 이런 '부정편향' 현상 탓에 쉽게 스트레스 상태에 빠지기도 한다.

따라서 나의 긍정적인 측면이나 경험을 떠올리고 자신의 잠재력을 되새기거나 즐거움을 느끼는 능력이 스트레스를 해소하며 마음을 건강하게 유지하는 데 매우 중요하다. 또한 사람은 자신의 성취나 성공 경험을 타인에게 전하고 인정받는 과정을 통해 정체성과 자존감을 유지한다. 결과적으로 긍정 경험에 대한 질문을 받고 이야기를 하는 것만으로도 스트레스가 풀리는 기분 좋은 일이 될 수 있다. 더불어 긍정 경험에 대해 이야기하다보면 서로가 인생에서 중시하는 가치나 사고방식, 취향을 알 수 있고, 또 스트레스에 어떻게 대처하는가 등 삶의 주요 측면을 살짝 엿볼 수 있어 서로에 대한 이해도 깊어진다.

(3) 무겁고 좋은 질문

가벼운 질문이 호감을 전달하고 친밀해지기 위한 것을 주목적으로 삼는다면, 관계가 좀더 안정된 단계에서는 상대방의 감정, 생각과 의견을 묻고 대답하는 무거운 질문도 필요하다. 심리적 혹은 경제적 어려움, 갈등에 대해 친구와 하는 대화, 부모와 자녀가 미래에 대해 걱정을 공유하는 대화, 직장에서 업무 성과를 높이기 위해 하는 대화, 설득하는 대화 등에서 나오는 질문들이다.

이때 좋은 질문의 조건은 ① 당장 대답하기 쉽지 않을 수도 있지만 생각해보고 싶은 질문 ② 새로운 아이디어, 성찰, 깨달음을 유도하는 질문 ③ 과거의 부정적 사실을 확인하기보다 미래에 무엇을 해야 할지에 초점을 맞추는 ④ 열린 질문이다.

중요한 면접에 준비가 부족한 것 같아 걱정된다는 친구에게, "면접 준비를 얼마나 했는데?"라고 하기보다 "내일 면접이 끝난 후 면접 위원이 너한테서 어떤 인상을 받으면 좋겠어? 그렇게 하려면 지금 뭘 더 준비해보면 좋을까?"라고 해보자. 후자는 '면접 준비를 하면서 새로운 아이디어를 생각해보게 하며, 미래 지향적인 개방형 질문'이다.

친구를 때리고 그냥 넘어가려는 아이에게 "왜 사과를 안 했어?"라고 하기보다 "만약 그 아이한테 사과한다면 어떤 말로 마음을 전할 수 있을까?"라고 하는 게 좋은 질문이다. 누구나 자신이 잘못한 것을 질문받는다면 불쾌하고 피하고 싶겠지만, 이렇게 한다면 자기 잘못을 좀더 편안하게 직면할 수 있으며, 미래 지향적인 해결책을 생각하도록 하고, 자발적인 행동 변화로 나아갈 수도 있다. "취업 준비하는데 뭐가 힘든데?"라고 하기보다는 "취업 준비로 힘들 때 어떻게 하면 좀더 힘이 날까?"라고 물어야 스스로 의욕을 북돋우는 방법을 생각해보게 된다. 마찬가지로 "왜 실적이 떨어졌을까?"보다는 "앞으로 실적을 향상시키려면 어떻게 해야 할까?"가 낫다.

사실 이런 질문은 부정적인 정서가 포함될 수 있기에 질문하는 사람도 부담스럽고, 듣는 사람도 피하고 싶을 수 있다. 자신이 느끼고 싶지 않은 감정에 직면하거나 맞닥뜨리고 싶지 않은 문제를 숙고해야 하기 때문이다. 따라서 무거운 질문은 관계에서 신뢰가 충분히 형성되어 있을 때 해야 한다. 즉, 질문하고 여기에 대답하는 목적이 바로 상대방(혹은 서로)을 돕기 위한 것 혹은 공동의 문제를 해결하기 위한 것이라는 의도를 공유하고 있어야 한다.

예컨대 서로 사이가 안 좋은 엄마가 아들에게 '취업 준비는 잘하고 있는지' 물었을 때, 아들로서는 빨리 돈 벌어오라는 메시지로 받아들여 화내고 대화를 피할 수 있다. 서로 잘 모르는데 "당신의 업무에서 실수를 줄이려면 어떻게 해야 할까?"라고 물으면 '네가 무슨 상관이야? 내가 왜 너한테 그걸 말해야 하는데?'라며 불쾌해할 수 있다.

(4) 관계를 파괴하는 나쁜 질문

나쁜 질문은 대답하기 어려우면서도 부정적인 감정이 들게 하는 것, 상대방에게 깨달음을 주기는커녕 반발이나 저항을 일으키는 것이다. 대부분의 사람이 자신은 좋은 의도로 물었는데 상대방이 꼬여서 질문의 의도를 오해한다고 생각한다. 이것을 명심하자. 질문은 던지는 쪽보다 받는 쪽의 느낌이 더 중요하다.

특히 무거운 질문을 할 때는 대화의 맥락이나 상대방과의 친밀도 등을 고려해 반드시 상대방 입장에서 무엇을 느낄지를 숙고한 뒤 신중하게 해야 한다. 내가 좋은 의도를 가지고 있더라도 상대방이 불쾌해한다면 나쁜 질문이 된다.

- **상대방과의 관계를 배려하지 않는 질문:** 첫 만남에서 "연봉은 얼마예요?"
- **경제적 상태, 가족, 결혼, 연애, 출산, 직장, 외모 등 민감한 사안에서 상대방의 개인사에 무리하게 개입하는 질문:** "결혼을 굳이 안 하는 이유가 있어?" "둘은 낳아야 하지 않을까?" "부모님은 뭐 하시는

분이야?" "집은 자가야?" "살 좀 빼야 하지 않아?"

- **가치관이나 생각을 주입하는 질문:** "프리랜서보다는 정규직이 낫지 않아?" "굳이 월급이 더 낮은 직장으로 가려는 이유가 있니?"
- **(과거 중심적인) 질책하는 질문:** "꼭 그렇게 행동해야만 했던 이유가 있어?" "다 네가 선택한 일 아니야?" "돈을 못 모으는 이유가 뭐니?"
- **질문자를 드러내기 위한 답을 유도하는 질문:** "내가 어떻게 승진할 수 있었는 줄 알아?"
- **부정 표현을 포함하는 질문:** "왜 설거지를 안 했어?" "숙제 안 하니?"("설거지를 언제까지 할 수 있겠어?" 등 긍정 표현이 더 낫다.)

우리가 자신도 모르게 일상에서 자주 하는 나쁜 질문은 상대방에게 네가 잘못되었다는 부정적인 메시지를 전달하거나, 동등한 입장에서 상대방을 존중하기보다는 가르치려들거나 과도하게 개입하려 하는 내용을 포함한다. 이런 질문은 안 하느니만 못하다. 만약 메시지 전달이 꼭 필요하다면 질문보다는 "설거지를 마쳐줬으면 좋겠어"처럼 의견의 형태로 전달하는 것이 낫다. 취조나 심문이 아닌 이상 질문은 어디까지나 상대방이 어떻게 받아들일지를 기준으로 해야 한다는 것을 기억하자.

처음 만나 하는 가벼운 대화든, 무거운 주제에 대한 진중한 대화든, 정보를 얻기 위해 하는 기술적인 대화든 '상황에 맞는 시의적절한 질문, 새로운 통찰을 이끌어내는 질문'을 할 수 있는지가 바로 의미 있는 대화로 타인에게 영향력을 행사할 수 있는가를 보여준다. 자신을 향한 질문도 마찬가지다. 습관적으로 자신에게 '왜 나는 늘 당하고만 살까?' '어째서 나는 늘 실수를 할까?'라고 묻는 사람과 수시로 '내가 원하는 것은 뭘까?' '그것을 위해 지금 뭘 하면 좋을까?'라는 질문을 던지는 사람을 비교해보자. 누가 자기 삶의 주인으로 만족스럽게 살아갈지는 명백하다. 대화에서 즉석으로 좋은 질문을 던지는 것이 쉽지 않을 수도 있다. 먼저 자신에게 하루 한 번씩이라도 좋은 질문 만드는 연습을 해보자.

질문을 잘하는 것은 운전하기나 자전거 타기와 같다. 처음에는 손발이 마음과 다르게 움직이고, 실수해서 사고 날까 긴장되겠지만 용기를 내 꾸준히 연습하다보면 결국 특별히 의식하지 않아도 운전을 잘할 수 있게 된다. 대화할 때 흐르는 감정에 주의를 기울이며, 진정성 있고 솔직하게, 구체적으로 말해보자. 깊이 있는 대화를 위해 상대방에게 좋은 질문을 던지려면 평소 나 스스로에게도 좋은 질문을 하도록 노력하자.

4장

타인의 마음으로 들어가는 말하기

1. 내 이야기는 어디까지 해야 할까?

'대화하면 너무 피곤하고 지쳐요. 그래서 만남을 피하게 돼요'라는 고민을 많이 듣는다. 처음 만나는 사람이든 직장 동료처럼 매일 마주치는 사람이든 대화할 때 긴장되고 힘든 가장 큰 이유 중 하나는 우리가 상대방을 잘 모르기 때문이다. 서로에 대한 진실한 정보를 모르는 상태에서는 상대방의 생각이나 행동, 반응을 예측하기 어려워 함께 있을 때 긴장된다. 반대로 나 자신을 상대방에게 자연스럽게 알리면 상대는 나를 편안해하고 더 친밀하게 느낄 수 있다.

그런데 이런 '자기 공개'를 어려워하는 사람이 많다. 내 이야기를 어디까지 해야 할지, 나에 대해 무엇을 먼저 이야기해야 할지도 고민인데, 과연 상대방이 내가 말하는 것을 이해하고 공감해줄지도 확신이 들지 않는다. 내 이야기, 어떻게 해야 할까?

(1) 자기 공개의 네 가지 원리

① 친밀해지고 싶은 만큼 더 깊은 내 이야기를 한다

오랜 시간 함께 지내면서도 관계가 겉도는 것 같고 불편하다고 느낀다면 이는 서로에 대해 알고 있는 수준이 얕기 때문이다. 우리가 친하지 않은 관계를 '서로 잘 모르는 사이'라고 하고, 아주 친밀한 관계를 '서로 비밀이 없는 사이'라고 말하듯이, 친해질수록 더 깊은 수준의 자기 공개를 하게 되고, 사적인 이야기를 할수록 관계는 깊어진다.

결국 내 이야기를 어디까지 하는지는 내가 상대방과 얼마나 깊은 관계를 원하는가에 달려 있다.

보통 첫 만남에서는 관계의 성격에 따라 이름, 나이, 소속 같은 공적인 정보를 말하게 된다. 자기소개를 할 때 누구나 알고 있어도 부담 없는 기본적인 내용이다. 사실 직장 동료나 그다지 친하지 않은 사이에서는 이런 제한된 정보만으로도 그럭저럭 관계가 유지될 수 있다. 예컨대 변호사와 의뢰인처럼 특정 목적을 위해 계약으로 맺어진 사이이거나, 옆 부서에서 일하는 회사 동료와의 관계 정도다.

좀더 가까워져 서로에게 의미 있는 사람이 되고자 할 때, 혹은 직장에서 팀워크를 다질 때 각자 맡은 역할만 하는 것 이상으로 더 큰 시너지와 협력을 원한다면 더 깊은 수준의 사적인 정보를 나누는 것이 필요하다. 이럴 때는 "저는 주말에 날씨가 좋아 달리기를 했는데, 주말 어떻게 보내셨어요?"처럼 개인적인 관심사나 취향, 취미를 말하게 된다. 결혼이나 자녀 유무, 사회적 이슈에 대한 의견이나 가치관을 자연스럽게 드러내면서 '서로 잘 아는 사이'가 된다.

가장 깊은 수준의 공개는 나만의 매우 사적이고 비밀스러운 정보를 말하는 것이다. 현재 겪고 있는 개인적인 고민이나 가족 내 갈등, 나만의 열등감이나 취약점, 어려운 재정 상황, 신체적 문제와 같은 내밀한 삶의 문제들이다. 바로 '둘도 없는 사이' '서로 비밀이 없는 찐친'처럼 나를 가장 깊이 이해해주는 관계에서 공개되는 내용이다. 이로써 상대방은 두려움이나 경계심을 풀고 서로를 더 신뢰하게 된다.

② 깊은 관계에서는 상대방에 대한 솔직한 감정과 생각을 말할 수 있어야 한다

10년간 알고 지냈지만 '그 친구가 대체 나를 어떻게 생각하는지, 나를 좋아하는 건지 아닌지 알 수 없다'고 말하는 사람이 있다. 간혹 환자의 보호자로서 배우자나 부모를 따로 불러 상담하는데, '도대체 나에 대해 어떻게 말하더냐'라고 물어보는 사람이 정말 많다. 뭐가 불만인지, 자신을 좋아하는지 그렇지 않은지를 모르겠다는 것이다.

어떻게 성장했고, 무슨 일을 하는지, 무엇을 좋아하고 어떤 어려움이 있는지 등을 알고 있어도 서로에 대한 솔직한 감정과 생각에 대한 이야기가 빠지면 거리감이 좁혀지기 힘들다. 관계가 가까운 듯하면서도 쉽게 불안정해지고 함께 있어도 외롭다.

관계가 깊어지려면 내밀한 사적인 이야기뿐만 아니라 상대방에 대해 긍정적이든 부정적이든 진솔한 속마음을 나눌 수 있어야 한다.

은영: 요즘 네가 나를 많이 신경 써주고 챙겨주는 것 같아. 너랑 있으면 마음이 정말 든든해.

명재: 그렇게 알아주니 고맙다. 너한테 도움이 되고 싶어.

은영: 네가 나랑 있을 때 자꾸 휴대폰만 봐서 속상해. 우리 관계가 지지부진해진 것 같아.

명재: 나도 비슷하게 느끼고 있어. 네가 나를 좀 피한다고 생각했는데 그것 때문이었구나.

이처럼 서로에 대한 긍정적인 감정을 주고받으면 관계가 단단해지고, 부정적인 생각과 감정을 솔직히 말하는 것도 자신의 어떤 행동이 상대방에게 불쾌한 감정을 유발했는지 알게 되므로 오해와 긴장, 갈등을 줄일 수 있다.

③ 상호성의 원리: 내 이야기는 상대방과 균형과 속도를 맞추면서 이뤄져야 한다

원래 한 사람이 자기 공개를 하면 상대방도 비슷한 양과 깊이의 정보를 공개하는 경향이 있다.[1] 즉, 내가 말한 만큼 상대도 자신을 내보여야 한다는 심리적 부담을 느끼는 것이다. 직장에서 자기소개를 할 때 첫 번째 사람이 기본 정보에 더해 가족관계와 현재 고민까지 살짝 말하면 그다음 사람들도 비슷한 수준까지 이야기하는 것을 한번쯤 경험해봤을 것이다. 심지어 아래의 대화처럼 내가 정직하고 솔직하게 말하는 만큼 상대방도 터놓고 말하게 되는 경향이 있다.

> **지훈:** 솔직히 이 과제가 저한테는 좀 어려워서 걱정돼요. 그래도 열심히 해볼게요.
>
> **민경:** 저도 사실은 과제가 좀 복잡하다고 느껴져서 스트레스를 받고 있었어요.

따라서 내가 상대방에 관해 좀더 많은 것을 알고 싶거나 진솔한 마음을 듣고 싶다면, 먼저 내 이야기를 더 적극적이고 자발적으로 할 필요가 있다. 그런데 이때 자신을 드러내지 않을 뿐만 아니라 상대방의 이야기에도 적절히 호응해주지 않으면 아주 얕은 수준에서 대화가 그치며 관계는 중단된다.

반대의 경우도 있다. 한 친구가 자신이 소개팅을 했는데 왠지 불쾌한 느낌이 드는 대화를 했다면서 상대방이 왜 그런 이야기를 자신한테 했는지 모르겠다고 물어온 적이 있다. 처음에 자기소개를 하고 나자 갑자기 자신이 학창 시절에 집단따돌림과 성추행을 당한 경험이 있어 아직도 사람 만나는 것이 힘들다며 울었다는 것이다. 어떤 사람은 첫 만남에 상대방이 부모님이 암에 걸렸는데 어떻게 해야 할지 모르겠다고 얘기해서 당황했다고 말하기도 했다. 이렇게 급격하게 가까워지고 싶거나 이해받고 싶은 욕심에 첫 만남부터 내밀한 가정사나 과거의 트라우마와 같은 개인적 고민을 털어놓는 식으로 성급하게 자기 공개를 하면, 상대방도 비슷한 수준의 이야기를 해야 할 것 같은 심리적 부담을 느끼면서 오히려 대화가 중단된다. 내 이야기를 할 때는 현재 상대방과의 관계가 그럴 만한 이야기를 할 수준인지, 상대방도 비슷한 정도의 자기 이야기를 할 마음의 준비가 되었는지를 고려하면서 속도의 균형을 맞춰야 한다.

④ 자기 개방이 위험한 결과를 가져올 수 있음을 고려하라

사실 자기 이야기를 솔직하게 털어놓는다는 것은 쉽지 않은 일이다. 바로 거절에 대한 두려움 때문이다. 존 파월은 『왜 나는 내가 누구인지를 당신에게 말하길 두려워하는가』라는 책에서 자신이 누구인지 말하는 것을 두려워하는 이유에 대해 "내가 누구인지 말하면 상대방이 나를 좋아하지 않을 수도 있지만, 그게 내가 가진 전부니까요"라고 분석했다.[2]

해인: 나는 사실 늘 우울해.

현우: 그런 네 옆에 있는 게 솔직히 힘들어. 처음에 만났을 때는 네가 참 밝고 긍정적인 사람이라고 생각했는데…….

이렇게 소중한 사람에게 거부당하면 자존감이 크게 훼손되며 관계가 끊길 위험도 있다. 갈등이 있어도 우리 관계가 안전하게 유지되리라는 깊은 신뢰 없이는 자기 공개를 하기 매우 어려운 이유다.

자신의 취약점을 드러낸 후 공감을 받기는커녕 상대방에게 나에 대한 부정적인 인상만 남길 수도 있다. 결국 상대에 대한 내 영향력이 줄어드는 셈이다.

해인: 사실 요즘 남편과의 갈등으로 잠을 통 못 자고 있습니다. 일에 집중하기도 어렵고요.

현우: 그러면 이번 프로젝트에서는 빠지는 게 좋겠네요.

반대로 내가 솔직하게 상대방에 대한 감정을 이야기했을 때, 나는 후련하지만 상대방의 기분은 엉망이 되어 관계에 부정적인 영향을 미칠 수도 있다.

해인: 솔직히 네가 자꾸 약속 시간에 조금씩 늦는 게 나를 화나게 해.

현우: 나도 마찬가지야. 너도 늦을 때가 있잖아.

이렇게 자기 공개의 수준이 깊어질수록 친밀해지는 것과 동시에 관계가 악화될 위험도 있다는 것을 염두에 두어야 한다. 따라서 자기 공개를 할 때는 서로 신뢰하는 정도, 마음의 준비, 말하는 방법 등 여러 측면을 섬세하게 고려해야 한다.

(2) 자기 공개의 이점

마음의 치유가 일어난다

관계 초기에는 주로 자신에 대한 팩트 위주의 중립적이거나 긍정적인 이야기를 하지만, 관계가 깊어지면서 아무에게나 하지 않는 개인적인 내용을 말하게 된다. 보통 사실facts('나는 서울에서 태어났어')보다는 의견이('나는 서울 생활이 이점이 많다고 생각해'), 의견보다는 정서적인 내용('그렇지만 서울에서 생활하는 게 외롭게 느껴질 때가 있어')이 더 사적이고 깊은 정보다. 즉 가장 깊은 수준의 이야기는 흔히 매우 감정적이고 정서적인 내용이다. 말 못 할 고민들, 자신의 약점, 가족 문제에서 오는 불안, 직장에서의 갈등이나 어려움, 우울증과 같은 심리적 문제, 숨겨진 욕구처럼 삶의 어두운 측면들이다.

우리 삶에는 밝은 면과 어두운 면이 공존한다. 성취가 강조되면 실패에 대한 두려움과 불안이 함께 있고, 경쟁심의 이면에는 시기심과 분노가 있다. 독립과 주체성이 우선시되면 고립과 외로움이 뒤따를 위험이 있다. 밝은 면은 타인에게 보여주기 쉽지만 어두운 면은 스스로도 모를 때가 있고, 알아도 인정하지 못하거나 타인에게 드러내지 않으려 한다. 그러나 어두운 측면을 억누르거나 회피하기만 할 때, 공감받지 못할 때 삶은 고통스러워진다. 그래서 우리는 늘 망설이면서도 믿을 만한 사람에게 자신의 어두운 면을 털어놓는 것이다. 처음에는 상대방이 어떤 반응을 보일지 예측하기 어렵기 때문에 여러 피상적인 관계를 통해 상대방을 탐색하고, 가장 공감을 잘하는 사람에게 더 깊은 이야기를 한다. 이렇게 남들에게 숨기고 싶은 나만 아는 이야기를 할 수 있다는 것은 부부든 연인이든 친구든 관계의 만족도에 결정적인 영향을 미친다.

나에 대해 알아가는 내적 성찰이 일어나기도 한다

내밀한 어려움을 타인에게 말하면서 때로 내가 자각하지 못했거나 외면했던 느낌, 감정까지 뚜렷이 의식하게 되기도 한다.

'부모님이 심하게 다투다가 결국 이혼했을 때, 그때는 차라리 잘됐다고 생각하고 후련했지만, 알고 보니 내가 정말 많이 두렵고 불안했구나.'

'아이가 처음 진단받았을 때 그때는 어떻게든 낫게 해야 한다고 생각해서 씩씩하게 지냈지만, 한편 아무도 도와주지 않을 거라는 생각에 몹시 외롭고 우울했던 것 같아.'
이렇게 내 감정이나 느낌을 분명하게 하는 것은 스스로의 아픈 경험을 치유하는 중요한 과정이기도 하다.

서로의 자존감을 높여준다

자기 공개는 상대방에게 호감과 신뢰를 표현하는 효과적인 방법이기도 하다. 자신의 취약점이나 고민을 이야기했을 때 상대방이 그것을 비웃거나 약점으로 잡지 않고 잘 공감하며 감싸줄 것이라는 믿음을 내비치는 것이기 때문이다.
내가 취업 준비로 형편이 어렵다고 털어놓았을 때, "지금 경제적으로 어렵다고 하지 않았니? 돈은 내가 낼 테니 대신 내가 하자는 대로 따라줘"처럼 내 취약점을 이용해서 나를 통제하려 하거나 여기저기 떠들고 다니는 사람을 '가볍고 믿지 못할 사람'으로 분류한다. 반대로, "나도 사실은 3년이나 취업 준비를 하면서 정말 궁핍했던 시절이 있었어. 네가 얼마나 막막하고 불안한지 알겠어"라며 자신의 과거사도 공유하면서, 내 어려움이 나만의 불행이나 무능력의 증거가 아니라 누구나 겪을 수 있는 어려움으로 이해하게 도와주는 사람을 '믿을 수 있는 사람'으로 여긴다.
이렇게 관계가 무르익으면서 이뤄지는 깊은 수준의 자기 공개는 서로에게 위안이 될 뿐만 아니라 내가 상대방에게 꽤 믿을 만한 사람으로 인식되고 있다는 메시지를 주므로 상대방의 자존감을 높여주기도 한다.

(3) 자기 개방의 네 가지 지침

지금까지 내 이야기를 하는 과정, 위험과 이득에 대해서 알아보았다. 이제 마음속에 나에게 중요한 한 사람을 떠올려보고 아래의 지침을 따라가면서 구체적으로 내 이야기를 어디까지 할지 생각해보자.

① 상대방이 나에게 얼마나 중요한 사람인가?

만약 상대방이 여러분에게 정말 중요한 사람이며 깊은 신뢰와 친밀감을 쌓고 싶다면 좀더 개인적이고 사적인 이야기를 나누며 관계를 발전시킬 수 있다. 서로에게 얼마나 의미 있는 사람이 되고 싶은지를 먼저 결정한 후 자기 공개의 수준을 정해야 한다. 친밀한 관계에서 개인적인 이야기를 너무 숨기거나 털어놓지 않음으로써 결과적으로 속이게 되는 것도 좋지 않다.

② 언제, 어디서, 얼마나 많은 이야기를 할 것인가?

어느 정도 깊은 수준까지 이야기를 할지 정한 다음에는 어떤 주제로 얼마나 많은 이야기를 할 것인가를 고려해야 한다. 상황에 맞지 않거나 너무 많은 정보, 즉 TMI(too much information)는 경계해야 한다. 회사에서 상사가, 강의실에서 교사가, 상담실에서 상담사가 상대와 친해지겠다면서 자기 사생활을 너무 많이 털어놓으면 '내가 왜 저런 이야기까지 들어야 해?'라며 싫어하는 사람이 많다. 개인적 취향에 대한 이야기를 주고받는 것은 서로 친밀해지기에 좋은 방법이지만, 패션, 음식, 취미생활 등 나의 모든 취향을 세세히 이야기하면 상대방은 지루함을 느낀다. 상대의 관심사도 고려하며 한 가지 영역에 대해 깊이 있게 이야기하는 게 나을 것이다. 그룹 채팅방처럼 다수가 모인 곳에서 둘 사이에 할 법한 이야기를 계속 털어놓거나 페이스북 같은 불특정 다수가 볼 수 있는 SNS에 내밀한 비밀을 공개하는 것도 좋지 않다. 무슨 이야기를 얼마나 많이 할 것인가는 대화가 이루어지는 환경, 관계, 때와 장소를 가려서 결정해야 한다.

③ 자기 공개의 이득과 위험을 저울질해보라

자기 개방에는 위험도 분명히 따르기에 실제 나를 드러내는 과정은 굉장히 조심스러워야 한다. '사실 처음에는 너를 정말 싫어했어' '예전에 사귀었던 사람 중 네 친구도 있었어'와 같은 말은 상대방에 따라 잘 받아들여질 수도 있고, 관계를 해칠 수도 있다. 상대방이 믿을 만하고 서로에 대한 호감이 있다면 용기 내서 이야기하는 것이 좋지만 상대방 입장에서 내가 이야기하는 것을 부정적으로 생각하거나 거절할 확률이 높다면 말하지 않는 것이 관계를 진전시키는 데 더 나을 수도 있다. 특히 직장 동료처럼 늘 협력해야 하는 사이라면 내 이야기로 인해 관계가 악화될 위험을 고려해야 한다.

④ 서로 균형을 맞추면서 하고 있는가?

일방적으로 한 사람이 자기 이야기를 하고 상대방이 들어주는 것은 치료자와 환자, 전문가와 고객·의뢰인처럼 계약관계인 경우가 많다. 일반적인 인간관계에서는 상대방에 대한 정보에서 불균형이 일어나는 순간 어느 한쪽이 불편해지거나 이야기한 것을 후회할 수 있다.

물론 이런 상호 공개가 반드시 동시에 일어날 필요는 없다. 오늘 만남에서 내 고민을 털어놨을 때, 다음번 만남에서는 상대방이 자기 이야기를 꺼내놓을 수도 있는 것이다. 어떤 경우든 서로 자신에 대해 드러내는 수준이 비슷할 때 관계가 가장 안전하게 느껴지고 친밀해질 수 있다는 사실을 기억하자.

2. 칭찬, 제대로 하기

칭찬을 적절히 잘하는 사람을 우리는 '성격이 좋다'고 느낀다. 칭찬을 잘한다는 것은 타인의 긍정적인 면을 잘 찾아내며, 거기에 초점을 두어 사람을 판단할 능력을 갖추었다는 뜻이기 때문이다. 자신을 좋게 보고, 때로는 스스로 알지 못하는 내 장점까지 찾아내줄 수 있는 사람을 싫어하는 이는 없다. 칭찬만큼 인간관계에 활력을 불어넣고, 대화를 편안하게 해주는 것도 없다. 이제 칭찬이 실제 대화에서 어떤 역할을 하는지 살펴보고 제대로 칭찬하기 위한 방법을 알아보자.

(1) 칭찬의 힘

초면에는 칭찬을 통해 호감이나 친밀감을 표현하는 것이 인간관계를 시작하는 확실하고도 쉬운 방법이다. 서로 익숙한 관계에서도 '네가 나에게 하는 걸 보면서 늘 배려심이 깊은 사람이라고 느껴'와 같이 상대방의 긍정적인 측면을 찾아내 칭찬을 건네는 것은 기분을 좋게 할 뿐만 아니라 관계의 윤활유 역할을 한다.

칭찬은 상대방의 의욕과 동기를 북돋워 행동에 나서게 하는 효과도 있다. 상대방으로 하여금 어떤 행동을 하게 할 때 그에 대한 보상을 해주는 경우가 많은데, 칭찬은 강력한 보상 중 하나다. '좋은 성적을 받으려면 일찍 일어나서 공부해야지'라고 하는 것보다 '공부하려고 아침에 일찍 일어나다니, 힘들겠지만 노력하는 게 대단해'라고 했을 때 일찍 일어나는 행동을 반복할 확률이 높아진다. '내가 지금 너무 힘드니 당신이 좀 알아서 청소해'라고 여러 번 말하는 것보다, 조금이라도 청소했을 때 '와, 정말 잘했네, 고마워. 당신 덕분에 내가 좀 쉴 수 있었어'라고 말하는 것이 더 효과적일 수 있다.

사회심리학자 로버트 치알디니의 『설득의 심리학』에 나오는 설득의 제1원칙인 상호성의 법칙에서도 칭찬은 설득의 성공률을 높여주는 쉬운 방법 중 하나다.[3] 상호성의 법칙은 사람들에게 받은 만큼 돌려주려는 습성이 있다는 것인데, 먼저 상대방에게 대가를 바라지 않는 선물을 제공함으로써 일종의 마음의 부채를 만들어내면, 이후 내가 무언가를 제안하거나 부탁했을 때 그것을 받아들일 확률이 높아진다는 것이다. 이때 가장 유용하고 가성비 있는(!) 선물 중 하나가 바로 상대방에게 적시에 적절한 칭찬을 건네 호감을 전달하는 것이다.

평소에 주변 사람들에게 상대방의 강점과 재능, 성취에 대해 적극적으로 칭찬해준다면, 내가 도움을 필요로 할 때나 상대방을 설득해야 할 때 상대가 내 제안에 응할 가능성은 매우 높아진다. 직장에서건 가족이나 사적인 관계에서건 만약 내 영향력을 높이고 싶다면 평상시 내가 누구에게 어떤 칭찬을 건넬 수 있는지 생각하고 실행해보자. 아마 그들은 자기도 모르게 당신의 제안을 더 따를 것이다.

(2) 칭찬이 칭찬으로 받아들여지게 하는 네 가지 전략

기본적으로 대부분의 칭찬은 사람의 기분을 좋게 만든다. 터무니없을 정도로 과장된 칭찬조차 지적이나 비난보다야 낫기는 하다. 그렇지만 어떤 경우에는 적절하지 않은 칭찬으로 상대방의 기분을 상하게 하거나 칭찬의 효과를 감소시킬 수 있다. 내가 하는 칭찬이 진정 상대방에게 긍정적인 영향을 미치도록 하는 전략을 살펴보자.

① 칭찬하는 사람의 말과 감정과 행동은 일치되어야 한다

먼저 내가 상대방의 칭찬하고자 하는 면에 대한 긍정적인 감정을 분명하게 느끼고 있어야 한다. 진심이 아닌 칭찬은 그 내용이 진실임을 뒷받침하는 행동이 따라오지 않기 때문에 더 잘 드러나고, 상대방에 의해 바로 포착된다. 알맹이가 없거나 거짓된 칭찬은 상대방을 무시하는 것으로 받아들여질 우려가 있어 오히려 서운하게 만든다. 아직 말을 잘 못 하는 아이들조차 엄마가 무심하고 반사적으로 하는 칭찬을 감지하고는 위축되거나 불안해질 수 있다. 다음의 대화를 비교해 보자.

아이: 엄마, 저 정리 다 했어요!

엄마 1: (다른 일을 하며 무심하게) 그래 잘했네.(귀찮네) 바쁘니까 저리 가서 놀아.

엄마 2: (미소 지으며) 와, 정말 깨끗하게 정리했구나. 스스로 정리하려고 노력하는 모습이 자랑스러워.

진실된 칭찬을 건네기 전에 내 마음을 먼저 들여다볼 필요가 있다. 나는 상대방의 행동, 성취 등에 대해 진심으로 긍정적인 마음을 가지고 있는가? 사실 별로 감정이 느껴지지 않는데 의도를 가지고 필요에 의해서 칭찬하는 것은 아닌가? 가까운 관계에서도 때로 긍정적인 마음과 함께 귀찮음, 경쟁심, 시기나 질투심, 혹은 깎아내리고 싶은 마음이 있을 수도 있다. 우리에게는 얼마든지 모순된 마음이 복잡하게 얽혀 있을 수 있다.

스스로 좋고 착해야 한다는 생각 때문에 타인에 대한 불편한 마음을 보지 않고 억누르려고만 하는 사람도 있다. 그러나 부정적인 마음들은 참고 외면한다고 해서 결코 사라지지 않는다. 평상시에는 괜찮다가도 폭우가 쏟아지면 튼튼하지 않은 천장에서 물이 새듯이 감정이 여기저기서 흘러나온다.

말로는 칭찬하는데 말투가 냉소적이거나 감흥이 없고, 표정이 무심하거나 긴장되어 있을 수도 있다. 칭찬하는 대화를 빨리 끝내고 감정이 섞이지 않은 다른 주제나 자기 이야기로 빨리 넘어가려고 할 수도 있다. 다음과 같은 경우다.

유진: 노력한 보람이 있는지 이번에 승진을 했어.
현정: (무표정으로) 능력 좋네~ 수고했다. 뭐 먹을까?

내 마음을 하얀 스크린에 비춰보듯 투명하게 들여다보자. 만약 친구의 승진 소식을 듣고 내게 소중한 친구를 축하하는 마음과 함께 열등감과 질투심이 함께 들었다면 그것을 있는 그대로 보자. 그리고 내 열등감 때문에 불편한 마음도 있지만 나에게 소중한 친구를 축하해주는 따뜻한 마음도 있음을 느껴본다. 그 따뜻한 마음에 좀더 주의를 기울이며 칭찬을 건네보자.

유진: 노력한 보람이 있는지 이번에 승진을 했어.
현정: (환하게 웃고 눈을 마주치며) 정말 잘했다. 앞으로도 지금처럼 열심히 노력하면 네가 원하는 것을 차근차근 해낼 수 있을 거야. 어떤 노력을 한 거야? 나도 배우고 싶어.

② 칭찬의 내용은 구체적인 근거에 기반해야 한다

칭찬할 때는 상대방의 추상적인 특성에 대해 판단하는 것보다는 구체적인 상황에서 어떤 행동이 좋았는지 그 근거를 직접 언급하는 것이 좋다. 상대방이 무엇에 대한 칭찬인지 혼란스러워한다면 특정 행동의 동기를 높이고 의욕을 북돋울 수 있는 효과가 감소한다. 자호와 한나의 칭찬을 비교해보면 그 차이를 명확하게 알 수 있다.

자호: 와, 정말 말 잘하시네요.

한나: 이야기를 할 때 정말 알아듣기 쉽게 설명을 잘해주시네요!

자호: 참 착하구나.

한나: 더 먹고 싶었을 텐데 자기 것을 친구에게 나눠주다니. 정말 착한 행동이구나.

또한 상대방을 판단하고 평가하는 듯한 모호한 칭찬도 자칫하면 상대방을 위에서 내려다보는 듯한 인상을 비쳐 불쾌감을 줄 수도 있다.

자호: 성격 좋으시네요.

한나: 제가 무슨 말을 하든 늘 웃으면서 편안하고 따뜻하게 대해주시네요.

③ 과장되거나 엉뚱한 칭찬이 되지 않도록 주의해야 한다

간혹 언제 어디서나 웃는 얼굴로 칭찬할 거리를 찾아내는 사람들도 있다. 물론 상대방이 평소 자각하지 못했던 뜻밖의 강점이나 긍정적인 부분을 발견해서 칭찬해준다면 분명 상대방의 기분은 좋아지겠지만 의욕이 지나쳐 과장되거나 엉뚱한 칭찬을 하면 오히려 신뢰가 깎이고 상대방을 불쾌하게 만들 수 있다.

이런 경우는 칭찬을 통해 좋은 인간관계를 유지하거나 좋은 사람으로 비치고 싶다는 욕망은 큰데 그 방법은 잘 모르는 것이다. 상대가 칭찬을 들었을 때 어떤 느낌을 받을지 그 마음을 잘 읽지 못하는 경우도 엉뚱하거나 과장된 칭찬의 함정에 빠질 수 있다.

명백하지 않거나 존재하지 않는 특징, 혹은 그가 원했지만 갖지 못한 특성을 언급하며 칭찬하는 것은 상대방을 당황스럽게 만들거나 불쾌하게 할 수 있다. 예컨대 공부를 잘하고 싶어하지만 반에서 성적이 중간 정도인 학생에게 "공부를 정말 잘하는구나"라고 한다든지, 산책 중에 마주친 과체중인 동료에게 "항상 자기 관리를 열심히 하시네요"와 같은 칭찬이다. 외모가 평범한데 "정말 아름다워요. 인기 많으시겠어요"라고 말하는 것도 때에 따라 못마땅할 수 있다.

상대방의 특정 행위나 성취가 아닌 아주 뚜렷한 특징, 혹은 모든 사람이 가진 특성에 대한 칭찬도 엉뚱한 것이 될 수 있다. 모두가 다 아는 너무 예쁜 사람에게 예쁘다고 칭찬한다든가, 모델에게 '참 키가 크고 날씬하시네요', 부자에게 '정말 돈이 많으시네요'와 같은 칭찬이 그렇다. 이보다는 상대방이 중요하게 생각하거나 자랑스러워하는 고유한 특성, 행동 혹은 성취를 언급하며 거기서 오는 긍정적인 느낌과 의견을 구체적으로 밝힌다면 상대방에게 기쁨과 자부심을 느끼게 할 수 있다. 세계적인 피아니스트에게 '당신의 연주를 들으니 마음이 따뜻해지는 깊은 울림이 있습니다' 라거나 모델에게 '당신의 워킹을 보고 있으면 정말 옷이 멋지다는 생각이 들고 당장 사고 싶더군요' 와 같은 말이다. 또, 부자에게 '힘든 사람들을 돕는 데 재력을 쓰시는 점을 존경합니다' 와 같은 표현이 마음에 가닿을 수 있다.

칭찬의 말을 하는 것 자체가 목적이 아니고 칭찬이 상대방에게 긍정적인 효과를 일으키는 것이 중요하다는 점을 잊지 말아야 한다.

④ 칭찬의 초점은 결과보다 과정이나 노력에 두어야 하며, 그 결과가 쉽거나 당연한 듯 말하는 것을 주의해야 한다

"너라면 다 잘할 거야" "너는 능력이 좋아서 늘 원하는 것을 다 잘해왔잖아" 와 같은 말은 노력이나 과정보다는 결과적인 성공 그 자체가 중요하다는 인상을 준다. 또한 상대방이 결과를 내는 것은 쉬운, 별로 노력이 들지 않는 일이라는 메시지를 준다.

이렇게 과정보다는 결과에, 노력보다는 능력과 재능에 초점을 맞추는 칭찬은 오히려 상대방을 불안하게 하고 의욕을 떨어뜨릴 수 있다. 노력이나 과정은 내가 직접적으로 내 행동을 변화시키며 조절할 수 있는 부분이지만, 결과는 예측할 수 없는 것이고, 능력이나 재능도 일정 부분은 자신이 쉽게 변화시킬 수 없기 때문이다. 이런 칭찬은 성공에 대한 압박감과 실패에 대한 두려움을 커지게 해 상대방에게 부담을 주는 역효과를 낼 우려가 있다.

불확실성 속에서 성취하는 것은 실패에 대한 불안을 견디면서도 내가 하는 일의 의미를 되새기며 앞으로 나아가는 과정이다. 현실에서는 노력과 결과가 일치하지 않는 경우가 허다하며, 새로운 일에 도전했을 때는 대체로 성공보다 실패할 확률이 높다.

그러니 칭찬과 격려는 "너는 똑똑하니까 꼭 해낼 거야"처럼 성공적인 결과를 낼 수 있는 상대방의 능력이나 이미 갖춰진 재능이 아니라 "힘들겠지만 잘하고 있어. 지금처럼 꾸준히 노력한다면 좋은 결과가 나올 것 같아"처럼 어려움을 견뎌나가며 노력하는 과정에 초점을 두는 것이 좋다.

"그동안 시간을 그토록 아끼면서 새로운 분야를 공부하고 도전한 너의 노력이 정말 존경스러워. 네가 계획한 대로 잘 진행되기를 바라"처럼 좀더 구체적으로 목표를 이루기 위한 과거와 현재의 노력, 미래의 결과에 대해 언급한다면 더 좋다.

⑤ 지적과 칭찬을 함께 할 때는 지적을 하고 나서 칭찬과 격려의 말을 하는 것이 좋다

교수가 학생에게, 상사가 직원에게, 혹은 동료 사이에서, 부모가 자녀에게 지적할 때 많은 사람이 먼저 칭찬을 하고 난 뒤 지적을 한다. 아무리 앞에 칭찬을 많이 한들 마지막에 지적이나 부정적인 피드백이 따르면 역행간섭현상retroactive interference으로 사람들은 앞선 칭찬을 망각하게 된다. 시간상 뒤에 오는 말이 역행적인 방향으로 과거의 정보를 간섭하는 현상이다. 그래서 아무리 칭찬과 격려를 건네도 마지막을 지적과 부정적인 감정의 표현으로 끝낸다면 칭찬의 의미는 축소된다.

만약 관계를 친밀하게 유지하면서도 지적을 해야 한다면 먼저 부정적인 피드백을 한 뒤 적절한 칭찬과 격려를 전달하는 것이 좋다. 말하는 순서에 따라 느낌이 어떻게 달라지는지 비교해보자.

엄마 1: 공부하느라 정말 수고가 많구나. 그런데 이번 시험은 올해 가장 중요한 것인 만큼 좀더 집중할 필요가 있어 보여, 스마트폰 사용을 줄이는 게 좋겠어.

엄마 2: 이번 시험은 올해 가장 중요하니 집중할 필요가 있어. 스마트폰 사용을 줄이는 것이 어떨까. 많이 힘들고 지칠 텐데 공부하느라 수고가 많구나.

칭찬에는 진심을 담아야 한다. 칭찬하는 말 이면에 질투와 시기심이 있으면 듣는 사람도 뭔가 어색하고 불편함을 느낀다. 상대방의 마음을 조종해 이득을 취하거나 환심을 사려는 목적으로 칭찬하는 것을 '아부'라고 하는데, 아부는 당하는 사람 입장에서도 매우 불쾌할 수 있다. 상대방이 칭찬으로 나를 통제할 수 있다고 생각하는 것 자체가 나를 무시하는 태도이기 때문이다.

제대로 된 진실한 칭찬을 하는 것이 쉽지만은 않다. 요즘처럼 경쟁적이고 결과를 중시하는 사회에서는 자신에게든 타인에게든 칭찬보다 지적하는 것에 더 익숙한 사람이 많다. 따라서 칭찬에도 연습이 필요하다. 먼저 하루 한 가지씩이라도 나에게 칭찬을 건네보자. 진심을 담아, 구체적인 행동에 근거해, 과장하지 않고, 결과보다는 과정과 노력에 초점을 맞춰보는 것이다.

3. 상처를 어루만지는 말하기

인간은 태어나서 삶을 마감할 때까지 마음의 고통을 털어놓고 공감과 위로를 받을 수 있는 대상을 필요로 한다. 정신분석학자 하인츠 코후트는 이렇게 나를 무조건 공감적으로 수용해주는 '자기대상self-object'의 존재가 우리 삶에 산소처럼 필수적이라고 했다.

생각해보면 우리 삶은 자존감을 위협하는 사건들의 연속이다. 태어난 직후 누군가 울기만 해도 배고픔을 해소해주고, 기저귀를 갈아주고, 불편한 점을 알아서 해결해주는 짧은 시기가 지나면, 더 이상 세상은 내 맘 같지 않다. 내가 요구한다고 원하는 것을 다 가질 수 없으며, 타인은 내가 원하는 대로 행동하지 않고, 세상은 내가 예측하는 방식대로 돌아가지 않는다. 주위를 둘러보면 언제나 나보다 더 잘난 사람이 있다. 도전에 빛나는 성취가 뒤따를 때도 있지만 실패할 때도 많고, 결과는 예측할 수 없다. 우리는 어쩔 수 없이 좌절을 겪고 고통을 감내해야 한다. 마치 끝없이 크고 작은 장애물을 넘으며 달리는 경기와 비슷하다.

이런 상처투성이 삶에서 '이러저러해도 내가 괜찮은 사람이며 내 인생은 살 만한 것'이라는 좋은 느낌을 유지하는 것은 타인의 공감 어린 위로와 지지가 없다면 불가능하다. 고통과 실의에 빠졌을 때 따뜻한 말 한마디가 심폐소생술처럼 사람을 살리기도 한다는 말은 진실이다.

위로의 말하기는 이토록 중요한데도 생각보다 어려워하는 사람이 많다. 나는 대학에서 진료를 하고 있어 가족 간의 갈등이나 학업 때문에 힘들다고 고민을 털어놓는 친구에게 무슨 말을 해줘야 할지 모르겠다거나, 우울증이 있는 학생에게 어떻게 말해야 하는지를 물어보는 교수님을 많이 접한다. 취업이나 시험에 실패해서 좌절을 겪은 자녀를 어떻게 위로해줄지 고민하는 부모도 많다.

어떤 말을 해야 할지 몰라 자신이 없으면 긴장하고 말문이 막혀 대화의 분위기는 어색해지기 마련이다. 이 때문에 상대방이 고민이나 힘든 상황에 대해 이야기할 것 같으면 오히려 만남을 피하게 되기도 한다. 위로해주고 싶은 마음과 달리 말실수를 해서 오히려 관계가 악화되기도 한다. 소중한 사람에게 힘이 되는 위로의 말하기, 어떻게 해야 할까?

(1) 적극적 경청 — 위로의 시작과 끝

위로의 말하기에서 가장 핵심적인 것은 잘 듣는 것, 즉 적극적 경청이다. '경청'은 주의를 기울여 오감으로 집중하여 듣는 것이다. 존경하는 명사의 강연이나 회의에서 동료들이 하는 말을 주의 깊게 듣는 것도 경청이라고 할 수 있다.

여기서 더 나아가 '적극적'으로 경청한다는 것은 무엇일까? 바로 내가 듣고 있다는 것을 '말과 행동으로 적극적으로 드러내며' 듣는 것이다. 고개를 끄덕이거나 몸을 상대방에게 기울이는 자세를 취한다. 모호하게 여겨지는 내용을 질문하기도 하고 내가 이해한 내용을 확인하면서 명료화하거나 상대방의 생각과 감정에 공감하는 말을 하는 것이다. 이로써 상대방은 더 진솔한 마음의 이야기를 털어놓게 된다. '적극적 경청'은 상대방의 말하기를 촉진하는 말하기다.

이렇게 하는 이유가 있다. 우울과 불안, 분노와 같은 고통스러운 감정이 가진 에너지는 언어로 표현되는 것만으로도 벌써 줄어들기 시작한다. 곧 터질 것같이 부풀어 오른 풍선의 바람이 조금씩 빠지면서 말랑말랑해지듯, 마음을 장악한 감정의 힘이 빠지면서 약간의 여유가 생긴다. 자신을 거리를 두고 돌아볼 수 있게 된다. 힘들 때 누군가에게 털어놓거나, 글로 쓰기만 해도 어느 정도 감정이 해소되는 이유다. 이렇게 고통스러운 감정이 어디서 어떻게 왔는지 말로 구체적이고 분명하게 표현할수록 감정에 휘둘리지 않을 수 있다. 타인으로부터의 공감 어린 경청과 수용이 이 과정에 결정적인 도움을 준다.

(2) 적극적 경청을 방해하는 두 가지 태도

그런데 위로의 대화에서 적극적 경청을 방해하는 잘못된 생각들이 있다. 대화를 시작하기 전에 점검해보자.

첫째, 위로의 대화를 문제 해결을 위한 대화로 혼동하는 것이다. 경제적 어려움, 가족 간의 갈등, 일에서의 실패나 상실과 같은 힘든 상황을 마주할 때, 문제가 명시적으로 해결되어야만 고통스러운 감정이 줄어들 수 있다는 생각이다. 정신건강의학과에 찾아와서도 (심지어 말을 하기 위해 왔음에도 불구하고) "어차피 말해봐야 소용없잖아요. 그렇다고 해결되는 것도 아니고……"라며 말하지 않으려는 사람이 많다. 반대로 "내가 문제를 해결해줄 수도 없는데 도대체 어떻게 도와줘야 하는 건지 모르겠어요"라고도 한다. 이런 생각은 말을 하는 사람이나 위로하고자 하는 사람을 무력감에 사로잡히게 만든다.

준비가 잘 안 되거나 자신 없는 면접에서 긴장해 말을 머뭇거리거나 더듬게 되는 것처럼, 어차피 도움이 안 된다고 생각하면 상대방에게 제대로 반응하지 못하고 수동적으로 듣게 된다. 그러면 대화는 더 빨리 중단될 것이다. 위로하는 대화의 목표는 문제 해결이 아니라 열심히 들어서 상대방의 마음을 이해하고 그런 나의 마음을 전달하는 것임을 항상 명심해야 한다.

둘째, 이야기를 들을 때 상대방에게 주의를 기울이기보다는 내가 어떤 멋진 말로 위로나 조언을 해야 할지 혹은 어떤 말을 해야 어색하지 않을지를 생각하거나, 벌써부터 상대방이 고민하고 있는 문제에 대한 해결책에 골몰하는 이들이 있다. 이것은 상대방이 아니라 나에게 집중하는 것이다. 그러면 상대는 공감받았다고 느끼지 못하게 되고, 오랜 대화 후에도 마음속에는 공허함과 외로움이 남는다. 고민을 털어놓은 친구가 '괜히 말했다'고 후회할 수도 있고, '어차피 말해봤자 소용없구나' 하는 생각으로 앞으로는 대화를 피할 수도 있다. 위로의 대화에서는 영화나 드라마의 주인공에게 몰입하듯이 상대방의 표정, 말, 행동에 주의를 기울여 스토리를 따라가면서 그의 마음을 추측해보고, 그에게 공명하는 내 감정을 느끼며 오감으로 들어야 한다는 것을 기억하자.

(3) 위로의 대화에서 적극적 경청의 여섯 가지 전략

말재주가 없거나 해결책이 없다고 주저하지 말고 이제 본격적으로 위로의 대화를 시작해보자. 핵심은 상대방에게 집중해서 듣고 있다는 것을 드러내 진솔하게 속 이야기를 할 수 있도록 격려하고, 적극적으로 공감과 수용을 표현하는 것이다.

① 용기 북돋우기

상대방에 대한 관심을 표현하며 상대에게 어려움이나 갈등 상황에 대해 이야기할 용기를 준다. 내가 놀라지 않고 차분하게 들을 준비가 되어 있다는 것을 보여준다.

"그래서 최근에 네가 표정이 안 좋았구나."
"어쩐지 좀 침울해 보여서 무슨 일 있나 생각하고 있었어."
"기운이 없어 보여서 솔직히 걱정하고 있었어."
"최근에 연락이 뜸해서 무슨 일이 있나 궁금했는데 그런 일이 있었구나."
"아아…… 지난번에 슬쩍 이야기했던 게 바로 이거였구나."
"네가 이야기해주길 기다리고 있었어."

② 추임새 넣기

'아!' '음' 등의 추임새를 넣거나 이야기에 장단을 맞춰주며 상대방의 이야기에 집중하고 있음을 전달한다. 고개를 끄덕이거나 상대방을 향해 몸을 기울이는 자세도 좋다.

"아, 그렇지! 그런 일이 있었구나."
"아, 정말? 그랬던 거구나."
"그렇구나…… 음……."

이때 말이 끝나기도 전에 추임새를 넣지 않도록 주의한다. 간혹 상대방의 이야기에 적극 호응할 의도로 문장이 다 끝나기 전이나 말이 끝나자마자 성급하게, 혹은 문장이 끝날 때마다 '아' '응' '아하' '어~' '정말?' '그래서?' 등의 말을 반복하는 사람이 있다. 말을 끊거나 말하자마자 바로 반응하면 마음이 조급해져서 말하는 이의 속도도 빨라지고, 긴장하게 된다. 말을 빨리 끝내라는 메시지로 받아들여질 수도 있다. 책 읽기로 치면 서너 문장 정도의 한 단락이 끝나거나 상대방이 이야기하다가 살짝 멈추고 내 반응을 기다릴 때 몇 초간 여유를 두고 추임새를 하거나 천천히 고개를 끄덕이면 내가 신중하게 듣고 있음을 충분히 전달할 수 있다.

③ 질문을 통해 명료화하기

상대방이 처한 상황이나 그때의 감정, 욕구에 대해 좀더 구체적으로 표현하도록 설명을 요구하거나 모호한 부분에 대해 질문한다. 이로써 말하는 사람이 자기 생각과 감정을 더 깊고 뚜렷하게 생각해볼 수 있다.

"어떻게 해서 일이 그렇게 됐는지 좀더 말해줄 수 있어?"
"그래서 그때 어떤 생각(감정)이 들었어?"
"네가 그렇게 행동하기로 선택한 이유가 있을까?"
"너는 어떤 식으로 일이 진행되기를 바랐던 거야?"
"그때 괜찮다고 생각했지만 받아들이기는 어려웠다는 것이 구체적으로 무슨 뜻이야?"
"네가 예상했던 거랑 다르게 흘러갔다고 한 부분에 대해 더 말해줄 수 있어?"

말하는 이의 상황이나 감정, 생각의 타당성을 따지는 질문은 피하자('그게 뭐가 문제야?' '잠깐, 그때 네가 그렇게 생각하는 게 나는 이해가 안 가는데? 왜 그렇게 생각했어?'). 또한 질문자의 단순한 호기심이나 궁금증을 채우기 위해 상대방의 이야기와 관련성이 떨어지는 곁도는 질문은 피해야 한다('너한테 그렇게 말한 그는 얼마나 잘난 사람이야? 어디 사는데?').

④ 수용과 타당화

상대방을 인격적으로 존중하는 마음으로 그의 감정이나 생각, 행동을 그 자체로 선의로 받아들이고, 타당함을 말해준다.

"아아…… 맞아. 그런 생각(감정)이 충분히 들 수 있었겠다."
"음…… 나라도 그렇게 행동했을 것 같아."
"그래. 네 말을 들으니 상황이 이해된다."
"너한테 정말 중요했기 때문에 그런 선택을 하게 됐다는 것이 이해가 돼."

이렇게 상대방을 있는 그대로 수용해주면, 이해받지 못할 수도 있다는 두려움이 줄어 좀더 편안하게 이야기할 수 있으며, 그 자체만으로도 위로가 된다.

단, 내가 잘 이해하고 있다는 감정적 표현이 상대방의 감정을 넘어설 만큼 과도하지 않아야 한다. "진짜 열 받는 상황 맞네. 너 도대체 어떻게 참은 거야?" "어휴, 듣기에도 너무 괴로운 상황이다" "정말 답없다. 나라도 죽고 싶었겠다" 식의 말들이다. 이렇게 상대방보다 더 과도한, 격렬한 감정을 표현하면 상대방이 "그 정도는 아니고"라면서 부담스러워하거나, 감정이 해소되기는커녕 오히려 정서적 고통이 증폭될 수 있다.

상대방 감정의 톤과 비슷하거나 좀더 차분한 톤으로 흥분하지 않고 말하는 것이 상대방이 자신의 이야기를 더 펼쳐 보이는 데 도움이 된다.

⑤ 반영을 통해 공감을 전달하기

내가 상대방의 감정에 공감한다는 것을 적극적으로 전달한다. 공감에서 중요한 것은 바로 나를 내려놓은 채 상대방의 옷을 입고, 그의 신발을 신고 상대방의 시선을 통해 세상을 바라보는 것이다. 그의 마음속에서 그의 생각과 감정을 그대로 느끼려고 노력해본다. 그렇게 내가 이해하고 느낀 바를 상대방에게 말로 표현한다. 가장 기본적인 공감적 말하기 방법으로 상대방이 한 말이나 행동에서 나타난 감정을 말로 되돌려주는 반영reflection이 있다.

반영을 통해 공감을 전달하는 데에도 수준level이 있다.[4]

"이번에 꼭 승진할 거라고 생각했는데 떨어졌어. 정말 열심히 준비했고, 성과도 나쁘지 않았는데…… 뭔가 삶의 전환점이 될 거라고 기대했거든. 그동안 일하느라 가족들한테도 소홀했는데 미안하고 모두 나한테 실망한 눈치야. 너무 혼란스러워"라고 말하는 상민을 직장 동료인 민아가 위로하는 상황을 생각해보자.

레벨 1

상대방이 하는 말의 표면적인 느낌에도 주의를 기울이지 않고 감정을 인정해주지도 않는 수준이다. 상대방이 하는 말을 이해하지 못하는 것이다.

민아: 요즘같이 경제가 어려운 상황에 해고당하지 않은 것을 다행으로 생각하자.

민아는 좌절과 실망이라는 감정을 전혀 이해하지 못하고, 오히려 '다행'이라며 안도감이라는 엉뚱한 감정을 강요한다. 이런 말은 상대방을 오히려 화나게 만든다.

레벨 2

상대방의 감정을 표면적으로 이해하는 것이 조금만 전달되고 그치는 수준이다. 즉 상대방의 말에 주의를 기울이지 않거나 그 감정의 중요성을 잘 알지는 못한다.

민아: 정말 실망이 컸겠다. 다음에 열심히 하면 되지 뭐. 애들은 잘 크고 있지?

민아는 '실망'이라는 감정을 반영해주었지만, "열심히 하면 된다"는 말로 섣불리 안심시키려 하고 양육으로 성급하게 화제를 돌렸다. 오히려 상민이 더 이야기하는 것을 막는다. 상민은 민아가 정말 자신의 깊은 좌절감을 이해했는지 의문이 들 것이다.

레벨 3

상대방의 감정을 표면적으로나마 정확하게 되돌려주는 수준이다. 즉 마치 상대방의 마음을 거울에 비춰 다시 보여주듯 반영해주는 것이다.

민아: 승진할 거라고 기대했는데 뜻밖에 탈락해서 많이 속

상했구나. 가족들도 실망이 클 것 같아 미안한 마음도 크고…….

이렇게 "너는 ~해서 ~하다고 느끼고 있구나" "너는 ~를 말하고 있는 것 같아"라며 상대방이 실제로 말한 내용을 내 문장으로 바꾸어 말해준다. 중요한 점은 앵무새처럼 상대방이 한 모든 말을 그대로 따라하는 것이 아니라 상대방 이야기 중 '핵심적인 감정'을 포착해서 표현해야 한다는 것이다.
반영이 잘 되면 상대방은 이해받고 있다고 느끼고, '맞아' '정말 그래'의 답을 하게 된다.

레벨 4
—줄이기

상대방이 표현한 감정 이면의 좀더 깊은 감정과 욕구까지 반영해주는 수준이다. 때로는 상대방이 미처 자각하지 못하거나 모호하게 느끼고 있던 감정이나 욕구까지 반영해줄 수 있다.

민아: 가족들에게 소홀히 하면서까지 이번 승진을 그렇게 열심히 준비했다는 것은, 그리고 승진을 확신했다는 것은 절실히 원했다는 것인데 실망이 정말 컸겠구나. 전환점이 필요하다고 생각할 정도로 그동안 힘든 점도 있었던 것 같고.(레벨 4 반영)

상민: 그래 맞아. 사실 나는 승진하면서 무엇보다 자존감을 회복하고 싶었어. 내가 능력이 부족하다는 생각에 늘 괴로웠거든. 승진하면 내가 다른 사람들보다 스펙이 떨어진다는 불안이나 제대로 아빠 노릇 남편 노릇을 못 하고 있다는 미안함을 확실히 떨칠 수 있을 거라고 생각했어. 그런 전환점이 절실히 필요했던 것 같아. 그래서 죽도록 노력했는데…….(내적 탐색)

레벨 1과 2의 공감은 오히려 상대방의 마음을 상하게 해 이야기를 중단시키는 반면, 레벨 3과 4처럼 상대방의 마음을 정확히 읽어주는 것은 이야기를 촉진한다. 특히 레벨 4의 깊은 공감은 힘들었던, 그래서 때로는 외면하고 싶었던 생각과 감정까지 다시 경험하게 해 마음의 정화(카타르시스)가 일어나게 한다. 이렇게 묵혀둔 자기감정을 자각하고 수용하게 되면 내면에 대해 깊이 있는 탐색으로 나아갈 수 있다.

이어지는 대화를 보자.

민아: 아, 그런 거였구나.(추임새) 그렇게까지 일했던 게, 승진을 통해 직장에서도 가족들에게도 인정받아 자존감을 회복하고 싶은 마음이 커서였구나.(레벨 3 반영)

상민: 응, 승진만 되면 다 좋아지리라고 생각해서 모든 걸

제쳐두고 올인했던 것 같아. 승진이라는 게 절대 확신할 수 있는 게 아닌데도 왜 그렇게 믿었는지……

민아: 음…… 그때 어떤 감정이 들었는지 더 얘기해줄 수 있어?(명료화)

상민: (잠시 생각 후) 그때 머리가 하얘질 정도로 깜깜했지. 망했다는 생각. 무엇보다 가족들한테 면목 없고…… 나는 여기까지인가?

민아: 그랬구나. 전혀 예상 밖이어서 놀라고 절망적이기도 하고 가족들에게 미안하기도 하면서 마주치기도 두렵고…… 복잡한 감정이었구나.(레벨 3 반영)

상민: 응. 정말 오만가지 감정이 다 들더라. 그러다보니 혼란스러웠던 것 같아. 뭐가 잘못된 걸까? 내가 그동안 잘못 살아온 걸까? 앞으로 어떻게 하지?(내면의 탐색)

민아: 네가 그렇게 혼란스러울 만할 것 같아.(수용)

상민: 무엇보다 가족들 생각하면 마음이 너무 복잡해. 사실 회사에서 인정받지 못하는 것보다 앞으로 가족들이 나를 어떻게 생각할지가 더 두려운 것 같아. 내 역할을 못 하고 무책임한…….(내면의 탐색)

민아: 아, 어쩌면 일보다는 가족에게 제대로 역할을 못 해서 인정받지 못하고 있다는 생각이 그동안 훨씬 더 너를 힘들게 했나보다.(레벨 4 반영)

상민: 그래 맞아. 생각보다 더 가족의 인정이 중요했나

봐.(침묵) 이제 가족을 우선순위에 두고 생활을 좀 조정해 나가야 할 것 같아.(새로운 깨달음)

민아: 삶의 우선순위와 방향에 대해 다르게 생각하는 계기가 된 것 같네.(명료화) 너한테 가족이 훨씬 더 중요했다는 것을 알게 됐으니 가족들과 함께하면서 네가 자신감을 되찾게 되리라 믿어.(상대방의 자유의지와 잠재력에 대한 긍정적 존중)

⑥ 질문을 통해 상대방에게 실질적인 도움 주기

마지막으로 상황에 따라서는 적절한 질문을 통해 상대방이 원하는 실질적인 도움과 조언을 제공하는 것도 좋다. 이때 중요한 점은 내가 주고 싶은 도움보다는 상대방이 원하는 종류의 도움이어야 한다는 것이다. 앞선 예에서 '내가 이직 자리를 알아봐줄게' '아는 사람 통해서 네가 왜 승진에 탈락했는지 알아볼게'처럼 상대가 원하는 게 확실치 않은 도움을 주는 것은 오히려 부담되거나 기분을 상하게 할 수 있다. 다음을 참고해보자.

"너를 돕고 싶은데 어떤 방법으로 도울 수 있을까?"

"내가 너를 도울 수 있게 뭐가 필요한지 말해줘."

"내 도움이 필요하면 꼭 말해줘. 내가 할 수 있는 선에서 돕고 싶어."

(4) 상처를 주는 위로

위로의 말하기에서 가장 조심해야 할 점은 내 생각을 강조하는 것이다. 즉, 내 입장에서 하고 싶은 조언을 하거나 내 판단이나 느낌을 자꾸 내세우는 것이다. 이러면 상대방이 이해받거나 존중받고 있다고 느끼지 못하므로 자기 마음을 더 이상 진솔하게 표현하는 것을 중단하며 대화는 피상적으로 흘러간다. 이야기를 한 뒤 더 외로움을 느끼거나 자기 이야기를 꺼낸 것을 후회할 수도 있다.

단정하기

'너는 이렇게 느끼고 있는 게 틀림없어. 왜냐하면 나도 그런 상황에서 그렇게 느꼈거든'라는 식으로 아무 근거 없이 상대가 나와 비슷할 것이라고 가정하며 그의 생각과 느낌을 단정적으로 결론 짓는다. '네가 표현해주기 전에 나는 네 생각과 감정을 정확히 알 수 없다'는 관점에서 시작하는 공감과 반대된다.

이렇게 상대방의 마음을 단정하는 사람은 상대의 이야기 중 자신과 일치한다고 여겨지는 부분만 선별적으로 듣고 자신이 맞는다고 확신하며 때로 엉뚱한 결론을 내리기도 한다.

"기운 내. 승진 탈락 정도는 한두 달 지나면 다 잊혀…… 거봐, 너도 처음에는 하루 이틀 너무 놀라고 좌절했다가 지금은 조금 낫다고 했잖아."

조언하기

우리는 상대방이 힘든 상황에 처하면 빨리 현 상황을 바로잡거나 상대방을 안심시키고 싶은 강한 충동을 느껴 성급하게 조언하곤 한다. 그러나 사실 대부분의 조언은 들을 때는 그럴듯하지만, 요청하지 않은 일방적인 조언이라면 별 효용성이 없다.

"내 생각에 성과도 중요하지만 인맥 관리도 좀 했어야 했어. 앞으로는 평판도 신경 쓴다면 승진할 수 있을 거야."

"참 딱하다"— **동정하기**

동정은 상대방보다 우월한 입장에서 혹은 감정적으로 거리감을 둔 상태에서 타인의 고통을 불쌍하게 여기는 것이다. 공감은 상대방과 내가 같은 공간에 서 있는 것이고 동정은 내가 상대방보다 위에 혹은 다른 공간에 있는 것이다. 즉 '나는 나, 너는 너'인 것이다. 동정하기는 오히려 상대방의 열등감을 자극해 위로에 대한 반발심이 들게 할 수 있다.

"아휴, 너 참 안됐다. 앞으로 어떻게 하냐?"

"내가 전에 승진에서 미끄러졌을 때는……"— **성급한 자기 공개와 한술 더 뜨기**

성급하게 자기 경험을 이야기하거나, "그건 아무것도 아니야. 나한테는 더한 일이 있었는데……"라며 한술 더 뜨는 식으로 반응하는 것이다. 그러면 대화의 초점이 나에게로 옮겨와 상대방은 말할 의욕이 꺾인다. 자기 공개는 상대방이 내 경험을 말해달라고 요청하는 경우나, 내 경험을 말하는 것이 상대방의 자기 이해에 도움이 될 거라고 생각될 때 신중하게 해야 한다.

"사실은 그게 아니고……"— **설명하거나 정정하기**

"그 상황이 실은 이런 거야" "그 일이 그렇게 진행된 이유는 이러이러해서야"처럼 상대방이 말한 내용에 대해 내 나름의 설명을 하거나 수정을 하는 것이다. 설명하기나 정정하기 역시 상대방의 자기 이해에 필요할 때만 제한해서 한다.

"너무 나쁘게만 생각하지 마"— **판단하거나 가르치려들기**

"그건 그렇게 힘들어할 일이 아니야" "이번 경험이 너에게 좋은 기회가 될 거야" "사실 이렇게 된 데에는 누구의 잘못도 없어"라는 식으로 섣불리 판단하거나 가르치려드는 것도 피해야 한다. 부모나 상사, 선배 등 인생의 경험이 많은 이들은 자기 생각에 별것 아닌 일로 힘들어하는 사람을 보면 가르치는 식으로 깨달음을 전하려고 한다. 그러나 사소한 깨달음이라도 깊은 자기 이해를 통해 스스로 얻은 것만이 진정한 위안이 될 수 있음을 명심해야 한다.

"그 말을 들으니 생각나는데"— **다른 이야기 꺼내기**

"아 참, 방금 생각난 게 있는데……"처럼 화제를 전환하는 것은 반드시 피해야 한다. 간혹 상대방의 기분을 빨리 좋아지게 해주고 싶어서나 부정적인 상태에서 빠져나오게 해야 한다는 생각에 의도적으로 화제를 전환하는 사람이 있다. 울고 있는 이에게 재미있는 이야기를 꺼내 웃음을 유발하는 식이다. 공감하는 과정에서는 상대방의 고통을 내가 함께 나누는데 내가 부정적인 감정을 느끼는 것을 두려워하는 경우, 즉 듣는 내가 너무 힘들어질까봐 불안하면 나도 모르게 다른 이야기를 꺼내 회피하기도 한다. 혹은 주의력이 떨어져도 이야기는 다른 방향으로 흘러가기 쉽다.

성급한 위로로 문제를 축소하거나 회피하기

"기운 내. 모든 게 잘될 거야" "걱정 마. 너는 잘못이 없어" "힘내, 잘되겠지" "별거 아니야. 곧 해결될 거야"처럼 선의를 가지고 한 위로의 표현도 지나치게 성급하면 도움이 안 된다. 상대방이 가진 문제를 별것 아닌 양 축소하는 게 되어버린다. 성급하게 괜찮을 것이라고 결론 지음으로써 대화를 회피하는 꼴이 된다.

진정한 위로는 상대방 입장에서 그 감정에 같이 머물러주는 것이다. 이러한 공감으로 상대방은 자신의 내면과 욕구를 깊이 있게 탐색해볼 여유를 갖게 된다. '다 잘될 거야, 걱정 마' 식의 표현은 이런 탐색을 오히려 가로막을 수도 있다.

물론 위에 열거한 말하기가 무조건 나쁜 것만은 아니다. 상대방이 나에게 내 경험이나 의견, 조언을 들려달라고 요청할 때 진솔하게 이야기해주는 것은 상대방에게 신뢰를 준다. 상대의 이야기를 충분히 듣고 공감이 전달된 상태에서 '내가 너에게 꼭 해주고 싶은 말이 있어' 처럼 존중의 표현과 함께 조언이나 설명을 하면 상대로 하여금 자신이 생각지 못했던 관점에서 상황을 달리 보게 하거나 새로운 깨달음을 줄 수도 있다. 마음이 충분히 연결된 상태에서 "네 상황이 나아졌으면 좋겠다"처럼 상대방에 대한 긍정적인 선의의 마음을 표현한다면 따뜻한 위안이 될 수 있다.

4. 트라우마를 겪은 사람 위로하기

트라우마란 몸과 마음이 감당할 수 있는 선을 넘어서는 충격적이고도 압도적인 사건을 경험해 마음에 상처를 입는 것을 뜻한다. 예를 들면 생명에 위협적인 자연재해(지진, 홍수, 산사태 등)나 사회적 재난(화재, 붕괴, 전염병 등), 개인적인 트라우마(교통사고와 같은 사고, 성폭행, 폭력, 범죄 피해, 학대나 방임)나 갑작스러운 사별과 같은 일이다. 언뜻 나와 멀게 느껴지지만 인구 중 70~80퍼센트가 일생 중 한 번 이상의 트라우마를 경험한다고 한다. 살면서 언제든 가족이나 소중한 친구, 동료 등 트라우마로 힘들어하는 이들과 마주할 수 있는 것이다.

트라우마로 인한 고통을 이해하고 공감하는 것은 상당히 어려운 일이다. 큰 교통사고를 당한 사람이 운전을 두려워하게 되는 것은 언뜻 이해할 수 있지만, 그가 대중교통도 이용하지 못해 점차 외출을 삼가고 직장을 그만두며 매일 악몽에 시달리고 술에 의존하게 되는 상황은 공감하기 어려울 수 있다. '그렇게까지 힘들다고? 그 사건이랑 상관없어 보이는데? 오래전 일인데 아직도?'라며 의문이 들 수 있다. 심지어 당사자도 사건 후 나타나는 여러 정서적 고통이나 행동 변화가 트라우마 증상임을 자각하지 못한다. 예컨대 교통사고 후에 외출과 만남을 꺼리고 직장 복귀를 망설이는 것에 대해서 몸이 충분히 회복됐는데도 자신이 나약하고 게을러서 현실 도피를 한다며 스스로를 탓하기만 할 수도 있다. 그렇다면 트라우마를 겪은 사람을 어떻게 위로할 수 있을까?

우선 트라우마로 인한 몸과 마음의 변화, 즉 트라우마 반응에 대해 알아야 한다. 트라우마 반응은 비정상적인 극도의 스트레스에 대해 우리 몸과 마음이 스스로를 보호하기 위한, 즉 위협적인 사건에 맞서 생존하기 위한 자연스럽고 정상적인 반응이다.

먼저 과도한 긴장 상태가 된다. 사소한 자극, 특히 사건과 연관된 자극이 있을 때 수시로 불안하고 예민해진다. 작은 소리에도 깜짝 놀라거나 잠을 잘 못 자고 악몽을 꾼다. 쉽게 화를 내는 등 공격적으로 변하기도 한다.

사건을 떠올리게 하는 자극을 차단하고 회피한다. 교통사고 후에 차를 못 타게 되거나 사고와 관련된 이미지나 영상, 차 소음만 접해도 불안해져서 피할 수 있다. 감정을 압도하는 극도로 고통스러운 사건을 경험하면 아예 기억과 감정, 감각을 차단하기도 한다. 사건 자체를 잊기도 하고 일상적인 기억까지 차단해 건망증이 생긴다. 즐거운 감정을 느끼지 못하고 친밀했던 관계에서도 거리감을 느껴 만남을 피하게 된다.

슬픔이나 우울, 불안, 소외감, 죄책감이 증폭되고 감정 조절이 어려워진다. 집중력과 기억력 등 인지 기능이 떨어질 수도 있다. 세상은 꽤나 안전하고, 사람들은 믿을 만하며, 내가 힘들 때 누군가는 나를 도우리라는 삶에 대한 기본적인 믿음이 파괴되고 세상과 타인에 대한 불신이 커진다.

중요한 것은 트라우마 직후에는 대부분 이런 변화를 경험하지만 충분한 지지를 받으면서 시간이 흐르면 자연스럽게 회복된다는 점이다.

트라우마를 겪은 사람들을 위로할 때 가장 중요한 것은 극도의 스트레스 이후 위의 변화를 겪는 것은 멘털이 약하거나 성격이 변하거나 미쳐가는 것이 아닌 정상적인 반응임을 알리고 안심시켜주는 것이다. 이를 정상화normalization 라고 한다.

한 달 전에 큰 교통사고를 당한 은영과 대화를 해보자.

은영: 그때 정말 불행 중 다행으로 나는 타박상만 입긴 했는데 너무 놀랐어. 현장이 끔찍했거든. 사고 난 순간에는 나도 죽는구나 생각했는데, 일주일 정도 쉬다가 출근은 했어.

근데 내 성격이 이상해진 것 같아.

현정: 어떤 점 때문에 이상해졌다는 생각이 들었어? (명료화)

은영: 뭐든지 항상 예민해. 회사에서 누가 키보드만 좀 세게 치는 소리가 들려도 깜짝 놀라고 확 짜증이 나고. 밤에는 자게 좀 조용히 하라고 윽박지르고, 그러고는 죄책감을 느끼거든. 기분도 울적해지고…… 짜증 날까봐 사람들도 안 만나게 돼. 나도 이유를 몰라 답답하고. 계속 이러면 직장에 다닐 수 있을지 모르겠어.

현정: 아아, 쉽게 화나고 예민해진 상태구나.(레벨 3 반영) 원래 큰 사고를 당하면 또 그런 위험한 상황이 올까봐 굉장히 예민해지면서 긴장 상태가 된다고 하더라고. 쉽게 화나는 것도 그렇고 우울하거나 기분이 불안정해지는 것도 정상적으로 나타날 수 있대.(정상화)

은영: 아, 그래? 가족들한테 사고 이후 왠지 힘들다고 하니까 어디 크게 다치지도 않았는데 교통사고랑 화내는 거랑 무슨 상관이 있냐고 하던데…… 정말 그런 것 같기도 하고…….

현정: 가족들이 이해해주길 바랐는데 서운하기도 하고, 정말 교통사고랑 상관없이 내가 성격이 이상해지는 것일까봐 불안했겠네.(레벨 4 반영)

트라우마를 겪은 사람은 스스로도 증상을 이해하지 못하며 자신을 비난하는 반응을 나타낸다. 몸과 마음의 불편함, 예기치 못한 여러 변화가 트라우마에 의해 생기는 자연스럽고도 정상적인 것이라고 안심시켜주며 일관된 태도로 고통에 대해 공감을 표현하는 것이 좋다. 가족이나 동료 등 주변 사람들로부터의 공감과 지지는 트라우마 회복 과정에서 가장 핵심적인 요소 중 하나다.

5. 죽고 싶다는 사람과 대화하는 방법

죽음을 생각할 정도의 극단적인 고통이나 어려움은 아무에게나 쉽게 드러낼 수 없는 자신의 가장 취약하고 어두운 면이다. 죽음에 대해 직접적으로 이야기하는 것은 매우 두렵고 힘들며 어려운 일이다. 따라서 대부분 자신이 자살을 생각하거나 삶을 포기하려 한다는 것을 주변에 직접적으로 표현하지 않는다. 하지만 중앙심리부검센터의 조사에 따르면, 자살사망자의 90퍼센트 이상이 경고 신호를 보낸다고 한다.

"나는 안 돼" "태어나지 말았어야 했어" "차에 뛰어들고 싶다" "내일 아침에 눈을 뜨지 않았으면 좋겠다" "여기서 끝내야 할 것 같다" "누가 나를 차라리 좀 죽여줬으면 좋겠어" "내가 죽으면 부모님이 슬퍼하시겠지?" "죽으면 좀 편해질까?" "그 친구가 왜 자살했는지 이해가 가" "앞으로 어떻게 살지 막막해" 등 죽음에 대한 언급이나 자기비하의 말을 하는 것이다. SNS나 일기 등에 죽음과 관련된 내용을 적기도 하고 자살하는 방법에 대해 묻기도 한다. 자살한 사람들에 대한 이야기를 자주 꺼내기도 한다.

매일 보는 가족이나 동료, 친구가 이런 이야기를 하면 대부분 당황할 것이다. 그리고 대화를 은근슬쩍 피하거나, '설마 죽겠어?' '그냥 힘들어서 하는 말일 거야' 하며 넘어간다. 사실 서로 가까울수록 상대방의 죽음이 나에게도 큰 두려움일 뿐만 아니라 죽음에 대한 대화 자체가 무력감, 절망감처럼 감당하기 힘든 감정을 내포하는 스트레스여서 본능적으로 피하게 된다. 게다가 한국 사람들은 '힘들어 죽겠다' '아파 죽겠다' '일이 힘들어 죽을 지경이야' '어휴, 내가 죽어야 해결되지' '그러느니 죽는 게 낫지' 식의 표현을 일상에서도 꽤 많이 한다. 이 때문에 죽고 싶다는 암시를 제대로 알아차리지 못하기도 한다.

그러나 죽음에 대해 직간접적으로 표현한다면 그는 이미 견디기 어려운 심리적 고통을 겪고 있거나 극도의 스트레스 상황에 처해 있을 가능성이 매우 높다. 그런 상황에서 제발 도와달라며 구조 요청을 하는 것이다. 이때는 죽음에 대해 직접적으로 대화하는 것이 그에게 자신의 고통을 외면하지 않고 관심을 기울이고 있으며 이해받을 수도 있다는 안도감과 안정감을 준다. 마음의 아픔을 솔직하게 표현하는 것만으로도 감정은 어느 정도 해소되며, 위험한 상황에 적극적으로 대비할 수 있다.

(1) 죽음의 의도에 대해 직접적으로 묻기

먼저 죽음을 암시하는 표현에 대해 그 의미를 구체적으로 묻고, 이유를 적극적으로 경청한다.

이때 자살 의도, 계획에 대해 직접적으로 질문하는 것이 좋다.

"아까 이제 방법이 없다고, 다 끝내고 싶다고 했잖아. 자살을 생각하고 있는 거야?"

"그가 왜 죽으려고 했는지 이해 간다고 한 거 말이야. 혹시 너도 죽으려는 생각을 하고 있어?"

간혹 자살사고를 직설적으로 물어보는 것이 상대방을 자극해 자살에 대한 상념에 더 사로잡히게 할까봐 말을 꺼내지 않는 사람이 있다. "뭐 그렇게까지 극단적인 말을?" "죽는 게 쉽나?"라며 모호하게 돌려 말하기도 한다. 그러나 자살 충동에 대해 묻는 것은 자살 위험성을 높이지 않는다.

(2) 죽고 싶은 이유에 대해 적극적으로 경청하기

만약 "사실 그래. 죽고 싶은 마음뿐이야"와 같이 대답한다면 이어서 죽고 싶은 이유를 물어보자. 죽고 싶은 이유를 말하는 과정은 살고 싶은 이유를 찾는 과정이기도 하다. 이때는 '살아야 하는 긍정적인 이유 상기시키기'를 하며 적극적인 경청을 한다.

"많이 힘들어서 죽고 싶지만 아이들을 떠올리면 꼭 살아야겠다는 생각도 하고 있는 것 같아."
"지금까지 네가 한 노력을 보면 어떻게든 가족들을 책임지고 싶었던 마음이 큰 것 같아."

대화를 통해 '사실 나에게 중요한 것은 돈보다 결국 아이들에게 좋은 아빠로 여겨지고 싶은 마음이었구나' 처럼 삶의 의미를 새롭게 되찾거나 깊은 내면의 욕구를 깨닫기도 한다.

(3) 하지 말아야 할 말들 조심하기

무작정 말리기와 부인하기

실제 자살 의도나 이유를 묻기도 전에 '죽으면 안 돼' '너무 걱정돼. 제발 그런 생각은 하지 마' 처럼 말리는 이들이 있다. 이러면 대화가 중단되기 쉽다. 오히려 마치 줄다리기에서 한쪽이 힘을 주면 상대방이 본능적으로 반대편으로 힘을 주어 당기게 되듯, 자신이 왜 죽을 수밖에 없는지에 더 집착할 수도 있다.

판단하기와 문제 축소하기

'생명을 그렇게 쉽게 생각하면 안 돼' '부모님께 죄짓는 거야' 처럼 옳고 그름을 판단하거나, '죽을 만한 일이 아닌 것 같아' '누구나 죽고 싶은 생각을 하면서 사는 거 아니야?' '좀 쉬면 좋아지겠지' 처럼 문제를 축소하는 것도 피해야 한다.

섣부른 충고와 해결책 제시

'그렇게 힘들면 직장을 그만둬' '너를 괴롭히는 상사를 고소하면 되잖아' 처럼 해결책을 제시하는 것도 생각보다 도움이 안 된다. 죽고 싶다고 말할 정도로 고통이 클 때는 보통 현실적인 판단을 내리기 어려운 상태다. 해결책을 수용하거나 실행할 만한 에너지도 의욕도 없는 경우가 많다.

오히려 언뜻 쉬워 보이는 해결 방안을 실행하지 못하는 자신을 더욱 비난하며 절망할 수도 있다.

비난하고 화내기

'너를 그동안 어떻게 키웠는데 죽고 싶다는 소리를 하니?' '가족에게 미안하지도 않아?' 처럼 비난하거나 화를 내는 것도 피해야 한다. 이런 표현은 상대방의 고통을 줄여주기는커녕 죄책감만 커지게 할 수 있다.

비밀 보장에 대한 약속 하지 말기

마지막으로 자살 생각이 분명하고 자살 위험이 있을 때는 비밀 보장에 대한 약속은 절대 하지 말아야 한다. 그의 안전을 지키는 것이 가장 중요하기 때문이다. '네가 위험하다고 생각될 때 나는 너를 지키기 위해 최선을 다할 것이며, 여기에는 가족과 경찰에 알리고 도움을 요청하는 것까지 포함된다' 는 점을 분명히 설득해야 한다.

(4) 정신건강 전문가의 도움을 받도록 하기

대화로 심리적 고통을 덜어줄 수 있지만, 자살사고가 사라지거나 완전히 해소되기는 어렵다. 우울증처럼 전문적인 치료나 구체적인 지원이 필요한 경우가 많기 때문이다. 따라서 충분한 대화 후에는 치료가 필요한지 정확한 평가를 내리기 위해서라도 정신건강 전문가의 상담을 받도록 적극적으로 제안해야 한다. 필요하다면 전문 기관의 연락처를 알아봐주거나 같이 방문해주는 것도 좋다.

일상생활이나 직장생활에서 누구나 겪을 수 있는 문제뿐만 아니라 트라우마나 죽고 싶은 마음처럼 내가 겪어보지 못하거나 쉽게 이해하기 어려운 문제로 고통스러울 때도 우리는 서로를 위로할 수 있다. 당장 해결할 수 없는 문제인데 위로가 무슨 소용이냐고 말하는 사람들이 있지만, 어찌 보면 혼자서 해결하기 어렵거나 심각한 마음의 고통이 뒤따르는 상황일수록 더 큰 위로와 공감, 지지가 필요한 것은 당연하다. 내가 말을 잘하는 것보다 상대방의 마음에 귀 기울이고 오롯이 그의 관점에서 그 마음을 함께 느꼈을 때 진정한 위로가 시작된다는 점을 기억하자.

6. 언어폭력으로부터 나를 지키는 말하기

'가스라이팅' '팩트폭격' '말로 사람을 미치게 만든다'와 같은 표현을 요즘 흔히 사용한다. 일종의 '언어폭력'이다. 언어폭력은 '××놈'처럼 상대방을 비하하는 호칭이나 비속어와 욕설, 분노 폭발이나 노골적인 협박처럼 누구나 폭언이라는 것을 바로 자각할 수 있는 경우가 있는가 하면, 상대방이 긴가민가할 정도로 교묘하게 이뤄지기도 한다.

예를 들어 약속 시간에 늦은 상대방에게 표정을 살짝 찌푸리며 "다음에는 시간 좀 지켜줘"라고 했을 때 "너는 좀 예민한 것 같아. 또 화났구나"와 같이 상대방의 감정을 정의하고 비난하거나, 말의 뜻을 다 알아들었으면서 "네가 무슨 말 하는지 모르겠는데? 말 좀 똑바로

해"라면서 은근히 무시하거나 경멸하는 것이다.

사실 상대방을 말로 이기려 하고, 트집 잡고, 이유 없이 계속 반대하거나, 강요하거나 겁 주는 말을 하는 것을 정당하고 당연하다고 여기는 사람이 많다. 그래서 상대방이 불쾌하다고 항의해도 그 사실을 인정하지 않는다. 언어폭력을 당한 사람은 정말 자신이 이상하거나 잘못한 것인지 혼란스러워하고, 무엇이 문제인지 구체적으로 파악하지 못한다. 분노하면서도 무력감에 빠진다. 그야말로 사람을 미치게 하는 것이다. 이런 보이지 않는 언어폭력이 특히 가까운 사이에서 반복되면 분노 폭발이나 노골적인 비난보다 상대방의 인격을 더 심각하게 훼손할 수 있다. 스스로를 의심하게 하고 원치 않는 행동을 하게 만들기 때문이다.

그렇다면 어떻게 언어폭력으로부터 나를 지켜낼 수 있을까? 이번 장에서는 언어폭력의 유형과 언어폭력이 일어나고 있다는 것을 자각했을 때 어떻게 상황에 맞게 대처할 것인가에 대해 알아본다.

(1) 나를 존중하지 않고 상처 주는 말들이 언어폭력임을 인식하기

넓은 의미에서 언어폭력이란 분노 폭발, 욕설, 협박, 강요 등 상대방을 공격하거나 폄하하고 상처 주는 말뿐만 아니라 상대에게 잘못된 것을 믿게 하는 말, 상대방의 감정·생각·의도를 다르게 묘사하는 말 등을 모두 포함한다. 일종의 심리적 폭력이다. 상처 주는 사람으로부터 나를 지키려면 무엇보다 내가 어떤 언어폭력을 당하고 있는지를 인식해야 한다. 퍼트리샤 에반스는 여러 유형의 언어폭력을 제시

했다.[5]

"할 말 없는데?"—
무시하고 피하면서 반응하지 않기

상대방의 이야기를 들으려 하지 않고, 관심을 주지 않으며, 반응하지 않는 것이다. 냉랭한 무관심과 무시, 배제(은따)는 직장에서 퇴사의 주요 원인이며,[6] 담쌓기나 동굴로 들어가기와 같은 배우자의 무반응은 이혼과 상관성이 높다.[7] 이럴 때 '차라리 화를 내고 욕을 하지'라는 소리가 절로 나온다. 이런 무시는 상대방의 존재 자체를 부인하는 것으로 노골적인 공격보다 더 파괴적인 영향을 미친다.

"말해도 소용없잖아. 어차피 네 맘대로 할 거잖아."
"너한테 말할 이유 없어. 너랑 상관없는 일이야."
"누가 물어봤어?"

이런 말뿐만 아니라 '못 들은 척' 한다든지, 스마트폰을 보면서 '듣고 있으니까 말해'라면서 상대방에게 주의를 기울이지 않는 행동도 포함된다.

"난 그런 말 한 적 없어"—
부인하기

상대방의 경험, 기억, 현실을 인정하지 않는 것이다. 분명히 일어난 일을 일어나지 않았다고 부인하는 것은 상대방에게 매우 가혹한 행위다.

"그런 이야기 한 기억이 없어."

"생사람 잡지 마."

"아무것도 아닌 일인데 화를 내네."

"네가 무슨 말 하는지 모르겠네. 나는 더 얘기할 생각이 없어."

상대방과의 약속이나 중요한 사실을 잊어버리는 것도 포함된다.

"나는 약속한 적 없는데, 네가 왜 그걸 약속했다고 생각하는지 모르겠어."

"지금 싸우자는 거야?" — **비난과 책임 전가**

자신의 불안, 분노, 짜증의 원인을 모두 상대방에게 돌리면서 화를 내는 것이다. 책임을 전가하기 위해 상대방의 감정, 의도 생각을 마음대로 정의한다.

은영: 밥 먹었어?

명재: 응. 한 시간 전에 먹고 들어왔어.

은영: (짜증 내며) 집에서 기다리는 내 생각은 안 해?

명재: (의아해하며) 아니~ 그런데 왜 화가 난 거야?

은영: 나 화낸 거 아닌데.(부인) 너야말로 왜 짜증이야?(상대방의 감정을 정의하기) 밥해놓고 기다린 게 내 잘못이

야?(책임 전가) 왜 나를 존중하지 않는 거야?(상대방의 의도를 정의하기)

"네 문제가 결국 뭐냐면"—
평가와 비판

상대방의 성격과 인격적 특성에 대해 마음대로 판단하고 비난한다. 표면적으로는 상대방에게 도움을 준다는 의도로 가장하지만 실은 상대방을 존중하지 않으며 깎아내리는 것이다.

"너는 뭐 하나 제대로 하는 게 없어."
"너는 늘 하나씩 빼먹고 나가더라. 정신줄 좀 잡고 살아야지."

이런 말이 부분적 진실을 담고 있다 하더라도 상대방을 폄하하는 것이므로 관계는 악화될 수밖에 없다. 불평(부정적 피드백)을 할 때는 "고지서 납부를 오늘까지 하기로 약속했는데 안 했네. 다음에는 나눠서 하기로 한 일을 꼭 잘 기억해줬으면 좋겠어"와 같이 특정 행동과 말을 명확한 근거에 기반해서 해야 한다.

"무조건 네가 틀렸어"—
반박하기

상대방에게 계속 반박하는 것도 흔한 일이다. 무엇이 맞는지가 중요한 것이 아니라 결국 나는 옳고 상대방이 틀렸음을 강조하기 위한 반대를 위한 반대다. 상대방이 자신만의 고유한 생각과 감정, 믿음을 갖는 것을 허용하지 않는다.

은영: 집이 좀 춥네.

명재: 아닌데? 이 정도는 추운 거 아니야.(반박)

은영: 나한테 춥게 느껴진다는 거야. 당신은 아닌가보네.

명재: (화를 내며) 아니라니까. 이 정도를 춥다고 여기는 사람은 없을걸! 22도인데.(반박)

은영: (내가 이상한가?) 아니, 내 말은 오늘 내가 춥게 느낀다는 거야.

명재: 겨울에 22도면 추운 거냐? 따뜻한 거지.(반박)

은영: …….(말이 안 통한다)

맥락에 맞지 않게 증거를 대거나 증명하라는 요구도 상대방이 틀렸음을 인정하게 하기 위한 반박하기에 포함된다.

은영: 문소리가 좀 커서 깜짝 놀랄 때가 있어. 조심히 닫아줄 수 있어?

명재: 아니. 이 정도 소리가 크다는 증거 있어? 증명할 수 있어?(반박)

"머리는 장식이냐?" — **농담을 가장한 상처 주기와 빈정거림, 부정적인 별명으로 부르기**

상대방의 지적 능력, 성향, 경쟁력, 취약한 아픔을 건드리며 유머와 재치로 포장하는 말하기다. 과장된 표정과 동작으로 빈정거리는 것도 포함된다.

"또 소설 쓰시네."

"대~단하십니다! 아주 박사님 납셨네."

"내 말대로 안 하면……"— **원하지 않는 행동을 하게 만드는 협박과 강요, 명령**

상대방의 취약한 점을 이용해 내가 원하는 행동을 하게 만든다.

"내가 원하는 대로 하지 않으면, 졸업 안 시킬 거야."

"부모 말 안 들을 거면 당장 짐 싸서 나가."

"별거 아닌 일로 또 호들갑이네"— **문제를 축소하거나 하찮게 만들기**

상대방의 고유한 감정과 경험을 축소해 별것 아닌 것으로 만들어버린다.

"또 시작이다, 너는 항상 모든 것을 너무 확대해석해."

"농담은 농담으로 받아들여야지, 넌 너무 예민해."

"내가 널 때리는 것은 사랑하기 때문이야"— **상반된 메시지 double bind message**

긍정적인 메시지와 부정적인 메시지를 동시에 보내 혼란스럽게 하고 판단력을 마비시킨다.

"내가 네 성격 문제를 솔직하게 말해주는 이유는 너를 너무 아껴서야."

실제로는 연락을 잘 받지 않으면서 "네가 나에게 가장 중요해"처럼 말과 행동이 다른 것도 포함된다.

(2) "선 넘지 마!" 언어폭력 대응하기 3단계

기분 나쁜 말을 들을 때 흔히 하는 말이 "선 넘지 마"다. 서로가 '각자 고유한 생각과 감정을 가진 개별적이고 독립적인 주체'라는 것이 상대방과 나 사이의 '경계선'이다. 언어폭력은 바로 '경계선을 없애거나 침해하는 것'이다. 무시와 무반응, 부인하기는 내 존재를 부인하고 투명인간처럼 취급하는 것으로 '선이 없는' 것이다. 상대방 마음대로 내 인격을 판단하거나 비하하며 나를 정의하는 것, 무조건 반박하는 것 등은 내 개성과 인격이 없는 것처럼 여기는 '선 넘는' 행동이다. 남 탓하며 책임을 전가하고, 협박과 강요, 폭언으로 원치 않는 행동을 하게 하는 것은 나를 자신의 감정 쓰레기통 취급하거나 자신의 욕구를 실현하기 위한 도구로 여기는 경계선을 심각하게 '침해'하는 것이다.

이제 확실하게 경계선을 설정할 차례다. 언어폭력에 대응하는 것은 ① 갈등과 언어폭력 구분하기 ② "그만둬!"라며 단호하게 거부하기 ③ 상대방에게 언어폭력임을 직면시키고 더 이상 그런 말을 못하도록 요구하고 깨닫게 하는 과정이다.

① 갈등과 언어폭력 구분하기

교묘하게 언어폭력을 당하는 사람은 "그 사람과 나는 좀 안 맞아" "사고방식이 많이 달라서 말이 안 통해"라고 생각하곤 한다. 이렇게 의견이나 가치관 충돌이라고 여기면서 합의에 도달하기 위해 내 입장을 반복해서 설명하거나 상대방을 이해해보려 노력한다.

그러나 언어폭력을 갈등 상황과 혼동해서는 안 된다. 갈등은 "나는 이렇게 생각하고 이런 가치가 중요한데 너는 다르구나"를 알고 서로의 차이를 인정하는 데서 출발한다. 진솔한 생각을 털어놓고 타협점이나 새로운 해결 방안을 찾으려고 노력한다. 그러면서 서로에 대한 이해가 깊어지고 관계가 성숙해질 수 있다. 반면 언어폭력은 나의 우월성을 확인하며, 상대방을 통제하고 조종하려는 시도로 상대를 인정하지 않는다. 따라서 내가 어떤 노력을 기울여도 타협점을 찾을 수 없고 말이 안 통한다. 갈등은 상호적이고 언어폭력은 지배적이다.

언어폭력에 대응하기의 첫 번째 단계는 갈등이 아닌 언어폭력이 일어나고 있음을 명확하게 인지하는 것이다. 예컨대 '서로 안 맞는 것'이 아니라 '○○한 말로 나를 부인하고, 책임을 전가하고 있다. ○○○하게 내 생각을 자기 맘대로 정의하고 있다'는 사실을 내가 알아야 한다.

② "하지 마"라고 거부 의사 확실히 밝히기

그다음은 단호하고 명확한 동작과 말투로 '하지 마라'는 의사를 밝힌다. 상대방의 말에 '나는 네 의견에 반대해'가 아니라 '그만해'라고 거부하는 것이다.

"그만하십시오"라고 말하며 똑바로 앉거나 선 자세로 당당한 태도를 보여야 한다. 고개를 숙이거나 어깨를 수그리고 시선을 피하는 위축된 자세는 힘을 보여주지 못한다. 고개를 들고 눈을 똑바로 쳐다보며, 감정을 배제한 차분한 어투로 단호하게 말한다.

상대방이 노골적인 비난을 한다면 "당장 그만둬!"라고 좀더 크고 강력하게 이야기한다.

상대방에게 한두 걸음 더 다가서서 한 팔을 앞으로 쭉 뻗으며 손바닥을 세워 상대방에게 보여주고, "거기까지!"라고 외칠 수도 있다.

직장에서는 "그렇게 생각하십니까?(거리두기) 저는 동의하지 않습니다"라고 하며 대화를 종료하거나, "그런 식으로 말하지 말아주십시오"라고 좀더 부드럽게 말은 할 수 있지만 자세는 흔들림 없이 단호해야 한다.

③ 상대방의 언어폭력을 구체적으로 직면시키고 중단할 것을 요구하기

상대방이 말한 것이 명백한 언어폭력임을 구체적으로 직면시키고, 다시 한번 중단할 것을 요청한다. 이런 말이 통하지 않는 상황에서는 '그렇구나'라고 말하고 자리를 떠나서 대화를 종료하는 것이 나을 수도 있다.

- **무반응:** "나를 없는 사람 취급하는 것 그만둬. 나도 너랑 있는 거 싫어"라고 하며 나간다. "일부러 저에게 반응하지 않고 무시하시네요." "제 말을 못 들은 척하시네요."
- **부인:** "기억 안 난다는 말 안 믿어. 다시는 그런 일 없었으면 좋겠어." "잊어버린 척하지 마. 그런 거 이제 안 통해." "기억이 안 난

다고 말씀하신대서 사실이 바뀌는 것은 아닙니다."

- **비난**: "그런 식으로 책임을 떠넘기지 마." "그것은 일방적인 비난입니다."
- **생각/감정/의도 정의**: "너는 내 의도를 전혀 몰라. 완전히 다르게 이야기하고 있어." "아니, 난 그렇게 느끼지 않아."
- **평가**: "나를 당신 잣대로 평가하는 것은 그만둬." "내가 어떤 사람이든 네가 상관할 바 아니야." "그런 생각은 너 혼자 속으로 하고 나한테 말할 필요 없어." "네 일이나 잘해." "저에 대해 잘 모르면서 평가하시는 것 같습니다."
- **반박**: "말장난 그만해. 딴지 거는 것도 정도가 있지." "그래, 그렇구나" 하고 대화를 차단한다.
- **농담과 빈정거림**: "나는 재미없는데? 다시는 그런 식으로 부르지 마." "그렇게 불러서 나를 깎아내리니 네가 좀 잘난 사람인 것 같아서 맘에 들어?" "농담이라면서 저를 깎아내리지 마십시오." "그런 모욕적인 단어로 저를 부르지 마십시오."
- **협박**: "그렇게 협박하지 마. 네가 원하는 대로 하지 않을 거야." "협박으로 들립니다. 저는 협박을 받아들이지 않을 겁니다."
- **명령**: "나는 그럴 생각 없는데." "누구한테 명령이야?" "명령은 안 들을 거야. 원하는 것이 있으면 정중하게 말해줘." "요청 사항이 있으면 명령보다는 정중하게 말씀해주십시오."

언어폭력을 하는 사람을 설득하거나 그가 왜 그런 이야기를 하는지 이해할 필요는 없다. 상대방의 기분을 이해하거나 그가 내 설명을 이해했는지 자꾸 확인하는 데 감정 소모를 하는 대신 당장 언어폭력을 중단하도록 단호하게 요구해야 한다. 누가 나에게 주먹을 날린다면, 왜 때리는지 물어보고 기분을 살피거나 내가 얼마나 아프고 힘든지 설명하기보다 "당장 그만둬, 어떤 경우라도 사람을 때리는 것은 안 돼!"라고 말하고, 말이 안 통하면 내 안전을 위해 바로 자리를 피해야 하는 것과 똑같다.

(3) 폭력적인 관계의 변화를 바랄 것인가, 관계를 끝낼 것인가

이런 단호한 거부가 얼마나 효과 있을까? 언어폭력이 실제로 중단될지 여부는 사실 나의 노력보다는 상당 부분 상대방의 의사에 달려 있다. 상대방이 어떤 의미에서건 내게 호의가 있고 나와 가깝게 지내고 싶다면 태도를 바꿀 것이다. 어쩌면 그는 나와 잘 지내기를 바라고 가까워지고 싶지만 분노를 다루는 법을 제대로 배우지 못한 사람일 수도 있다. 반대로 나에게 적대적이고 가까이 지낼 의사가 없다면 내가 단호하게 거부할수록 더 화를 내며 나를 밟고 올라서려 할 것이다. 이런 경우는 관계를 끝내야 할 수도 있다. 언어폭력의 빈도와 강도, 지속 기간, 관계(부모 자녀, 직장 상사나 동료, 부부, 친구 등)의 특성을 고려해 관계에서 협력을 추구할 것인가, 탈출할 것인가를 판단해야 한다.

단호한 대응과 더불어 화해의 손 내밀기

직장에서처럼 계속 협력해야 할 사이이거나 물리적으로 피할 수 없는 관계라면, 혹은 언어폭력의 강도와 빈도가 그리 높지 않거나 나에게 호의적이라면 협력적 말하기를 우선 시도해보자.
단호하게 거부하면서도 화해와 협력의 의사를 밝히는 것이다. 여기에는 관계를 발전시키기 위해 어떻게 하면 좋을지 피드백을 요청하는 것까지 포함한다.

부장: 프레젠테이션을 그따위로 준비하면 어떡하나? 이 프로젝트 떨어지면 우리 팀 다 망하는 거라고. 지금 자네가 무슨 짓을 한 건지 알기나 해?(책임 전가) 어휴, 늘 무책임하다고 생각은 했는데(평가) 기회 준답시고 자네 같은 지잡대 출신에게 일을 맡긴 내가 병신이지.(경멸, 빈정거림) 엿 먹이려고 일부러 그랬지?(상대방의 의도 정의하기)
대리: 그런 식으로 말하지 말아주십시오.(거부 의사) 프레젠테이션이 기대만큼 되지 않은 것에 대해 모든 책임을 저에게 돌리고, 저를 무책임하다고 평가하시는 것은 부당합니다.(직면) 제가 앞으로 부장님과 팀 전체를 위해 좀더 열심히 일할 수 있도록 저를 도와주십시오.(협력의 의사) 저의 어떤 행동을 무책임하다고 여기셨는지 말씀해주시면 할 수 있는 노력을 더 해보겠습니다.(구체적인 피드백 요청)

이런 노력에도 불구하고 상대방이 받아들이지 않는 것은

내 잘못이 아니다. '내가 더 잘해주면 더 좋아지지 않을까?' '참고 견디면 나아지지 않을까?'라는 생각도 착각일 수 있다. '내가 더 잘 맞아준다면 그가 때리기를 멈추겠지'라고 생각하는 것과 같다.

파괴적인 관계 끝내기

만약 나의 존재를 부정하는 정도의 폭력적인 말하기가 계속돼 심리적 고통이 극심하다면 부부나 연인, 친구, 성인이 된 부모 자식 간에도 관계를 끝내야 할 때가 있다.

내가 믿고 오랫동안 함께해왔던 사람, 정서적으로 의존했던 사람이 나를 존중하고 인정해주기는커녕 나에게 적대적이며 나를 부정한다는 사실을 받아들인다는 것은 몹시 뼈아픈 일이다. 따라서 애써 폭력적인 말을 못 들은 척 부인하거나, '그럴 만한 이유가 있겠지' '설마 그런 의도겠어?' '다 나를 위해서 말한 것이겠지'라며 합리화해주기도 한다.

게다가 상대방이 '나는 그럴 의도가 전혀 없었어'라며 사실을 부인하거나 '별것도 아닌데 또 시비 걸려고 한다'면서 내 탓을 하면 자꾸 원인을 내게서 찾게 된다. 따라서 관계를 끝내는 과정은 굉장히 어렵고 큰 용기와 결심을 요구한다.

관계를 끝내기 위한 말하기 지침을 살펴보자.

- 관계가 끝나야 한다고 생각하는 이유를 분명하게 자각하고 상대방의 반응에 따라 관계에 여지를 둘지, 어떤 반응을 보이더라도 반드시 끝낼지 미리 결정한다.
- 대화의 목적은 관계가 끝났음을 상대방에게 명확히 알리는 것이다. 관계를 돌아보거나 상대방을 설득하거나 질책하는 것이 목적은 아니다.
- 확실하게 끝내기로 했다면 상대방의 변명을 듣거나 기분을 살피거나 이야기를 끌 필요 없이 할 말만 하고 자리를 뜨는 것이 좋다. 즉, 내 결정에 대해 상대방에게 동의를 구하려 하거나 설득할 필요가 없다. 어차피 상대방은 나를 존중하지 않기 때문이다.
- 관계에서 무엇이 맞고 틀리는지, 무엇이 더 좋은 선택인지 논쟁에 휘말리면 안 된다. 언어폭력이 난무하는 관계는 그 관계 자체가 문제이며 나쁜 것이다.
- 상대방이 요청한다고 해서 끝내는 이유를 반드시 설명해줄 필요는 없다. 알리고 싶지 않다면 하지 않아도 된다. 부인과 변명이 이어지기 때문이다.
- 상대방을 질책하며 때리거나 소리 지르는 등 화를 내지 말자. 상대방에게 추가적인 언어적·물리적 폭력의 빌미를 제공한다.
- 상대방이 대화를 끝내려고 하지 않을 때 그가 어떤 말을 해도 단호하게 '나는 너와 더 이상 만나지 않을 거야' '우

리 관계는 끝났어' '그만해. 어떤 식으로든 다시 보고 싶지 않아'를 반복해서 집요하게 말할 필요가 있다.

- 가장 중요한 것은 안전이다. 만약 대화 중에 위험하다고 느끼면 가능한 한 빨리 대화를 종료하고 피해야 한다. 신체적인 폭력과 협박, 스토킹 등의 위협이 있다면 경찰에 신고하거나 전문 기관의 도움을 바로 요청해야 한다.

(4) 관계를 파괴하지 않고 뒷담화에 대처하기

뒷담화는 의도적으로 상대방을 흠집 내거나 불이익을 주기 위해 그 사람이 없는 자리에서 그에 대한 이야기를 하는 것이다. 보통 당사자가 감추고 싶어하는 사생활, 가족 문제, 갈등이나 경제적·심리적 어려움, 부족한 능력과 같은 취약점이 드러나게 한다.

뒷담화는 보통 시기심과 열등감의 결과다. 학벌 콤플렉스가 있는 사람이 타인이 굳이 드러내고 싶어하지 않는 학력을 뒤에서 조롱하고 다닌다거나, 자신이 우울한 것을 부인하고 싶은 사람이 '실은 저 사람 정신병원에 다닌대. 어쩐지 일을 좀 못 하더라'라고 말하고 다니는 식이다. 한 팀에서 프로젝트를 하다 실패했을 때 자기 책임을 부인하고 싶은 사람이 뒤에서 '김 대리만 제때 자료 조사를 했어도…… 하여간 같이 일하기 진짜 힘들어'라고 말한다. 전반적으로 자존감이 낮은 사람은 어떤 대화에서건 뒷담화로 타인을 은근히 깎아내린다. 뒷담화를 반복하는 것은 자신이 바로 그 이슈로 열등감을 느끼지만 스스로 인정하지 못하고, 타인을 폄하함으로써 우월감을 느끼며 자존감을 회복하려는 시도로 볼 수도 있다. 따라서 내용에 많은 거짓과 과장, 왜곡이 뒤섞인다.

사실 경쟁과 비교, 질투와 시기심, 열등감과 우월성의 추구는 인간에게 내재된 보편적인 특성이므로 뒷담화는 흔히 나타난다. 하지만 흔하다고 해서 그렇게 해도 괜찮다는 뜻은 아니다. 뒷담화의 대상에게는 엄청난 배신감과 혼란을 초래하며, 뒷담화에 참여한 사람들이나 건너 듣게 된 다수의 인간관계도 틀어지고 왜곡될 수 있다. 이런 파괴력을 고려하면 설사 내가 깎아내리려는 의도가 없다고 해도 어떤 식으로든 뒷담화를 주도하거나 거기에 참여하는 것은 좋지 않다.

만약 내가 뒷담화 대상이 되었다면 어떻게 대처해야 할까? 사실 뒷담화는 발생 시점과 인지한 시점에 차이가 나므로 즉각 대응하기 어렵고, 구체적으로 무슨 이야기를 했는지 상황을 명확하게 재구성하기 어려운 경우가 많다. 별로 파괴력 없는 내용이라면 무시하고 그냥 넘어갈 수도 있다. 하지만 만약 직장이나 중요한 친구 그룹에서 내 평판과 인간관계에 큰 영향을 주고 개인적 손실이 크다면 잘못된 사실을 바로잡아야 한다.

먼저 뒷담화를 한 사람에게 ① 뒷담화의 구체적인 내용을 인용하며 내용 자체에 대해 직접적으로 묻고(내용에 초점 두기) ② 사과와 책임 인정을 유도한다. ③ 앞으로 그런 일이 없도록 요청하면서 ④ 만약 관계가 잘 유지되기를 원한다면 협력 의사를 함께 표현한다.

상대방은 여러 층위나 방면에서 자기 행위를 부인하거나 축소하며, 사과와 책임 인정도 피상적인 수준에 그칠 수 있다. 그러나 상대방을 취조해서 자백을 받아내듯 뒷담화를 했는지 안 했는지, 왜 했는지를 따지며 비난하는 것보다는 잘못된 내용을 바로잡는 것이 더 중요한 목적임을 인지하자. 아래의 대화를 따라가보자.

은정: 어제저녁에 현정이랑 같이 식사하면서 '이번 팀 과제를 은정이 때문에 망쳤어. 무책임해'라는 이야기를 네가 했다고 들었어. 어떤 점에서 그렇게 평가했는지 말해줄 수 있어? (내용에 초점 두기)

재수: 그게 아니고 네가 회의 때 조금 일찍 가기는 했잖아. 근데 무책임하다는 이야기를 내가 했었나? (축소)

은정: 아, 내가 좀 일찍 갔던 게 과제 탈락에 결정적이었다고 생각했구나. (내용 확인) 그때 외할아버지 돌아가셔서 양해를 구하고 갔는데. 그리고 다음 날 내 분량은 늦게라도 다 했고……. 네가 보기에는 그게 무책임하다고 여겨졌나봐. (내용에 초점 두기)

재수: 아, 좀 와전된 것 같은데. (축소) 그렇게까지 생각하진 않았어. (부인) 기분 나빴다면 미안해. (피상적인 수준의 사과) 내가 말실수했나봐. (피상적인 잘못 인정)

은정: 그래. 그럼 내가 잘못하거나 무책임하지 않았던 것으로 정리할게. (내용 바로잡기) 일찍 간 것에 대한 오해가 있었고. (상황 바로잡기) 그리고 앞으로는 내 행동에 문제가 있다고 생각하면 직접 이야기해줄래? (재발 방지 요청) 나도 고치도록 노력할게. 오해 없이 잘 지내고 싶어. (협력 의사 밝히기)

재수: 그래그래.

처음부터 뒷담화한 것 자체를 비난하거나 질책하면 상대방은 더 방어적이거나 공격적인 태도로 아예 사실을 부인하거나 억지를 부릴 수도 있다. 그러면 관계가 파국으로 치달으며 잘못된 내용을 바로잡을 기회를 영영 놓칠 수도 있다.

은정: 네가 현정이한테 팀 과제가 나 때문에 탈락했다고 말했다며? 어떻게 뒷담화를 할 수 있어? 겉으로는 서로 수고했다고 말했으면서 뒤통수치냐?

재수: ①나 그런 적 없는데! (완전한 부인) (혹은) ②사실이잖아. 너만 일찍 가고 무책임하게 군 게 맞잖아. (공격) 난 그래도 너한테 상처 줄까봐 직접 말 안 한 거야. (변명)

은정: ①야, 그럼 현정이 불러서 삼자대면할까? (혹은) ②결국 내 할 일 다 했잖아! 헛소리하지 마.

타인의 아픔에 공감하고 진정으로 위로하는 것이 인간의 정서적 생존에 필수적인 것만큼이나, 언어폭력, 즉 심리적 폭력으로부터 나를 제대로 보호하고 지키는 것도 중요하다. '이유가 있겠지'라면서 타인의 행동을 합리화해주며 갈등을 피하고 싶어하는 타고난 본성 때문에 은밀하게 이루어지는 언어폭력이나 뒷담화에 제대로 대처하지 못하는 사람이 많다.

그렇게 부지불식간에 마음이 무너진 사람들이 자신에게 문제가 있는 것 같다며 상담을 받으러 온다. 이때 내가 단호하게 대처하지 않으면 언어폭력이 저절로 중단될 가능성은 매우 적다.

누군가와의 관계에서 자꾸 상처받고 혼란스럽거나 불쾌한 느낌이 든다면 언어폭력이 있는지 한번쯤 점검해보자. 언어폭력이 맞는다면 거울을 보거나 주변의 도움을 받아 단호한 자세와 거부하는 말을 충분히 연습해본 후 직접 실행해볼 것을 권한다.

서로의 마음을 나누는 대화는 관계를 위한 대화다. 나를 진솔하게 열어 보이고, 긍정적인 면에 대해 칭찬과 격려를 보내 더욱 힘이 나게 하며, 힘들 때는 서로를 위로해 마음에 심폐소생술을 해주는 대화다. 안타깝게도 인간관계에서는 서로를 존중하고 응원해주는 관계도 있는 반면, 정반대의 관계도 있다. 상대방을 통제하고 사기를 떨어뜨리며 이용하는 것이다. 말로 상대방에게 상처를 주지 않도록 노력하는 것과 마찬가지로 상처로부터 나를 보호하는 것도 중요하다.

5장

성과를 이끄는 팀 소통의 기술

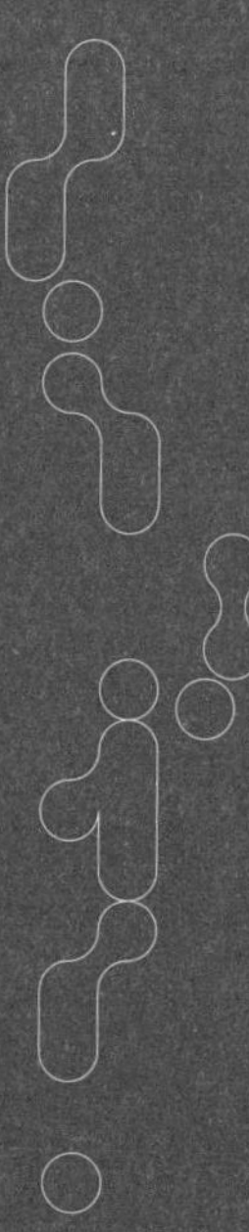

회사에서와 같은 비즈니스 관계뿐 아니라 가족이나 친구 사이에서도 목표를 성취하기 위해 협력하는 상황이 종종 생겨난다. 이럴 때 좋은 의사소통은 목표를 효율적으로 달성하게 해줄 뿐 아니라 일반적으로 기대되는 성과를 넘어서도록 해준다. 반대로 비효율적 의사소통은 감정적으로 괴로울 뿐만 아니라 원하는 목표도 이룰 수 없게 만든다. 어떻게 하면 우리는 관계와 성과라는 두 마리 토끼를 다 잡을 수 있을까? 결과도 엉망이고, 기분도 상하고, 관계도 망치는 최악의 상황을 피하려면 어떻게 해야 할까?

이는 조직으로서 성과를 내는 방법에 대한 질문이다. 아쉽게도 한국의 교육은 개인의 지식 습득만 강조하고 이 부분을 간과했다. 조별과제가 나오는 과목은 대학생들의 기피 대상이 된다. 드라마나 영화에 비협조적인 팀원이 나와 공분을 사는 장면은 외국이나 한국이나 마찬가지다. 하지만 우리 교육에서 이런 사람이 되지 않도록 훈련을 받은 기억은 드물다. 이런 사람을 만났을 때 대처하는 방법도 배운 적이 없다. 가정이나 학교에서 국영수 지식 습득은 강조했지만 감정을 조절하고 타인과 협력하는 것은 별다른 훈련 없이 알아서 학습하길 바란 것 같다. 아마도 지식은 사지선다 시험으로 소위 '객관적인 줄 세우기 평가'가 가능하지만 대화와 협력은 그렇지 못하기 때문인 것 같다. 하지만 현실사회에서는 지식을 아는 것만으로 문제가 해결되지 않는다. 타인과 협력해 결과물을 만들어야 보상을 받는다. 작은 가게를 운영하는 일이든 거대한 로켓을 개발하는 일이든, 역할이 말단 직원이든 대표든 문제 해결을 위한 의사소통 능력이 필요하다. 혼자 사는 고독한 작가도 집안일이든 출판 일이든 누군가와 도움을 주고받게 된다. 그러니 거대한 조직의 리더가 아니더라도 문제 해결을 위해 기본적인 협력적 의사소통은 알아둘 필요가 있다.

앞에서 어떻게 대화를 시작하고 타인의 이야기를 경청하며 감정을 나누는지 배웠다면 이 장에서는 좋은 관계를 유지하며 문제를 해결해 목표를 이루는 것에 대해 알아보자. 관계와 성과라는 두 마리 토끼를 다 잡아야 한다. 생각할 요소가 많을수록 어려운 것은 당연하다. 좋은 의사소통을 위해서는 적극적인 듣기가 기본이 된다. 2장에서 우리는 어떻게 듣는 것이 의사소통을 성공적으로 이끄는지 배웠다. 상대를 세심히 관찰해 말로 표현하지 못한 것까지 간파함으로써 숨겨진 욕구까지 짐작할 수 있게 된다면 인간관계는 잘 풀릴 것이다. 비슷한 방식으로 상사, 동료, 부하 직원, 고객, 거래처의 욕구를 상황적 맥락에 맞춰 파악해낼 수 있다면 관계뿐 아니라 조직의 목표를 성취하는 데도 큰 도움이 될 것이다.

이 장에서는 일상의 말하기와 일터에서의 말하기의 차이점을 설명하며 자신의 역할에 따라 더 생각해볼 요소들을 설명한다. 앞부분에서는 누구에게나 해당되는 내용을 다룬다면 뒤에서는 조직의 리더에게 더 강조되는 영역을 다룬다. 현재 리더가 아니더라도 나의 리더가 어떤 고민을 하는지 알면, 앞으로 리더를 대할 때 그 상황을 더 잘 이해할 수 있을 것이다.

---

1. 성과를 내는 사람들의 소통 방식

(1) 결론부터 명료하게 말하기

조직의 목적은 친목 도모가 아니다. 특정한 성과를 목표로 한다. 음식점은 음식을 팔아 수익을 올려야 하고 주민센터는 행정 서비스를 효율적으로 제공해야 한다. 개인적으로 친밀하지 않아도 함께 일할 수 있다. 심지어 전혀 사적으로 어울리지 못할 것 같은 사람과도 조직의 목표를 함께 완수할 수 있다. 모든 상대를 친구나 가족처럼 생각할 필요는 없다. 자신이 마치 변호사나 의사, 컨설턴트 같은 전문가라고 생각해보자. 이들이 고객과 협력하여 문제를 해결하듯, 우리는 상대와 함께 조직의 목표를 이루는 데 집중하면 된다.

목표 성취를 위해 대화할 때는 3장에서 배운 정확하고 구체적인 말하기가 중요하다. 이런 대화는 결론부터 두괄식으로 제시하는 것이 좋다. 가벼운 인사말은 필요하지만 상대가 받아들일 수 있다면 바로 업무 얘기를 시작해도 좋다. 재판이 걱정되어 돈을 내고 상담을 받는데 사적인 얘기가 너무 길어지면 의뢰인은 짜증이 날 수도 있다. 심지어 의뢰인의 요구가 애초에 법적으로 불가능한 경우도 있다. 중요한 고객이라 그의 기분을 맞추려고 거짓말을 해봤자 결국 고객을 잃게 된다. 듣고 싶어하는 소식이 아니더라도 최대한 빨리 결론부터 말하고 보충 설명을 하는 것이 낫다. 배경을 설명하느라 시간을 다 써버리면 결과가 좋지 않다. 의뢰인은 듣는 동안 기대를 부풀리다 마지막에 이르러서야 결론을 듣고는 커다란 실망감을 느낀다. 먼저 실망하고 공감을 받고 대안을 모색하는 것이 기분을 추스를 때 더 낫다.

평사원이든 팀장이든 자신이 맡고 있는 역할에 대해서는 아무리 작은 영역이라도 전문가라고 생각하자. 관련된 정보 외에 상대의 판단에 도움이 되는 자신의 해석을 추가한다. 방대한 정보를 효율적으로 전하는 방법을 고민해야 한다. 생각나는 대로 나열하는 것은 피해야 한다. 그것은 변호사가 의뢰인에게 법전을 해석 없이 그대로 읽어주는 것이나 다름없다. 의뢰인은 어떤 결정이 자신에게 가장 유리한지, 어떤 과정을 통해 그 결론에 도달하는지 듣고 싶어한다. 나에게 필요한 것만 골라서 효율적으로 '깔끔하고 센스 있게' 듣고 싶어한다.

연희: 대리님, 행사 준비 관련해서 지금 잠깐 설명드려도 될까요?

현정: 네, 좋아요. 회의 준비 다 끝내서 10분 정도 여유 있습니다.

연희: 행사 장소로 대여가 가능한 곳의 목록을 만들었습니다. 오늘까지 정해야 일정을 맞출 수 있어요. 조건이 완벽히 들어맞는 곳은 없었습니다. 제가 보기에 가장 적합한 곳부터 나열했습니다. 1, 2, 3번은 장단점이 있는데 그 아래로는 격차가 큰 것 같습니다. 저는 지난 행사들을 고려해서 접근성이 가장 중요하다고 판단해 1번을 추천해드립니다.

현정: 네, 수고했어요. 비교할 때 필요한 내용이 깔끔하게 정리됐네요. 접근성, 편의성이 중요하긴 한데 이번엔 예산 문제가 있어서 제가 한 번 더 과장님과 논의해보고 오늘 안에 전해줄게요.

연희: 과장님까지 보시는 거면 오타, 폰트 등을 정리해서 다시 보내드릴까요?

현정: 이대로 괜찮아요. 필요한 정보만 있으면 되는 거라 걱정하지 않아도 됩니다. 다른 일도 바쁠 텐데 더 신경 쓰지 않아도 돼요.

연희: 네, 감사합니다.

연희는 상대가 할 일에 대해 마감 기한까지 포함해 대화 초반에 설명했다. 만약 관련 지식이나 경험을 생각나는 대로 다 늘어놓았다면 잡담이 되었을 것이다. 친구들과 차나 술을 마시며 "거기 가봤어?"라면서 잡담을 나눌 때는 아무 문제가 없다. 생각의 흐름대로 얘기하다 재미있는 내용으로 흘러갈 수도 있다. 반면 직장에서의 대화는 다르다. 상대의 시간을 아끼면서 가장 효율적으로 전할 필요가 있다. 만약 장소 목록에 적혀 있는 면적이나 가격에 대해 궁금한 점이 있었으면 추가 질문의 형태로 대화가 진행되었을 것이다. 연희는 자신이 판단하기에 상대에게 가장 중요한 정보 위주로 전하며 효율을 높였다.

이 대화에는 양해를 구하는 것, 감사를 표하는 것, 상대의 걱정을 해소해주는 것 등 여러 요소가 들어 있으면서도 효율을 놓치지 않았다. 자세히 보면 현정 또한 문서를 수정할 필요가 없다는 결론을 먼저 이야기했다. 폰트나 오타만 지적했던 다른 상사의 이야기로 빠져 시간을 허비할 수도 있었지만 그러지 않았다. 그런 대화는 친목을 나누는 시간에 하는 것이 낫다. 급하지 않을 때는 장소 섭외와 관련된 옛날 일을 이야기하며 즐거움이나 아쉬움을 나눌 수도 있다. 명심할 점은, 조직은 성과를 잘 내야 친밀감에도 도움이 된다는 것이다.

(2) 말, 글, 하이브리드

앞의 대화에서 연희는 목록 보고서를 작성하고 현정을 찾아가 대화를 나눴다. 말과 글을 동시에 사용해서 보완했다. 정보에 따라 글이 더 유리할 때도 있고 말이 더 유리할 때도 있다. 예전에는 상사의 선호도에 따라 구두 보고와 서류 중 하나를 선택했다고 한다. 그런데 요즘은 다양한 채널이 존재하니 상황과 맥락에 따라 효율적으로 선택한다. 대면, 전화, 이메일뿐 아니라 각종 메신저에 온라인 화상 회의까지 종류가 다양하다. 일의 종류에 따라 긴 보고서를 쓰는 능력이나 설득력 있는 프레젠테이션 능력이 중요할 때도 있지만 일대일 대화만큼은 모든 업무 현장에서 필수적이다.

말의 형태든 글의 형태든 짧게 주고받는 것이면 대화 형식을 띠게 된다. 업무용 메신저에서도 이모티콘으로 축하 폭죽을 터뜨리는 세상이라 글자를 타이핑한다고 해서 보고서 같은 문어체를 쓰지 않는다. 대면으로 하던 대화를 채팅으로 이어가다 이메일로 정리하는 하이브리드 시대다.

이런 복잡한 상황에도 원칙은 존재한다. 상대의 이야기를 적극적으로 듣고 감정에 공감하며 함께 문제를 풀어가는 것이다. 상대가 원하는 형태를 맞출 수 있으면 더 좋다. 기차 안이라 긴 통화가 어려운 상황에서 노트북으로 업무를 보고 있다면 메신저가 더 편할 수도 있다. 짧은 호흡으로 주고받는 것보다 한 번에 정리된 내용을 자신이 원하는 속도로 보고 싶다면 긴 글이 더 효과적일 것이다. 앞서 현정은 잠깐 시간이 있다면서 연희와 대화를 이어갔다. 만약 충분한 시간이 없다면 목록을 파일로 첨부해 자신에게 요청할 내용까지 이메일로 보내달라고 했을 수도 있다.

현정: 제가 지금 바로 나가봐야 해서요. 나가면서 잠깐 얘기해줄래요?

(현정이 짐을 들고 나서자 연희도 따라나선다.)

연희: 오늘 안에 지난번에 말씀하신 행사 장소를 정해야 합니다. 목록과 장단점을 정리했습니다. 적당한 후보를 상위에 두었습니다.

현정: 오, 고마워요. 파일로 첨부해 메일로도 보내주세요. 중간에 확인하고 궁금한 게 있으면 메시지 보낼게요.

평소라면 간단한 대화를 더 나누고 목록도 그 자리에서 검토했을 현정이지만 이번에는 원하는 보고 형태가 바뀐 것이다. 외부에서 나중에 충분히 시간을 마련할 수도 있기에 그때 통화를 해도 되지만 연희가 자신을 기다리고 있게 할 필요가 없다고 판단했다. 약간 부족한 시간이지만 이 정도 정보면 충분하다고 여겨 대화를 마무리하고 필요하면 자신이 연락하겠다고 한 것이다.

말과 글은 서로 보완하여 사용할 수 있다. 연희가 말로 전한 내용까지 모두 문서에 담아 서면으로 보고할 수 있는 것처럼 말이다. 목록처럼 다 기억할 수 없는 세세한 내용은 글로 전달하는 것이 유리하다. 눈으로 한 번에 보는 것이 편하기 때문이다. 한편 정보량과 상관없이 보고자가 감정을 조절하기 위해 글로 정리한 내용을 참고하며 대화할 수도 있다. 프레젠테이션에서 슬라이드의 키워드를 연설의 길잡이로 사용하는 것처럼 자신이 꼭 전하고 싶은 내용과 감정을 미리 적어두고 대화에 사용하는 것이다.

보고하는 상황에서 말과 글로 서로 보완하는 것처럼 들을 때도 듣기와 쓰기로 서로 보완하는 것이 도움이 된다. 특히 지시 사항을 잘 정리할 필요가 있는 사람은 기억에 의존하기보다 필기하면서 정리하고 부족한 내용을 확인해야 한다. 수첩, 태블릿, 노트북 등을 활용하자. 스마트폰도 훌륭한 필기도구지만 상대가 오해할 수 있다는 점을 알아야 한다. 스마트폰의 다양한 활용에 익숙하지 않은 사람은 상대가 자신의 말을 귀담아듣지 않고 딴짓을 한다고 오해할 우려가 있다. 이런 오해를 막으려면 기억하기 위해 받아 적고 있다고 설명하는 것이 도움이 된다. 반대로 수첩에 적는 행동은 따로 설명할 필요 없이 그 자체로 상대에게 집중해서 듣고 있다는 표현이 되어 호감을 살 수 있다.

(3) 피드백 — 결과 알려주기

4장에서 우리는 칭찬을 제대로 하는 법을 배웠다. 구체적이고 개인화된 칭찬을 즉각적으로 하는 것이 효과적이다. 공개적으로 칭찬하면 팀원들이 자부심을 느끼고 동료 간 협력이 강화된다. 결과에 중심을 두기보다는 노력하는 과정을 중심으로 성장과 발전을 강조하는 것이 좋다. 결과에 대한 칭찬은 다음에 같은 결과를 얻지 못할 때를 걱정하면 불안해지지만, 노력에 대한 칭찬은 적어도 자신의 통제 범위 안에서 조절할 수 있는 일이라 여겨져 부담이 줄어든다. 비교하는 방식의 칭찬은 자칫 조직의 분위기를 망치거나 과도한 긴장을 자아내 악영향을 미칠 수 있으니 개인의 발전에 초점을 맞추는 것이 좋다.

칭찬은 피드백의 한 종류다. 피드백은 진행된 일의 경과나 결과를 알려주며 적절한 반응을 보이는 행위다. 칭찬은 좋은 행동이나 결과를 높이 평가하는 말이다. 직장에서 항상 칭찬이라는 긍정적 피드백만 할 수 있다면 좋겠지만 현실은 그렇지 못하다. 잘못된 행동에 대한 꾸중이 반대쪽 극단이라면 직장에서의 피드백은 칭찬과 꾸중 사이에 위치하는 것이 가장 흔하다. 예를 들어 신입 사원에게는 교정을 위한 피드백이 많이 주어진다. 거창한 칭찬은 아니지만 잘되는 부분은 잘하고 있다 하고 바뀌어야 하는 부분은 개선을 요청하게 된다. 한 분야의 전문가가 되어서도 피드백은 중요하다. 일의 경과를 다각도로 반영하고 개선해야 시간과 에너지를 낭비하지 않을 수 있기 때문이다. 효과적인 피드백이 되려면 구체적이고 건설적이어야 한다. 좋은 칭찬이 구체적이고 과정 중심인 것과 비슷하다. 좋은 피드백을 통해 앞으로 어떤 행동이 필요한지 합의하는 것이 중심이 되어야 한다.

보고서에 불만족한 상사 승준의 피드백을 살펴보자.

승준: (팀원들이 모두 있는 공간에서 소리친다) 이렇게 하면 일이 진행이 되겠나? 도대체 그동안 뭘 배운 거야? 똑바로 하자 좀!

승준의 피드백은 구체적이지도 건설적이지도 않다. 듣는 사람의 마음을 고려하는 단계까지 가지도 못했다. 그는 일이 잘 진행되길 원해서 말을 꺼냈을 것이다. 유능한 직원이라면 스스로 알아서 개선하고 좋은 결과를 만들어냈을 수도 있겠지만 감정 소모가 컸을 것이다. 그런 유능한 직원이 앞으로도 이 상사와 함께 일하고 싶어할 것 같지는 않다. 일의 성공률을 높이고 좋은 관계를 유지하려면 친절한 방식으로 관찰된 사실에 근거해 상황을 설명하고 개선 방향을 제시해야 한다.

같은 상황에서 명석은 다음과 같이 말한다.

명석: 지난번 보고서에 수치가 안 맞아서 곤란했어요. 게시판 자료를 사용한 것 맞죠? 최근 버전이어도 실제로는 추가 업데이트가 있을 수 있어요. 이 작업 때는 부서에 직접 확인해야 한다고 제가 얘기했는데 잊었나요?

명석은 상대를 지적하는 말로 시작하지 않았다. 자신이 느낀 어려움을 먼저 구체적으로 얘기했다. 자신이 관찰한 사실들을 전하며 자신이 직접 보진 못했지만 예상되는 부분을 확인했다. "왜 시키는 것도 제대로 안 하나?"로 시작했다면 말의 내용이 사실이더라도 상대의 반발심을 불러일으킬 우려가 있어 효율적이지 않다.

> **민우:** 죄송합니다. 보고서 작성 직전에 게시된 자료라 최신 정보일 거라고 넘겨짚었습니다.
>
> **명석:** 게시판 자료는 대략의 트렌드를 보려고 올려두는 경우가 있어요. 앞으로도 제가 따로 부서 확인을 요청한 것은 꼭 챙겨주세요. 담당자 확인에 시간이 걸린다든지 난처한 상황이 생기면 제게 공유하면 됩니다. 혹시 저한테 묻기 어려운 이유가 있나요?

명석은 상대를 깎아내리고 불쾌한 감정을 쏟아내면서 대화하지 않았다. 더 나은 성과를 낼 수 있도록 건설적인 피드백을 주었다. 듣는 사람이 향후 해야 할 행동을 구체적으로 제시했다. 이 과정에서 상대가 수용할 수 있는지 확인하고 자신도 상대의 요구를 반영해 도울 수 있다는 것을 명확하게 전달했다. 관계도 망치지 않을 수 있고 성과도 더 나을 것이다.

상대의 행동을 바꾸려고 큰 목소리로 호통치는 것은 효과적이지 않다. 그렇게 해서 바뀔 사람이었으면 조용한 대화로도 충분했을 것이다. 방향은 제시하지 않고 상대를 깎아내리면 반발심이 생기거나 기분을 망쳐 에너지만 떨어질 것이다. 공포라는 감정을 이용하면 정신이 곤두서게 만들 수는 있지만 창조적인 생각을 하게 하거나 지속적인 의욕을 불러일으키지는 못한다. 졸지만 않으면 되는 업무라면 호통이 효과적일 수 있지만 고도화된 작업에서는 소용없다.

피드백에는 존중과 배려가 요구된다. 교정하고 싶은 것은 업무와 관련된 상대의 행동일 뿐이다. 개인을 공격해서 얻을 수 있는 것은 없다. 아직 서로의 평가에 민감한 그룹이라면 듣는 이를 배려하는 차원에서 공개적인 피드백은 피하는 것이 좋다. 급박하거나 다수에게 전달할 필요가 있다면 그 자리에서 간단히 피드백을 줄 수 있지만 개인의 감정을 보호할 필요가 있는 부정적인 피드백은 일대일로 하는 것이 좋다.

앞서 호통쳤던 상사 승준은 리더십 교육을 받고 자신의 말이 폭력적임을 인정하게 되었다. 이제는 소리치지 않고 공격적인 단어도 쓰지 않기로 했다.

승준: 민우씨 업무에 대해서 다른 팀원한테 불만 사항이 있다고 하니 보완하세요.

민우: 어떤 불만 사항인지 알 수 있을까요?

승준: 구체적으로 얘기하기는 좀 그렇고 스스로 고민해보면 좋겠네요.

민우: 정기적으로 팀원들에게 피드백을 받고 있는데 따로 의견이 없었습니다. 의견을 내신 분을 말씀하시기 어려우면 개선 방향만이라도 제시해주실 수 있을까요?

승준: 그건 곤란할 것 같네요. 스스로 잘 생각해서 개선하세요.

민우: ……

승준의 피드백에 민우는 마음이 갑갑해졌다. 호통을 친 것은 아니지만 상사는 내 업무에 문제가 있다며 지적했다. 그런데 무엇을 지적하는 것인지, 어떻게 개선할 수 있을지 알 방법이 없다. 구체적이지도 건설적이지도 않은 피드백이다. 호통칠 때의 공포감은 사라졌지만 그렇다고 존중받는 느낌이 들지 않았다. 존중과 배려를 느끼려면 피드백이 구체적이고 건설적이어야 한다.

피드백은 위에서 아래로만 향하는 것이 아니라 양방향으로 이뤄질 수 있어야 한다. 상사가 불가능한 마감 기한의 일을 요청했다고 생각해보자. 처음에는 '가능한 일이라 시켰겠지' 하며 일을 받았는데 하다보니 제대로 맞추기 어렵다는 것을 알게 되었다. 상황을 보니 기한 조정도 불가능하다. 상사가 원하는 질적 수준을 만족시킬 수도 없을 것 같다. 좋은 소리를 듣지 못할 듯해 피하고 싶더라도 적절한 시점에 피드백을 해야 한다. 문제점을 발견한 순간이 가장 적절한 시점이다. 자신이 관찰한 현재의 상황과 사실을 설명하고 가능한 대안을 제시하는 피드백을 한다. 이상한 지시를 내렸다고 찌푸린 얼굴을 해봤자 서로에게 도움이 되지 않는다.

민우: 다른 업무를 미루고 온전히 여기에 집중한다고 하더라도 절대적인 시간이 부족합니다. 부서 협조가 제시간에 이뤄질지

장담할 수 없습니다. 일단 담당자 확인이 늦어질 수 있으니 임시 방편으로 게시된 자료로 채워두고 비고란에 표시를 해두겠습니다. 나중에라도 업데이트된 정보가 확인되면 따로 전달드리겠습니다. 제가 생각한 방법은 이렇습니다. 혹시 팀장님이 김 팀장님 쪽에서 결론이 빨리 나도록 해주실 수 있다면 상황이 달라질 수도 있을 듯합니다만 기존 방식이라면 이 방법이 최선일 것 같습니다.

상사가 듣기 싫어하는 말을 피하는 것은 결과적으로 큰 문제를 발생시킬 수 있다. 1997년 대한항공 괌 추락 사고에서 부기장과 기관사는 착륙에 문제가 있다는 것을 알아차렸지만 기장에게 직접적으로 보고하지 못하고 간접화법으로 넌지시 얘기했다. 피곤한 기장은 이를 알아차리지 못하고 착륙을 강행하다 228명이 사망하는 사고를 냈다. 부기장이 기장을 무시하고 독단적으로 착륙을 중단해야 하는 상황이었지만 이를 실행하지 못했다. 많은 전문가가 군인 출신의 한국 조종사들은 상명하복 문화로 인해 아래에서 위로 소통하는 것이 어렵다는 점을 지적했다.

비슷하게 우리는 조용히 참는 것을 미덕이라고 생각하기 쉽다. 나만 잠자코 마음고생하면 상대가 나중에 알아차리고 고마워할 거라고 여기는 것이다. 하지만 피드백을 하면서도 동시에 상대를 배려해 기다려줄 수 있다. 담당 분야의 전문가로서 상황을 예측해 경고하거나 더 나은 안을 제안하는 것은 공동의 목표를 위해 중요한 일이다.

명확히 표현하지 않고 '말해도 소용없다'며 자포자기하는 것은 자신을 더 망가뜨린다. 제대로 표현하지 않고는 '역시 말해도 들어주지 않는다'며 오해한다. 불신의 악순환이 시작된다. 차라리 충분히 표현해야 실망해서 조직을 떠나더라도 자신에게만큼은 후회가 남지 않을 것이다.

(4) 역학관계, 책임과 권한, 욕구

역학관계를 쉽게 이야기하자면 누가 갑이고 누가 을인지를 뜻한다. 군대를 예로 들면 상관의 명령에 따라 부하는 작전을 수행한다. 상관은 전투와 관련해 더 많은 경험과 지식을 갖고 있으니 일반적인 상황이라면 그의 판단을 따르는 것이 부하에게도 유리하다. 일선에서 얻은 정보가 반대쪽 결정을 지지하더라도 상관의 판단과 결정을 따른다. 상관이 더 많은 경험과 정보를 가지고 우리 편에 유리하도록 종합적으로 판단했을 거라 생각하기 때문이다. 결과에 대한 책임도 그가 지므로 결정의 권한도 상관에게 있다. 전투에 승리하려는 그의 욕구에 맞춰 보고하고 수행하는 것이 부하의 의무가 된다.

이런 조직에서 동료는 비슷한 입장에서 고민을 나눌 수 있는 상대가 된다. 위치가 같기에 서로의 욕구는 동등하게 중요하다. 욕구가 충돌할 때는 서로 충분히 의견을 나눠야 한다. 사소한 부분은 동료를 위해 양보하기도 한다. 충분히 소통하고도 대립을 해소할 수 없을 때 상관에게 중재를 요청한다. 내 욕구를 해결하기 위해 작은 문제가 생기자마자 상관의 개입을 요청하는 것은 문제 해결에 효율적이지 않을뿐더러 인간관계도 망친다.

이렇게 상하관계가 명확한 조직에서 부하 직원은 마치 자녀같이 취급되기도 한다. 중요한 결정에 부하 직원의 의견도 참고하지만 전적으로 상관의 결정을 따른다. 받아들일 수 없는 요청에 대해서는 단호하게 피드백을 한다. 단호하다는 것은 화난 표정으로 호통치는 것과는 다르다. 표정은 부드럽지만 말의 내용을 통해 단호함을 전달할 수 있다. 정신건강의학과에서는 이런 태도를 온화하면서 단호한warm and firm 표현이라고 일컫는다. 이렇게 하면 부하 입장에서는 요청이 받아들여지지 않았을 뿐 자기 자신이 거부된 것은 아니기 때문에 관계를 유지하기에 유리하다.

민우: 요즘 팀장님께서 바쁘셔서 보고 드릴 시간을 만들기 어려운데 레벨 1(이 조직에서 정의한 가장 낮은 수준의 결정이 필요한 사안)의 문제가 발생하면 제가 직접 판단해서 처리해도 될까요? 결정이 미뤄지면 이어지는 업무가 지연됩니다.

승준: (인상을 찡그리며 호통친다) 당신은 그런 판단을 할 수 있는 수준이 아니잖아. 실수라도 해서 망치면 자네가 책임질 건가? 어디서 되지도 않는 소리를 하는 거야?

승준처럼 얼굴을 찌푸리고 화를 낸다고 해서 정보가 더 잘 전달되는 것은 아니다. 온화한 표정과 말투를 유지하는 것이 정보 전달에 유리하다. 화를 내는 것은 서로 같은 대상을 향할 때나 도움이 된다. 적군을 향해 함께 화를 내는 것은 문제없다. 말하는 사람과 듣는 사람이 같은 편에 서기 때문이다. 함께 같은 목표를 이루려는 팀이라는 관점에서 대화하면 불필요한 감정 소모를 줄일 수 있다. 이런 피드백에 익숙해진 상사는 가정에서 자녀를 대할 때도 관계를 잘 유지하며 원하는 행동을 얻을 수 있다.

> **명석:** (미소를 지으며) 그건 안 돼요. 적어도 이 프로젝트가 끝날 때까지는 절대로…… (장난스러운 톤으로) 안 됩니다. 이건 생각보다 복잡한 일이라 일이 밀리더라도 제가 판단하는 것이 낫습니다. 외주 제작소에서 시간을 많이 요구해서 걱정되는 거죠? 아, 걔네는 전에는 빠르게 처리해주더니 이제 배가 불렀나…….

민우가 일을 빨리 처리하고 싶은 욕구는 해결되지 않았다. 하지만 명석이 자신의 욕구를 이해하고 있다는 것을 알게 되었다. 내 욕구를 방해하고 있는 상황에 대해서도 함께 화내며 공감해주었다. 모든 상사가 명석처럼 현명하게 반응하지는 못할 것이다. 승준처럼 설명도 없이 화내는 상사의 피드백을 받았다면 욕구가 좌절되며 감정의 소용돌이를 겪게 된다. 책상에 앉아도 일이 손에 잡히지 않는다. 계속해서 마음이 복잡하고 생각이 정리되지 않아 남은 일 처리도 안 될 수 있다. 차라리 찬바람을 쐬거나 음료수를 마시고 와서 일하는 것이 낫다. 대화에서 쓸데없는 상처를 받았다는 것을 알아차리는 게 도움이 된다. 상사가 더 나은 대화를 할 줄 아는 사람이었다면 좋겠지만 그도 완벽하지는 않으니까. 대신 마음속에서 그의 대화를 평가하고 개선점을 생각해볼 수 있다. 혹시 그가 자신의 대화 방식을 개선하려는 순간이 온다면 피드백을 줄 수도 있다.

상관은 결정의 책임을 갖기 때문에 명확하게 표현해야 한다. 듣는 사람이 싫어할까 걱정해서, 혹은 내 결정이 틀리지 않을까 우려돼 책임을 회피하려고 모호하게 말하면 일이 해결되지도 않을뿐더러 책임을 피할 수 있는 것도 아니다.

> **종철:** (곤란해하며) 그래요? 후작업이 밀리면 그것도 곤란하긴 한데…… 그런데 자네에게 맡길 만한 일은 아닌 거 같기도 하고. 일정이 밀리는 것도 좋은 일은 아니니고. 방법이 생각나질 않네. 이거 잘 돼야 하는 일인데…….

종철은 민우의 요청을 승인하지도 거부하지도 않고 모호한 상태로 두었다. 민우가 얻은 것은 아무것도 없다.

예전에는 상관에게 보고하고 결정을 따르는 구조가 흔했다. 경험이 많은 사람이 전문 지식을 가지고 판단하는 일이 효율적이었기 때문이다. 그런데 현대로 올수록 역학관계가 복잡해졌다. 연차가 낮은 직원이 특정 분야의 전문 지식과 경험을 더 가진 경우도 있고, 고용주보다 고용인이 더 유리한 위치를 갖는 경우도 생긴다. 전통적인 상하관계가 점차 대등한 관계로 변해간다. 성실하고 센스 있는 아르바이트생이 그만두면 자신에게 손해가 생기니 점주는 아르바이트생의 입맛에 맞추기 위해 노력한다. 인터넷을 통해 정보가 빠르게 흐르는 세상이다. 장사가 잘되던 업체의 내부에 갑질이 만연한다는 소식이 알려지면 타격을 입는다. 고객도 끊기고 직원을 구하는 데도 애를 먹게 된다. 상호 존중이 없으면 비용이 증가하고 경쟁력이 떨어지는 것이다.

과거에는 나이, 직위, 고용관계 등으로 상하가 정해져 지시를 따라야 했다면 현재는 대등한 상태에서 협력하는 관계로 변한 것이다. 신분에 의해 무조건 지시를 따르는 경우가 사라졌다. 설명하고 설득하는 과정이 필수다. 시장에서 거래하는 사람의 입장과 유사해졌다. 예전에는 임금, 스승, 부모의 말씀을 무조건 따라야 했지만 이런 형태는 줄어들었다. 수요 공급에 따라 유리한 위치가 달라진다. 사려는 사람이 많다면 판매자가 갑이 될 때도 있다. 유리한 위치도 계속 변한다. 지금은 상대가 아쉬운 입장이지만 조금만 바뀌면 내가 아쉬운 입장에 처한다. 그러니 언제나 예의를 지키는 것이 중요하다. 친절하게 상대를 존중하며 책임감 있는 태도로 대화에 임해야 한다.

위치에 따라 결정의 권한과 책임이 달라진다. 결정권자는 그만큼 무거운 책임을 지게 된다. 필요할 때는 직접적인 지시와 명령을 내릴 수도 있다. 소방관이나 경찰관이 위급한 상황에서 "위험해, 비켜"라고 소리쳤다고 해서 비난받지는 않는다. 업무를 해내는 가장 효과적인 방법을 선택했기 때문이다.

책임을 지는 사람에게는 상대가 듣기 싫은 이야기를 해야 하는 경우가 생기기 마련이다. 재계약을 원하는 직원을 내보내야 하는 사장이라면 너무 늦지 않은 시점에 "더 이상 함께할 수 없다"는 말을 해야 한다. 어색한 상황을 피하기 위해 대화를 미룬다면 직원은 대비할 기회를 잃어버린다. 권한을 가진 사람일수록 늘 듣기 좋은 말만 할 수는 없다는 점을 명심해야 한다.

업무 관련 의사소통이 항상 근엄한 분위기로 이뤄질 필요는 없다. 장난감 회사에서 아이디어 회의는 전쟁터의 군대식 상황 보고와 분위기가 다를 수밖에 없다. 대화는 상황과 맥락에 맞게 다양한 형태로 진행되어야 한다. 책임 있는 결정을 책임과 권한을 가진 사람이 내린다는 점만 공통적이다.

2. 설득과 협상의 기술:
제안부터 거절까지

사람들이 집단을 이뤄 더 많은 가치를 창출하려면 활발한 거래가 이뤄져야 한다. 혼자 자기 집을 짓고 먹거리를 구하는 것이 비효율적이라는 사실은 아이들도 안다. 거래를 통해 사회의 부가 증가한다. 거래를 활발히 하려면 대화로 서로의 욕구를 조율할 필요가 있다. 거래가 가능하다는 것을 말로 하지 않고는 알 수 없으니 제안으로 거래를 시작해야 한다. 모든 제안이 조정 없이 수락될 리 없으니 협상에 에너지가 소모되는 것은 필연적이다. 그게 두려워 제안하지 않으면 거래는 이뤄질 수 없다. 받은 제안을 거절할 때도 다음 거래를 막지 않도록 상대를 배려해야 한다. 피치 못하게 약속을 지키지 못하면 사과를 잘해야 신뢰가 떨어지는 것을 방지할 수 있다. 정찰제 가격표를 보고 돈을 내는 것처럼 간단한 거래도 있지만 사람 사이에는 더 복잡한 거래가 많다. 기대와 다르면 갈등이 생기기 마련이다. 갈등은 서로의 관계에 따라 달라지기도 하고 상대의 성격에 따라서 영향을 받기도 한다. 심하면 상대가 착취적이라는 것을 깨닫고 '손절' 해야 하는 순간이 오기도 한다. 여행지에서 바가지를 쓰는 것은 한 번 있는 일이지만 지속되는 거래에서 일방적인 손해를 보는 것은 피해가 너무 커지기 때문이다.

앞서 성과 중심 조직에서의 의사소통 방법의 기본을 다뤘다면 여기서는 효과적인 의사소통을 방해하는 요소들을 극복하는 방법을 이야기한다. 각각의 대처는 결국 더 많은 거래를 효율적으로 수행해서 더 좋은 가치를 창출하려는 목적을 도와주는 도구들이라고 생각하면 좋다.

(1) 제안과 협상

제안할 때는 상대와 나의 욕구를 감안해 서로에게 이득이 되는 방향을 제시한다. 내가 예상한 상대의 욕구가 완전히 틀릴 수도 있다. 예상된 가치보다 큰돈을 주겠다고 해도 절대 팔지 않겠다는 사람도 있기 마련이다. 그것은 그의 권리이기 때문에 존중해야 한다. 단칼에 거절하진 않았지만 상대가 다른 요구를 하며 역제안을 할 수도 있다. 이 과정을 통해 거래의 조건이 조율된다. 서로의 입장을 이해하고 조건이 조정되어 양쪽 다 만족하면 협상은 성사된 것이다.

예를 들어 대형 마트에서 손님은 표시된 가격을 보고 살지 말지만 정할 수 있다. 마트 사원에게는 가격을 조정할 권한이 없기에 제안할 필요도 없다. 하지만 중고거래는 다르다. 개인 판매자는 빠르게 팔기 위해 가격 조정이 가능하다는 제안을 먼저 하기도 한다. 가격 협상에 시간을 뺏기기 싫은 판매자는 판매가 잘 안 되면 알아서 낮출 테니 현재는 협상을 받지 않겠다고 하는 경우도 있다. 이런 상대를 무시하고 같은 제안을 반복한다고 해서 거래가 성사되는 것은 아니다. 이는 남을 괴롭히는 무례한 행동이다. 하지만 같은 판매자에게 동시에 여러 물건을 산다면 판매자도 시간을 아끼게 되니 이를 설명하며 구매자 자신에게 유리한 제안을 해볼 수 있다. 이것을 수락하거나 거절하는 것도 판매자의 권한이다.

인턴십 자리를 구하는 대학생을 생각해보자. 대기업 공채 담당자가 말단 직원이라면 그에게는 공고된 자리 외에 다른 포지션을 선발할 권한이 없을 것이다. 그의 다른 행정 업무 중 작은 부분일 뿐이라면 그에게는 정보 안내 이상의 결정 권한을 기대하기 어려우니 그를 통해서는 없던 인턴 자리가 만들어질 확률은 높지 않다. 반면 스타트업이나 대학원 연구실 같은 작은 조직은 다르다. 회사나 연구실 홈페이지에 인턴 모집 공지가 간혹 있기도 하지만 안내도 대기업에 비해 대체로 자세하지 않다. 없는 경우가 더 많다. 그런데 공지되지 않은 인턴십 기회를 요청해서 얻기에는 이쪽이 더 쉽다. 큰 조직이 아니다보니 공지를 챙겨서 할 필요가 없기 때문이다. 학생이 그 조직을 파악하고 자신이 경험하고 싶은 것과 기여할 수 있는 부분을 잘 정리해서 제안한다면 상대가 판단하기 쉽다. 상대측에서는 지원 경비, 업무 공간 등의 비용을 고려하면서 당장 도움이 되는 인력으로 활용하거나 향후 안정적으로 인재를 채용할 기회라는 이점을 생각하며 판단하게 된다. 그러니 상대가 가진 권한과 그에게 발생하는 손해 및 이득을 고려하며 제안하는 것이 수락될 확률을 높일 수 있다.

졸업 요건을 채우기 위해 인턴십 기회를 요청하는 학생과 교수님의 대화를 참고해보자.

학생: 부탁드릴 것이 있어요. 졸업 후에 전혀 다른 일에 도전할 생각인데 그 준비도 방학 중에 하고 싶습니다. 그런데 졸업 요건에 인턴십 학점이 필수거든요. 우리 학교에서 할 수 있는 연구실 중에 그래도 조금 관련이 있거나 경험해보고 싶었던 분야가 교수님 연구실이라 인턴십을 지원하려는데 가능할까요?
교수: 그럴 수 있죠. 모두가 대학원에 진학하는 것도 아니고 교육의 기회를 제공하는 것도 교수가 해야 할 일이니까요. 하지만 계속 진학해서 프로젝트를 이어갈 학생처럼 대학원 선배가 옆에 붙어서 하나씩 알려줄 수는 없을 겁니다. 대신 프로젝트 회의를 참관하고 연구실과 관련된 논문을 읽고 발표해서 인턴십 리포트로 제출하는 것은 어떨까요?
학생: 네, 그 정도는 충분히 할 수 있을 것 같습니다. 제 상황을 고려해주셔서 감사합니다.

반대로 대학원 진학을 원해서 많은 경험을 하고 싶지만 용돈을 벌 시간도 필요한 상황을 생각해보자.

학생: 방학 때 참여하기로 한 인턴십에 대해 요청드릴 것이 있습니다. 부모님 부담을 덜어드리고자 아르바이트도 구할까 하는데 자리를 가끔 비워도 괜찮을까요?
교수: 전체 회의 시간과 프로젝트 회의 시간은 조정하기 어려우니 그 시간만 피하면 될 것 같아요. 그런데 어떤 아르바이트를 구하나요?
학생: 월세에 보태려는데 ○○만 원 정도만 벌면 될 것 같습니다. 과외를 구하기는 힘든 시기라 카페나 편의점 파트타임을 알아보려고 해요. ○○시간 정도 일하면 ○○ 정도 받을 수 있거든요. 오가는 시간을 많이 뺏기는 것은 싫어서 조건이 좋은 도심까지는 못 갈 것 같아요.
교수: 아, 그러면 차라리 다른 프로젝트에 A 선배가 하는 일을 조금 도와주고 연구 인건비를 받는 것은 어떨까요? 금액도 비슷하고 오가는 것까지 생각하면 시간 소요는 비슷할 것 같네요. 그 프로젝트에 대해 들어봤죠? 그 경험이 나중에 도움이 될 수도 있고요.
학생: 아, 그걸 선배가 다 직접 하려는 것은 아니었나보네요. 좋은 기회인 것 같습니다. 한번 선배랑 상의해보고 알려드려도 될까요?
교수: 네. 얘기해보고 결정하세요. 혹시 하지 않게 되더라도 선배

가 다른 아르바이트생을 뽑을 때 참고가 될 것 같네요.

내 입장과 타인의 입장을 이해하고 서로의 욕구를 검토한다. 상대를 존중하며 수용할 수 있는 것과 없는 것을 확인한다. 이 과정을 제안과 협상으로 반복하며 결론을 맺는다. 대화 도중 예상하지 못했던 유용한 결과를 얻을 수도 있다. 적어도 서로의 입장을 충분히 확인할 수 있으니 억울한 감정을 갖게 되는 일은 피할 수 있다. 예를 들어 확신이 들지 않는 상황이라면 일의 크기를 줄여서 시험 삼아 시작해보자는 제안을 하는 것도 좋다.

상대가 내 제안을 거절한 것은 '나'라는 사람에 대한 거부가 아니다. 상대의 사정 때문이든 내 제안이 마음에 들지 않았기 때문이든 '제안'에 대한 반응일 뿐이다. 제안이 성사되려면 어떤 것을 보충하는 게 좋을지 질문하는 방식도 자신의 성장에 도움이 된다. 적극적이라는 인상도 남길 수 있다. 이를 이해하면 우리는 소통이라는 거래를 다양하게 활용해 원하는 것을 더 쉽게 얻을 수 있다. 사회에서 거래가 많이 이루어질수록 부는 증가한다. 국가 간 무역처럼 말이다. 그런데 거래를 하기 위해서는 신뢰가 밑받침되어야 한다. 사람 사이의 신뢰는 좋은 대화에서 출발한다.

(2) 거절 잘 하는 법

업무 상황에서는 강요에 가까운 지시부터 완곡한 권유까지 다양한 형태로 제안을 받는다. 이때 이를 받아들일지 말지는 듣는 이가 선택할 수 있다. 선택으로 인한 책임은 본인이 져야 하지만 그렇다고 언제나 제안을 받아들여야 하는 것은 아니다. 한때 '열정페이'가 주요 뉴스에 올랐다. 만약 우리가 거절하는 방법을 잘 알았다면 이런 사회 문제는 발생하지 않았을지도 모른다. 사회 초년생뿐 아니라 유명인도 '재능 기부'를 강요받아 힘들다는 이야기가 나온다. 마치 거절하면 안 되는 것처럼 느끼는데 이럴 때는 어떻게 대응하는 것이 좋을까?

대화에 자신이 없다면 "죄송하지만 안 됩니다"라며 짧게 거절하는 방법이 차선책일 것이다. 하지만 단칼에 거절했다며 미움받을 여지를 줄 수 있다. 약간 여유가 있다면 본인 사정을 이야기하고 최대한 조율하려 노력한 후 어쩔 수 없이 거절하는 상황이 되는 것이 좋다. 우선은 자신을 찾아준 것에 대해 감사하다고 말한다. 상대의 의도에 동의한다면 지지를 표할 수도 있다. 시간이나 급여 등의 조건이 맞지 않는다면 거절하는 이유를 구체적으로 이야기하는 것이 대화를 부드럽게 만들어준다. 상대를 이용하려는 사람도 있을 수 있지만 잘 모르는 채로 연락했을 수도 있다. 자기 입장에서 맞추기 어려운 부분을 설명하는 것이 먼저다. 조건이 충족되는 기회가 생긴다면 다시 연락해주길 바란다고 말하자. 비록 지금의 제안은 거절하지만 최선을 다했다는 것을 상대도 느끼게 된다.

업무 분야가 맞지 않아 거절하는 것은 상대적으로 설명하기 쉽다. 하지만 사람들은 보통 금액이 맞지 않을 때 거절하는 것을 어려워한다. 특히 요청하는 사람이 "돈 얘기는 나중에 하면 된다"며 미룬다면 주의해야 한다. 이런 때는 "정확한 금액을 말씀하기 어려운 점

이해합니다. 대략의 범위라도 알 수 있을까요?"라고 물어볼 수 있다. 제안하는 사람도 정확한 금액을 알기 어려운 경우가 있지만, 아예 논의를 피한다면 그 의도를 짐작해봐야 할 것이다.

상대가 무례하게 부탁하더라도 평소처럼 예의를 갖춰 거절하는 것이 낫다. 상대의 예의 없음에 똑같은 태도로 응하면 평판을 잃을 위험이 있기 때문이다. 미국의 전 영부인 미셸 오바마는 "그들은 저급하게 가도, 우리는 품위 있게 가자When they go low, we go high"라고 말했다. 모두가 상대를 싫어하는 상황이라면 이런 문제가 없겠지만 예의를 갖춰 대한다고 손해 볼 것은 없다. 오히려 잘 대처했다며 당신을 더 좋게 평가할 것이다.

만약 내가 예의를 지키고 있는데도 반복해서 무리한 요구를 해오는 사람이 있다면 어떻게 해야 할까? 계속 참는 것이 나을까? 내 일과 내 주위 사람들을 지키는 것 또한 자신의 책임이다. 내 가게의 아르바이트생에게 계속 무례한 요구를 하는 손님을 가정해보자. 예의를 갖춰 경고한 후에도 상황이 되풀이되면 업무 방해로 신고하거나 신고를 하겠다고 경고하는 등 수위를 높일 수 있다. 잃는 것은 한 번의 매출일 뿐이다. 아르바이트생의 업무 의욕이나 매장 분위기를 망치는 손해보다는 적을 것이다.

비즈니스 세계에서는 거래처 대표를 만나는 식사 자리에서 상대가 웨이터를 대하는 매너를 잘 관찰하라는 '웨이터의 법칙'이 있다. 식당 직원이나 비서를 대하는 태도를 보며 상대가 파트너로 적합한지 예상하는 것이다. 특히 상대의 작은 실수에 대해 함부로 대하는 사람이라면 조심해야 한다. 내게는 당장 얻을 게 있기 때문에 조심하고 있지만 상황이 좋지 않을 때는 돌변할 수 있는 사람이라는 것이다. 지금 거래가 마무리되는 일이라면 문제없지만 지속해서 협력해야 한다면 어려움이 예상된다. 단시간에 끝나는 일이 아니라면 어느 순간에는 내가 약자의 위치에 놓일 수도 있기 때문이다. 사람은 비슷한 상황에서 비슷한 행동을 하기 마련이므로 웨이터를 대한 태도가 나에게도 반복될 가능성이 높다.

진료실에서 어떤 제안도 거절하지 못해 번아웃되어 오는 사람들을 가끔 만난다. 참고 견디는 것을 강조한 부모님의 영향을 받은 사람도 있고, 비현실적으로 이상적인 모습에 자신을 끼워 맞추려 노력하다가 소진되는 사람도 있다. 주변의 요청을 모두 들어주며 타인의 칭찬에 의존하다가 정작 자신을 잃는다. 이와 반대로 모든 제안이나 요청에 적대적인 내담자도 있다. 이 경우는 주변에 대한 불만이 가득하지만 상대에게 맞추려고 에너지를 소모한 것은 아니다. 적절한 기준을 마련하기 위해 비슷한 역량을 가지고 비슷한 업무를 하고 있는 사람들과 비교하는 것이 좋다. 자신이 버티기도 힘든데 주변에서 "너무 다 하려고 애쓸 필요 없어"라는 평을 듣는다면 무리하고 있다는 반증이다.

수연은 선배에게 다른 프로젝트에 추가로 참여하자는 제안을 받았다. 업계에 새로운 기술이 적용되는 일이고 자신도 관심이 많았던 분야다. 함께 일해본 경험도 즐거웠다. 성격도 잘 맞는다. 하지만 현재 맡고 있는 일이 너무 많아 무리라고 판단했다.

수연: 그 프로젝트는 꼭 참여하고 싶었는데 안 되겠어요. 벌써 일정이 다 차버렸어요. 선배도 좋은 기회라고 생각해서 소개해주셨을 텐데 안타깝네요. 다음 기회에는 꼭 같이 해보고 싶어요. 추천해주셔서 고마워요.

(3) 사과하기, 책임 인정하기

자신의 결정이나 행동으로 타인에게 피해를 주게 되었을 때 사과해야 한다는 것은 모두가 알고 있다. 하지만 직장에서 사과를 하면 자신이 무능해 보일까봐 걱정되어 주저하게 된다. 위축된 모습으로 과도하게 '미안해'를 남발하며 맡은 일을 제대로 하지 못하는 사람을 보다 생긴 착시다. 실제로 우리는 정확하게 사과할 줄 아는 사람을 더 신뢰하게 된다. 얼렁뚱땅 넘어가는 사람과 일하는 것보다 더 만족스럽다. 상대의 기여와 자신의 실수를 있는 그대로 받아들이고 더 나은 방향으로 발전시키는 사람이기 때문에 믿고 협력할 수 있게 된다.

올바른 사과는 어떻게 해야 할까? 미국 오하이오주립대 경영대학의 로이 르위키 교수는 여섯 가지 사과 요소를 평가해 많은 요소가 포함될수록 효과가 커지는 것을 보여주었다.[1] 각각의 요소는 중요도의 차이를 보였는데, 가장 중요한 요소는 '책임의 인정'이었다. 자신에게 책임이 있는 일을 제대로 해내지 못했음을 인정하는 것이다. 두 번째로 중요한 요소는 '보상 방안 제시'다. 피해를 복구하기 위한 실질적인 방법을 제시하는 것이다. 그다음은 '후회 표시' '잘못이 발생한 과정 설명' '뉘우침과 재발 방지 선언'으로, 셋은 비슷한 효과를 보였다. '용서 구하기'는 가장 효과가 낮았다. 책임을 가진 사람으로서 자기 잘못을 인정하는 것이 가장 중요한 요소임을 기억해야 한다.

드라마 「이상한 변호사 우영우」에서 주인공의 상관인 정명석 변호사는 책임 있는 모습으로 많은 시청자의 사랑을 받은 캐릭터다. 극 초반에 그는 로펌 대표가 자폐를 앓고 있는 신입 변호사를 자신에게 배정하자 선입견을 가지고 거부하는 태도를 보였다. 주인공에게 큰 기대가 없었기에 간단해 보이는 사건을 맡기며 집행유예가 예상되니 그렇게 진행되게 하라고 지시했다. 그러다 경험이 많지 않은 주인공이 자신이 지시한 방향과 다르게 무죄를 주장하자고 제안하자 떨떠름한 표정을 지었다. 하지만 주인공의 설명을 모두 듣고 나서는 자신이 중요한 쟁점을 놓쳤다는 것을 이해하게 되었다. 그는 명확하게 자신의 판단과 지시에 허점이 있었음을 인정하며 사과했다.

명석: 아……. 잘했네, 잘했어요. 숨겨진 쟁점을 잘 찾았어. 이런 건 내가 먼저 봤어야 되는데 내가 생각이 짧았네.

이어지는 대화에서도 명석은 주인공이 일을 잘 처리할 수 있도록 도움을 주려다 장애에 대한 편견이 드러나는 말을 하고 다시 실수를 인정한다.

명석: 아 저기 그 병원 가야 되지? 직원 붙여줄 테니까 같이 갔다 와. 외부에서 피고인 피해자 만나는 거 어려워. 그냥 보통 변호사

한테도 어려운 일이야.

영우: 네. 알겠습니다.

명석: 미안해요.

영우: 네?

명석: 그냥 보통 변호사라는 말은 좀 실례인 거 같다.

영우: 아, 괜찮습니다. 저는 그냥 보통 변호사가 아니니까요.

주인공은 명문대 로스쿨을 수석 졸업하고 변호사 시험에서도 고득점을 받았지만 장애로 인해 그를 받아주는 로펌이 없었다. 사람들이 자신에게 가진 선입견을 지속적으로 느끼면서도 그것을 인정하고 사과하는 사람을 만나지 못했을 것이다. 명석은 '그냥 보통 변호사'라는 표현이 차별적으로 느껴질 수 있다는 것을 인정했다. 스스로도 어떤 표현이 올바른지 모르기에 '실례인 거 같다'고 솔직하게 표현했다. 주인공은 이 사과를 만족스럽게 받아들일 수 있었고 더 좋은 리더-팔로어 관계를 만들 수 있었다. 극 중반부에서는 다른 부서의 리더가 명석의 팀원들로 인해 비싼 고객을 놓치게 되었다고 비난하며 소리치는 장면이 나온다. 명석은 결정을 자신이 했으니 책임도 자신에게 있다며 그에게 사과하고 팀원들을 감싸주었다. 주인공은 상사를 더 신뢰할 수 있었고 일에도 더 열정을 가질 수 있었다.

책임을 인정하는 것은 쉬운 일이 아니다. 한 번의 행동이 아니라 자기 자체가 부족하다고 말하게 되는 것처럼 착각하기 때문이다. 책임을 인정하지 않고 회피하려다 대화는 꼬인다. 일도 진행되지 않고 관계도 망치는 것이다.

인철: 요청드렸던 구매 건은 오늘 마감이니 서류 챙겨서 전달해 주세요.

찬홍: 아, 깜빡했네요. 대신 처리해주세요.

인철: 놓치실까봐 지난주에도 공지 한번 드렸는데요. 갑자기 그렇게 넘기시면 곤란합니다.

찬홍: 제가 놓친 것도 맞지만, 마감일까지 구매가 안 되고 있다는 걸 알면서 한 번 더 체크 안 한 인철씨한테도 잘못이 있는 것 아닌가요?

여기서 찬홍이 자기 잘못을 온전히 인정하지 않으려다 대화는 엉뚱하게 흘러갔다. 결국 인철이 대신하게 되더라도 협조적인 관계를 지속하기는 어려울 것이다. 같은 상황에서도 대화는 다르게 흐를 수 있다.

인철: 요청드렸던 구매 건은 오늘 마감이니 서류 챙겨서 전달해 주세요.

찬홍: 아, 깜빡했네요. 미안하지만 제가 오늘은 다른 업무가 급해서 대신 처리를 좀 부탁드려도 될까요?

인철: 놓치실까봐 지난주에도 공지 한번 드렸는데요. 갑자기 그렇게 넘기시면 곤란합니다.

찬홍: 네, 기억나요. 제가 챙겼어야 하는데 미안합니다. 갑작스럽지만 오늘 건은 양해 부탁드려요. 다음 주 제품 출시로 제가 요즘 정신이 없네요. 혹시 또 비슷한 일이 생길 수 있으니 출시 때까지만 제 몫도 검토 부탁드립니다. 다음부터는 이런 일이 없도록 대비하겠습니다. 고맙습니다.

인철에게 기분 좋은 대화는 아니지만 앞의 사례보다는 나을 것이다. '내가 챙겼어야 했는데 그러지 못했다'는 책임을 인정하는 내용이 더 빨리 나올수록 좋다.

어쩌다 한번 보는 관계가 아니라면 사과를 회피하는 방식으로 내 잘못이 아닌 척 은근슬쩍 넘어가기 어렵다. 자신이 맡은 책임을 다 하지 못하고 실수를 했다면 감추려고 애쓰기보다는 솔직하게 인정하는 것이 더 책임감 있어 보인다는 사실을 명심하자.

(4) 갈등 해결

사회에서 인간관계가 항상 협력적인 것은 아니다. 상대방이 일방적으로 약속을 지키지 않아 화가 날 때도 있고 서로 기대치가 달라 문제가 일어나기도 한다. 배경 지식이 다르거나 오해가 생겼을 수도 있다. 이때는 각자 감정을 추스르고 건설적인 방향으로 업무를 조정할 필요가 있다. 화를 내며 쏘아붙인다고 해서 원하는 대로 일이 진행되진 않는다. 3장에서 배운 대로 감정을 인식하고 상대에게 잘 전해야 한다. 직장에서도 같은 원칙을 따른다. 관찰한 사실과 자기감정을 잘 구분해서 표현하는 것이다. 혹시 자신이 상대를 오해하지 않았는지 확인하며 독심술의 오류에 빠지지 않아야 서로를 이해하기 좋다. 이런 사적인 대화에서 갈등을 줄이는 원칙에 더해 조직의 목표를 중심으로 대화하는 것이 추가된다. 건강한 관계와 함께 좋은 성과도 이뤄내야 하기 때문이다.

사무실에서 업무에 방해되지 않도록 사적인 통화는 복도에서 하기로 규칙을 정했다고 가정해보자. 김 대리의 통화가 길어졌다. 농담도 하고 웃으면서 목소리가 조금 크게 들렸다. 그때 박 대리는 외국에서 온 전화를 받고 있었다. 상대국 담당자의 억양과 통신 품질 때문에 집중하는 상황에 방해를 받았다. 통화를 끝내고 박 대리가 김 대리를 째려본다고 해서 상대의 행동이 '알아서 잘' 교정되지는 않을 것이다. 전달을 방해할 변수는 너무 많다. 박 대리는 대화를 시도하기로 마음먹었다. 다짜고짜 "사무 공간에서 예의가 없네"라며 지적하는 행위가 좋지 않다는 것은 이미 배웠다. 이때 상대방을 비난하지 않으면서 갈등을 해결하는 데는 어떤 것이 필요할까? 먼저 사실 중심의 구체적인 상황을 언급한다. 사실과 분리해 자신이 느낀 감정적 어려움을 얘기한다. 상대에 대한 부정적 평가로 대화를 시작하면 상대도 나에 대한 호의를 잃는다. 나와 같은 편에 서서 상황을 개선하겠다는 목적을 갖게 되면 구체적으로 나의 요구를 설명하며 함께 대안을 찾는다. 이렇게 생각을 정리하고 대화를 시작하는 것이 원하는 바를 얻는 데 유리하다.

박 대리: 아까 김 대리님이 전화를 받고 있었잖아요. 저는 외국 거래처랑 화상 회의 중이라 영어를 신경 쓰며 듣고 있었거든요. 수치를 모니터로 확인하며 들어야 해서 밖으로 나갈 수 없었어요. 외국분이 억양이 독특해서 놓칠까봐 집중하고 있었거든요. 혹시 실수하면 어쩌나 신경 쓰여서 예민해졌어요.

김 대리: 아, 그랬군요. 그런 상황인 줄 몰랐어요. 미안해요. 사적인 전화는 밖에서 받기로 했던 것 저도 기억하는데 깜빡했네요. 그런데 아까 통화를 개인적인 것으로 오해할 수도 있겠어요. 그건 팀장님과 만났던 거래처 최 사장님 전화였어요. 팀장님이 계약이 잘 진행되게 신경 쓰라고 하셔서 최 사장님이 사적인 얘기를 하실 때 맞장구쳐드린 거예요. 주변을 신경 쓰지 못했네요. 휴대폰 통화니까 밖으로 나갔어도 됐는데……. 혹시 장부를 확인하거나 팀장님을 연결해드려야 할까 싶어서 계속 사무실에 있다 보니 더 방해가 되었네요.

박 대리: 아, 그런 상황이었군요. 저도 오해했어요. 일반 통화가 아니었네요. 설명해줘서 고마워요. 해외 통화 품질 때문에 잘 들리지 않아서 장비 교체를 요청할까 싶다가 그럴 정도까지는 아닌 거 같았어요. 혹시라도 제가 급히 필요하면 수신호를 할게요. 손짓으로 무례하게 지시한다고 오해하지 않았으면 좋겠어요.

김 대리: 네, 알았어요. 급하면 손가락으로 가리킬 수도 있죠. 우리 팀 일이 잘되도록 저도 도와야죠. 잘 설명해줘서 고마워요.

위의 예시처럼 두 사람이 기준에 합의할 때는 갈등 조절이 쉬워진다. 하지만 칼같이 나누기 어려운 상황도 생긴다. 가령 직업에 따라 복장 문화가 있지만 사람마다 해석이 조금씩 다를 수 있다. 냄새처럼 보이지 않는 것들은 기준을 만들기가 더 어렵다. '옅은 향수는 괜찮다'는 규칙이 있어도 어떤 사람은 샴푸나 섬유유연제 냄새조차 싫어할 수 있다. 감사실이나 법원에서 정해달라고 할 수도 없는 노릇이다. 구성원의 합의를 통해 정하는 것이 최선이다.

잠시만 함께하는 임시 조직이라면 세세한 부분까지 맞추느라 에너지를 쓸 필요가 없을 수도 있다. 잠깐 참고 넘기는 것이 더 효율적일 수 있다. 반대로 긴밀한 위치에서 장기간 함께하는 조직이라면 조직 내 갈등을 모른 척 넘기는 것이 더 비효율적이다. 최대한 조율하고 서로를 인정하는 것이 낫다. 조직을 떠나는 결정을 하게 되더라도 충분히 노력했다는 점이 서로에게 후회를 덜 남긴다.

호의적인 분위기를 만들기 위해 공적인 관계에서도 서로의 감정을 아껴주는 것이 도움이 된다. 미안하다는 말과 고맙다는 말을 적재적소에 사용하면 관계를 망가뜨리지 않으면서 내가 원하는 것을 얻을 수 있다. 갈등이 생긴 뒤라도 현재의 감정을 회복하고 미래의 충돌을 방지하는 건설적인 대화가 가능하다.

충돌이 예상되는 일이라면 이야기해두는 것이 유리하다. 예를 들어 대학원에서는 함께 논문을 작성한 연구자들이 공동 제1 저자가 될 것인지, 한 명이 단독 제1 저자가 되고 다른 쪽이 공저자가 될 것인지 미리 정하는 것이 좋다. 하지만 완벽하게 예측하기는 어렵다. 수

집한 데이터와 분석에 따라 논문이 몇 편 출판될 것인지는 달라지기 때문이다. 그렇다고 완벽하게 예상될 때까지 결정을 미루는 것도 좋지 않다. 변하는 상황에 대응하며 큰 원칙부터 정하고 변수가 생길 때마다 조정하는 것이 최선이다. 불확실한 것은 불확실한 상태 그 자체로 소통할 필요가 있다.

부탁과 사과를 잘 받아들이고 완벽하게 정리되지 않은 정보로도 소통할 수 있는 관계가 되려면 평소에 서로 호의적이도록 노력해야 한다. 업무의 성취뿐 아니라 사적인 일에 대해서도 축하와 응원을 해주는 사람이라면 그의 부탁이나 사과를 받아들이기가 쉬워진다. 심지어 내게 불만을 드러내는 상황에서도 공감을 표현할 수 있다.

정신건강의학과에서 이뤄지는 의사와 환자의 대화를 살펴보자.

환자: 선생님, 너무 힘들었어요. 선생님이 바꾸신 약을 먹었더니 엄청 졸렸어요. 낮잠을 많이 잔 것도 아닌데 밖에도 잘 안 나갔더니 정작 잘 시간에는 빨리 잠이 안 오고. 또 잠들면 아침에는 일어나기 힘들고. 그렇다고 힘든 생각이 없어진 것도 아니고요.

의사: 네, 그랬군요. 몸이 마음대로 움직여지고 기분도 금방 나아지면 좋았을 텐데 그렇게 되지 못해서 속상했겠어요.

환자: 맞아요. 그렇다고 비관적인 생각이 안 나는 것도 아니고요. 언제까지 이럴 건지. 이 나이에 이러고 있어도 되나 싶고.

의사: 부담을 많이 느끼시는 것 같네요. 가족이나 저하고도 지금은 조금 힘든 때라는 것을 인정하고 차근차근 해보자고 이야기

나눴었는데. 그래서 약을 조정하는 동안에 부작용으로 조금 졸릴 수도 있고, 적응되면 부작용이 나중에 사라질 수 있으니 차라리 충분히 자고 가능할 때만 활동을 늘려보자고 했던 거예요. 마음이 급해지니 더 힘들게 느껴지나봅니다.

환자: 네, 마음도 괜히 급해져요. 급한 마음이 더 안 좋다고 얘기를 들어놓고도 제 마음대로 되질 않네요.

환자가 자신의 힘든 상황을 얘기하다보니 자칫 상대인 의사를 탓하는 것처럼 들릴 수도 있다. 이때 의사는 이미 얘기했던 부작용이고 상대도 합의했던 바라며 방어적이 되기 쉽다. 자신을 변호하듯 이전 차트에 적힌 내용을 확인해준다고 해서 환자의 마음이 나아지거나 행동을 바꾸지는 않을 것이다. 의사가 상대의 어려움에 공감한다고 해서 자신이 무능한 사람이 되는 것은 아니다. '내가 부작용을 의도한 것은 아니다'라고 강조할 필요도 없다. 만약 부작용 설명을 이미 했다며 대응하기 시작한다면 대화는 엉뚱한 방향으로 흘러갈 수 있다.

자기 잘못이 아님에도 공감을 표현하는 것은 꼭 마음이 아픈 환자에게만 필요한 일이 아니다. 좌절을 경험한 사람 모두에게 응용할 수 있다. 입시에서 원하는 결과를 얻지 못한 학생이 푸념을 늘어놓을 때 선생님이 결과를 책임져야 하는 것은 아니다. 제품에 불만을 가진 고객이 AS센터를 방문했을 때 "더운 날 무거운 물건 들고 방문하느라 힘드셨겠어요"라고 말한다고 해서 자신의 잘못을 인정하는 것은 아니다. 서로의 상황에 공감하는 표현을 통해 우리는 일이 더 잘 진행되도록 할 수 있다.

(5) 공과 사, 그리고 그 사이

사회생활에는 공과 사를 잘 구분하는 것이 필요하다는 말을 자주 듣는다. 공적인 자리에 사적인 감정이 얽혀 문제가 생기는 경우를 자주 접하기 때문일 것이다. 그런데 이 둘이 칼같이 나뉘지는 않을 것이다. 친구끼리 공모전을 준비했다가 잘 풀려 창업했다고 해서 친구관계가 사라지는 것은 아니기 때문이다. 반대로 회사에서 만난 사람끼리 업무가 아닌 공통 관심사를 발견하고 친구가 될 수도 있다. 이직 후 더 이상 동료가 아닌 상황에서 개인적인 이야기를 나누고 우정을 쌓기도 한다. 핵심은 공적인 대화가 필요한 상황에서 공적으로 대하는 '모드의 전환'일 것이다.

사내 연애는 난도가 더 높다. 어떤 조직에서는 사내 연애를 금지한다고 공공연하게 말하기도 하지만 사생활이 과도하게 제한되는 단점이 있다. 공사를 잘 구분하는 커플이라면 일과 외 시간에도 업에 대한 비전을 나누거나 일상에서 문득 생각난 창조적인 아이디어를 나누며 생산성 확장으로 이어지기도 한다. 사적인 감정 자체가 문제는 아니다. 공적인 상황에서 이를 어떻게 적용하는지에 따라 달라진다. 사내 연애 중 사적 감정으로 공적인 규칙을 깨뜨리거나 연인관계가 깨진 후 공적으로 협력하지 못하는 사람의 태도가 문제이지 그런 관계 자체가 문제는 아니다.

사적인 관계에 있던 사람과 우연히 공적인 관계에 놓일 때도 있다. 학교나 군대에서 선후배 관계였던 사람을 직장에서 다시 만날 때가 그렇다. 상하관계가 역전되기도 한다. 반가울 수도 있지만 과거의 좋지 않은 감정이 남아 있을 수도 있다. 양쪽 다 공적 관계를 잘 다룬다면 특별한 조율 없이도 맡은 일에 집중하며 협력할 수 있다. 하지만 어느 한쪽이라도 그렇지 못하다면 관계를 명확히 정립하는 것이 좋다.

준호의 팀에 신입 사원이 배정되었다. 그런데 어디서 많이 본 듯한 얼굴이다. 팀장님이 부서원들을 소개하는데 그가 나서서 내 이름을 이미 안다고 말한다. 군대에서 내 선임이었다는 것이다. 그러고 보니 잠깐 같이 지내다 전역한 자신보다 어린 선임이라는 것이 기억났다. 부서원들에게 활발히 말 거는 모습이 크게 방해가 되진 않았지만 나한테 지나치게 아는 척을 하는 것 같기도 하다. 특별히 나를 나쁘게 대한 기억은 없지만 그렇다고 잘 챙겨주거나 반가워할 기억도 딱히 없다. 새 팀원이니 잘 지내고 싶은 마음도 없진 않았다. 떠들썩한 인사가 끝나고 둘만 있을 때 대화를 이어가다보니 말투가 상황에 어울리지 않는다는 느낌이 들었다. 나를 존중하지 않는 것은 아니지만 직장 내에서 적합한 말투가 아니었다. 특히 오늘은 협력사 사람들이 방문하는 날이라 바쁘기도 해서 더 신경이 쓰였다.

준호: 저도 오랜만에 만나서 반가워요. 우리 언제 퇴근하고 식사라도 할까요? 그런데 오늘은 외부 사람들도 올 거라 혹시 오해가 생길 수 있으니 좀더 공식적인 말을 써줬으면 좋겠어요. 공식

적인 야근이나 회식은 없는데 갑자기 팀장님이 협력사와 간단히 식사를 하자고 하실 수도 있고요. 그때도 편안한 분위기가 되더라도 공식적인 말투를 유지해주세요. 그게 우리 팀에 좋을 것 같네요.

사적 관계가 어그러져 조직 내에 문제를 일으키는 경우가 있다. 연인 관계나 친구관계가 깨지면 좋은 얼굴로 대하기가 쉽지 않다. 사적인 문제를 공적인 상황에 끌고 오지 않는 것이 필요하다. 하지만 누구나 할 수 있는 일은 아니다. 자신의 업무에 큰 영향을 미친다면 리더에게 도움을 청하는 것도 한 가지 방법이다. 리더는 팀원들이 좋은 성과를 내도록 상황을 관리할 수 있기 때문이다. 리더와 함께 껄끄러운 상황을 줄이도록 업무를 조정하는 것도 생각해볼 수 있다. 리더는 멘토가 되어 사적인 어려움에도 조언해줄 수 있다고 제안하는 것도 가능하다. 하지만 상대가 원하지 않을 때 개인적인 일을 자세히 물어보면 반감이 들 수도 있다는 것을 명심하자. 사적인 부분에 대해서는 도움이 필요한 게 있냐며 열린 형태로 질문하는 것이 좋다. 업무 조정 등의 공적인 결정은 조직의 목표 달성을 위해 꼭 필요한 부분이니 적극적으로 요청한다.

(6) 거짓말과 조종의 대처

모든 사람과 협력적 대화가 가능하면 좋겠지만 항상 그럴 수 있는 것은 아니다. 입만 열면 거짓말인 사람도 있다. 평범한 사람도 가끔 어긋난 신념을 상대에게 강요한다. 사이비 교주가 전자라면 거기에 속아 지인에게 후회할 행동을 하는 경우가 후자에 해당된다. 어떻게 하면 이들을 피할 수 있을까? 앞서 이야기한 피드백과 거절하기를 잘 활용해야 한다. 이것은 협력적인 관계일 때보다 더 어렵다. 내 책임과 권한을 비롯한 역학관계에 대해서도 잘 이해해야 한다.

상대를 교묘하게 조종하는 행위를 가스라이팅이라고 한다. "네가 잘 모르니까 안타까워서 알려주는 건데"라며 자신이 원하는 것을 얻어내고자 이런 행위를 한다. 그들은 직접적으로 "미안하지만 내게 필요한 일인데 해줄 수 있나요?"라고 묻지 않는다. 상대의 마음을 불편하게 해서 거부할 수 없게 만든다.

알 수 없는 불안감에 '질문하기'를 두려워해서는 안 된다. 그러면 상대에게 쉽게 휘둘린다. 말하는 사람의 단순한 의견인지 아니면 내게 지시를 내리는 것인지 확인해볼 수 있다. "신입 사원이면 일찍 출근해서 공용 공간을 정리하는 것이 사회생활을 잘하는 법이다"라며 일반적인 조언인지 직접적인 지시인지 헷갈리게 말하는 선배를 떠올려보자. 조종하려는 목적일수록 질문하기 어려운 분위기를 만든다는 점을 명심하자. 그러므로 오히려 더 적극적으로 질문해야 한다.

"방금 하신 말씀은 항상 챙겨야 하는 업무 지시라고 생각하면 되나요?"라고 물어볼 수 있다. 그냥 선배로서의 조언이라면서 발뺌한다면 "조언 감사합니다. 생각해보고 되도록 챙기는 정도로 해볼까 하는데 그래도 될까요?"라고 한 번 더 확인해볼 수도 있다. 업무 지시라고 한다면 그것이 정당한지 따져볼 기회가 된다. 권한 밖의 업무 지시는 상대에게 책임이 있기 때문이다. 필요하다면 전임자도 같은 업무를 했는지, 상관들도 내 업무 범위로 생각하고 있는지 알아볼 수 있다.

만약 은근슬쩍 일을 내게 넘기거나 성과를 가로채는 것이 반복된다면 기록으로 남길 수 있는 대화가 좋다. 말로 주고받은 내용을 간단히 요약해 메신저로 확인하는 것도 한 가지 방법이다. 다른 사람이 함께 있는 상황에서 말하는 것도 좋다. 신뢰가 부족한 사이에서는 자세한 계약서로 기록을 남기는 것이 더 좋은 거래를 이어갈 수 있게 만든다. 조금 번거롭지만 나중에 더 큰 문제가 생기는 것을 막을 수 있다.

자신의 계략이 통하지 않으면 상대를 비난하는 경우도 있다. 괜히 일을 복잡하게 만든다고 하거나 깐깐하게 군다고 불평하는 것이다. 정작 더 불편한 것은 듣는 사람이고 자신은 예, 아니오만 하면 되는 상황인데도 말이다. 애매한 경우 내가 손해를 감수할 수 있는 범위 안에서 한 번쯤 상대에게 맞춰주는 것도 가능하다. 하지만 같은 피해가 반복된다면 스스로를 보호해야 한다. 이때 이전 사건을 근거로 삼는다. 주변 사람들도 상황을 이해하고 내 편이 되어줄 수 있다.

항상 남을 이용하는 악인도 있지만 대부분의 사람은 사안에 따라 이타적이기도 하고 이기적이기도 하다. 모두가 장기적으로 협력하는 관계가 된다면 이상적이겠지만 현실은 그렇지 않다. 실력은 좋은데 가끔 이기적인 사람과 거래한다고 생각해보자. 두려워서 만남 자체를 피하기보다는 안전하게 거래하는 것이 서로에게 이득이다. 이 과정에서 서로에 대한 신뢰가 쌓이면 상대가 덜 이기적으로 행동할 수도 있다.

3. 팀의 성과를 이끄는 대화 전략

조직을 이끄는 위치에 있는 사람에게는 더 세련된 의사소통이 요구된다. 주로 몸을 사용하는 운동 종목에서도 이것을 관찰할 수 있다. 역도와 같은 개인 종목과 축구와 같은 단체 종목에서 소통의 중요성은 다르다. 축구팀의 주장이나 감독에게는 더 뛰어난 소통 능력이 요구된다. 선수로서 훌륭한 업적을 냈던 사람이 감독으로서는 실패하기도 하고 선수로서는 일류가 아니었으나 명장이 되는 사람도 있다. 효과적인 전략을 구상하고 제한된 자원을 활용해 선수단을 개편함으로써 변화된 상황에 맞춰가며 팀을 운영해야 좋은 성과를 낼 수 있다. 이런 일련의 과정이 좋은 판단만으로 완성되지 않는다. 선수 및 보조 인력과 끊임없는 소통을 해야만 좋은 판단으로부터 좋은 결과를 끌어낼 수 있다. 축구 감독 같은 전문적인 리더가 아니더라도 부모로서 아이들을 이끌 때 리더의 소통 능력은 필요하다. 가정이나 조직에서 리더가 아니더라도 친구 모임이나 여행을 주도할 때는 일시적으로 리더가 된다고 보면 된다.

조직의 리더는 목표를 설정하고 구성원들에게 이를 명확하게 전달해 행동에 반영하도록 해야 한다. 역할을 요청하고 설득하며 동기를 부여한다. 적극적인 의사소통을 통해 경과를 공유하고 미래를 함께 고민하며 참여를 이끌어내야 한다. 구성원의 협력을 촉진하고 유대감을 가질 수 있는 환경을 마련해야 한다. 구성원 사이의 갈등이 잘 해결되지 않을 때 적극적으로 도와야 하며 그들의 감정을 관리해야 한다. 다양한 배경과 관점을 가진 구성원들의 다양성을 포용해 건설적이고 협력적인 조직을 만들어야 한다.

먹고사는 일부터 해결해야 했던 과거에는 위에서 시키는 일이라면 군소리 없이 하는 것이 기본이었다. 지금은 다르다. '왜요?'라는 팔로어의 질문을 만족시켜야 한다. 사람은 누가 시킨 일이 아니라 자신이 결정에 참여한 일을 한다고 느낄 때 의욕을 보인다. 공정하지 않거나 불합리하다고 느끼면 감정이 상하고 쉽게 조직을 떠난다. 직장이 평생 고용을 보장하지 않으니 직원도 참고 기다릴 여유가 없다. 출산율은 꾸준히 감소했으니 유입되는 신규 인재의 수도 계속 줄어든다. 사람이 귀해진 것이다. 과거에는 인적 자원이 넘쳐 비효율이 발생해도 문제가 크지 않았다면 이제는 리더의 인적 자원 관리 능력이 중요한 경쟁력이 되었다.

(1) SMART 목표 설정과 피드포워드

리더는 명확한 목표와 방향을 설정하고 팀원들에게 이를 전달하는 데 능숙해져야 한다. 이는 팀원들이 목표를 이해하고 공유하며, 그에 따라 행동하는 것을 말한다. 사람들은 멋진 목표를 향해 협력하는 조직에서 일하길 원한다. 영화나 드라마에서 리더의 멋진 대사 한마디로 주인공의 의욕이 샘솟는 장면에서 관객은 감동을 느낀다. 하지만 현실에서는 한마디 말로 의욕이 생기기 어렵다. 리더가 목표와 방향에 대해 다양한 방법으로 반복하고 변주해야 구성원들이 받아들이기 시작한다. 매일이 중요한 결승전일 수 없으니 훈련 시간이나 연습 경기에도 끊임없이 목표와 관련된 의미를 설명해야 한다. 실화를 바탕으로 만든 영화도 여러 사건 중 가장 멋진 장면들만 뽑은 하이라이트라는 것을 생각하면 이해하기 쉽다. 리더는 멋진 한마디로 상대를 변화시키기보다는 끈기를 가지고 반복해서 요구하고 설득해야 한다는 것을 이해할 필요가 있다.

특출난 능력자가 주변의 도움 없이 큰일을 해내는 경우가 없는 것은 아니다. 예를 들어 작은 가게의 아르바이트생이 스스로 아이디어를 내고 한정된 자원을 활용하여 증명하는 경우가 있다. 판매 전략까지 세워 머뭇거리는 사장을 설득하고 현장에 적용해서 큰 수익을 올린다. 그런데 현실에서 그런 리더십까지 겸비한 능력자가 흔할 리 없다. 작은 규모로 이것을 해냈던 사람도 복잡하고 큰 사업에서는 같은 방식으로 해내기 힘들어진다.

더 큰 목표를 이루기 위해 조직이라는 것이 존재한다. 조직원들은 조직 내부와 외부의 경험을 통해 성장한다. 대개 경험이 많은 리더가 상황 판단을 더 잘할 수 있다. 일을 추진할 자원도 리더에게 더 많다. 구성원을 설득하는 일도 지위가 높은 사람이 하는 것이 쉽다. 이런 유리한 상황에서도 리더가 구성원을 설득할 때 많은 시행착오가 생긴다. 말 한마디로 간단히 조직원들이 움직여지지 않는 것이다. 안 사고 못 배기게 만드는 광고처럼 목표가 곧 손에 닿을 듯이 구체적으로 설명하고 설득해야 타인의 행동을 바꿀 수 있다.

목표를 설정하는 방법으로 SMART 기법이 잘 알려져 있다. 구체적으로Specific, 측정 가능하도록Measurable, 달성 가능한Achievable, 현실적인Realistic, 기한이 정해진Time-bound 것이 좋은 목표라고 한다. "좋은 제품을 만들어서 이익을 많이 냅시다"라는 말은 선생님이 학생에게 "열심히 공부해서 좋은 사람 되자"고 하는 것과 별반 다르지 않다.

아이가 복습을 열심히 해서 산수를 잘하길 원하는 엄마가 있다고 해보자. "그러게 복습 좀 잘 하라니까"라는 말을 반복한다고 해서 아이가 갑자기 바뀌진 않는다. 통하지 않는 방법을 계속하다가 사이만 나빠지기도 한다. 간단한 지시로 행동이 바뀌지 않는다면 구체적인 목표를 함께 만들어보는 것이 좋다.

> **엄마:** 지난번 시험에서 분수 나눗셈을 많이 틀렸으니 연습해보자. 여기 문제 열 개를 풀면 충분할 것 같네. 풀다가 모르는 부분은 표시해두고 일단 끝까지 해볼까? 30분이면 한 번 볼 수 있지? 끝나고 얘기해줘. 같이 검토해보자. 그리고 끝나면 네가 좋아하는 아이스크림 사러 갔다 오자.

간단한 목표 제시인데도 SMART 요인들을 친절하게 담으려고 하니 구체적이고 건설적으로 변한다. "복습 좀 해라"라는 지시와는 길이부터 차이가 난다. 당장 무엇을 해야 하는지 상대의 머릿속에 그려질 수 있기 때문이다. 성인에게 목표를 제시할 때도 이와 비슷하다. 듣는 이의 경험이나 지식 수준에 따라 구체적으로 그려내야 한다. '잘하자' '개선하자'라는 막연한 설명으로는 부족하다.

피드백이 과거 성과에 대한 정보를 제공하는 것이라면 피드포워드는 미래를 바라보며 향후 조치에 대한 방향을 계획하는 것을 말한다. 리더가 피드포워드를 잘 활용해야 구성원이 목표를 향해 움직이도록 만들 수 있다. 리더는 구성원보다 더 높은 위치에서 멀리 조망할 수 있기 때문에 다가오는 상황에 좀더 효과적으로 대응하는 방법을 제안하는 게 가능하다. 과제를 예측하고, 목표를 설정하고, 원하는 결과를 달성하기 위한 전략을 개발해야 한다. 구성원들과 함께 고민할 수 있지만 최종 결정은 리더가 하게 되며 이를 구성원들에게 설득하는 것도 리더의 역할이다.

피드포워드를 잘하려면 실무자 수준에서 파악하기 어려운 내외부의 환경 및 미래에 대한 전망과 함께 자신이 세운 전략을 잘 설명해야 한다. '지금 위기다'라는 말만 반복하며 '더 열심히 하자'는 두루뭉술한 계획을 강조하면 듣는 사람은 시간만 뺏겼다는 느낌을 받는다. "공부 안 하면 나중에 큰일 난다"고 말하는 부모와 다를 바 없다.

내 아이는 다른 과목에 비해 책 읽기와 글쓰기 같은 언어 공부를 좋아하지 않는다. 산수나 기초 프로그래밍은 비교적 좋아한다. 물론 다른 아이들처럼 유튜브나 게임을 가장 좋아한다. 아이의 취향을 존중하지만 언어를 포기할 수는 없다. 선생님의 평가를 전하며 언어 훈련이 필요하다는 것을 설명하면 수긍하지만 그렇다고 행동으로 옮겨지지 않는 것은 아빠로서 이미 알고 있다. 방학 캠프로 게임 만들기를 예약한 것이 떠올랐다. 최근에 장난감 설명서를 보고 도와준 것이 떠올라 설득의 계획을 짰다.

아빠: 너, 설명서 조립할 때 어려워했잖아. 읽고 쓰는 연습을 잘 해야 좋아하는 것도 더 만들고 게임에서 친구들과 채팅도 빨리 할 수 있어. 방학 때 게임 만들기 캠프도 예약한 것 기억나지? 읽고 쓰는 연습을 해야 거기서도 설명서를 쉽게 읽을 수 있을 거야. 책이 너무 어려우면 만화책도 좋아. 아무거나 네가 좋아하는 걸 읽고 기록해두자. 자기 전에 아빠한테 쓴 걸 보고 얘기해줘. 아빠도 궁금하니까. 캠프에서 모르는 걸 질문할 때도 도움 될 거야.

읽기, 쓰기 연습이라는 목표에 대해 그것이 필요한 이유를 설명하고 가까운 미래와 연결해 바로 실행할 수 있는 것들을 함께 검토했다. 따로 수업을 듣거나 도서관에 같이 가는 것을 거부하던 아이는 이 정도는 해볼 만하다고 생각해서인지 잘 따랐다. 아이는 먼 시점을 바라볼 수 없기에 좋아하는 게임과 비교적 쉬운 산수 숙제만 하고 싶었을 것이다. 멀리 있는 목표를 가깝게 느끼도록 하는 것이 리더의 역할이다. 상대의 의견을 받아들이지만 중요한 결정은 리더가 하게 된다.

내가 대학원생을 지도할 때도 마찬가지다. 어떤 학생은 실행이 어려운 너무 큰 목표를 가지고 온다. 현실적인 제약을 설명하고 목표를 함께 수정하면 야망이 너무 컸던 학생의 실망감은 최소화된다. 연구 과제나 학회의 마감 기한, 예산 때문에 일의 우선순위가 바뀔 때도 있다. 실무를 하는 학생들에게 미치는 영향을 미리 설명하고 대비해야 스트레스를 줄일 수 있다. 이직이나 이사와 같은 큰 결정은 부모가 하지만 이와 관련해 예상되는 변화를 아이와 상의하고 결정하는 것과 비슷하다.

(2) 감정을 관리하면서 목표를 챙긴다

구성원의 사기와 유대감 관리

리더는 다양한 방식으로 구성원의 사기를 관리한다. 목표를 달성하면 축하해줌으로써 동기를 강화한다. 시도는 계획대로 했는데 결과가 좋지 않았을 때는 안타까운 마음을 전하고 다음 목표를 수정하는 시간을 갖는다. 앞의 계획과 실행을 검토해야 다음 수행에서 더 나은 결과를 얻을 수 있다. "이렇게 해서 되겠냐? 잘 좀 하자!"라는 피드백은 구체적인 정보도 없고 사기만 떨어뜨린다. 감사, 미안함, 축하 등의 감정을 안전하게 주고받는 환경에서 솔직한 의견 교환이 가능하고, 더 좋은 정보가 흐를 수 있다. 이를 바탕으로 구체적으로 계획하여 실행하고 추가 수집된 정보를 즉시 반영해 목표를 수정할 수 있어야 팀의 성과가 개선된다. 핀잔만 주고 구체적인 목표를 제시하지 않는 팀장에게 보고해야 하는 팀원이라면 사기가 꺾일 수밖에 없다. 안전하다고 느껴야 '괜히 말했다가 핀잔만 들으면 어쩌지?'라는 불안을 줄일 수 있다.

영우: 궁금한 게 있습니다. 현재 공정 단계에서 표준 준수 여부를 확인하지 않아도 되나요? 여기서 오류가 생기면 큰 문제가 되지 않을까요?
승준: 우리가 그런 것도 준비 안 하고 있다고 생각해요? 혼자만 똑똑하다고 생각하는 건지. 일단 보면서 따라하는 것부터 좀 배우죠.

같은 질문에 명석은 이렇게 반응한다.

명석: 안전에 문제가 생길지 걱정되나보군요. 오류까지 계산해서 안전하게 설계돼 있어요. 아직 전체 공정을 모르니까 설명하기가 어려운데, 손에 익었을 때 다시 물어봐주세요. 업무를 잘 파악하고 싶어하는 열정이 인상적이네요. 이 공정부터 빨리 익숙해지는 것이 좋겠어요. 혹시 시간 여유가 있다면 저기 있는 매뉴얼을 읽어봐도 되는데 지금 수준에서는 효율적인 방법이 아니니 훑어보기만 하세요.

나중에 알려주겠다는 내용은 같지만 신입 사원이 느낄 안전감과 조직 문화는 매우 다를 것이다. 질문에 핀잔만 들은 신입 사원에게는 이런 정보가 입력된다. '괜히 말하다 잘못 걸리면 혼만 날 수 있겠다. 웬만하면 말하지 말자.' 이런 조직에서는 위험 신호를 보고도 말하지 않게 되고,

사고로 이어져 큰 손해가 생긴다. 바람직한 조직 문화는 좋은 대화에서 시작된다. 평소에는 거친 말만 하다가 갑자기 어디선가 들은 유명 CEO의 명언을 전한다고 해서 조직이 하루아침에 바뀌진 않는다.

듣기 싫더라도 필요한 말을 하는 리더

자애로운 엄마가 아이의 위험한 행동을 저지하는 것처럼 상대가 듣기 싫어하는 지시를 내려야 하는 순간이 있다. 가스라이팅이라는 용어가 유행하면서 '듣는 내가 기분 나쁘니 지시하는 사람이 잘못한 것 아니냐'는 사람들이 있다. 잘못된 해석이다. 어떤 상사는 이런 반응에 스트레스를 받아 상담실을 찾기도 했다. 상대방이 기꺼이 받아들이지 않을 말이라도 앞서 이야기한 책임과 권한에 대해 생각하며 상대를 존중하면서 전달할 수 있다. 발전의 순간으로 받아들일지 말지는 듣는 사람의 몫이다. "아직 준비되지 않았다고 생각할 수 있겠지만 조직의 업무 분장과 현재 상황을 고려하면 자네가 담당해줘야 할 일이네"라고 명확하게 전해야 한다. 경과를 확인하며 어려운 일에 책임감 있게 대응해줘서 고맙다는 피드백을 준다. 노력에 대해 칭찬하는 것이 성과를 내고 팀원을 성장시키는 데 도움이 된다.

더 무거운 책임을 지는 사람이 지시의 권한을 갖는다. 최종 결과에 책임지는 사람도 리더이기에 상대가 듣기 싫어하는 이야기를 시작하는 것 또한 리더의 역할이다. 신입 사원이 갑자기 출근하지 않았다고 해보자. 다른 사람을 통해 교통사고가 났다는 소식을 전해 들었다.

관리자: 사고로 병원에 갔다는 이야기를 들어서 연락했어요.
신입: 죄송해요. 제가 먼저 연락드려야 했는데 늦었네요.
관리자: 몸은 괜찮아요?
신입: 네, 이제 정신을 조금 차려가는데 언제부터 출근할 수 있을지 확인하고 연락드리려다가 늦어졌어요.
관리자: 갑자기 안 나와서 모두 걱정했는데 더 큰일이 아니어서 다행이에요.
신입: 걱정 끼쳐서 죄송합니다. 다들 마감 때문에 바쁠 시기인데 짐이 됐네요.
관리자: 건강한 게 더 중요하죠. 언제 복귀할 수 있는지 알면 일정 조정에 도움이 되겠어요. 경황은 없겠지만 급히 챙겨야 할 업무가 생각나면 김 대리에게 알려주세요. 아무 걱정 말고 쉬라고 할 수 있으면 좋겠는데 시기가 안 좋네요. 부탁해요.

업무 관련 사고라 산재 처리가 되는 일이든, 사생활에서 일어난 일이든 당장 급한 업무를 해결하는 방안을 함께 고민해야 한다. 건강과 같은 인간적인 문제도 함께 챙기면서 말이다. 출장 중에 생긴 일이라면 추가로 필요한 정보를 알아봐주어 상대의 회복을 도울 수 있다. 변경된 상황에 맞춰 현재의 문제를 풀기 위해 유연하게 대처하는 것이다. 리더는 이를 위해 필요한 것을 지시할 수 있다. 복귀 날짜를 바로 확정하기 어렵다면 가능한 정보를 공유해 달라는 요청을 할 수 있다. 지시를 하면서도 상대의 안부를 챙기며 소중하게 대하는 자세를 보여주면 된다. '사람이 다쳤는데 업무 얘기를 꼭 해야 하나?'라고 과도하게 반응하는 사람이 있다면 이런 반응까지 모두 해결하는 것은 불가능하다. 예의를 갖추며 필요한 일을 해나가는 사람이 올바른 리더다.

단호한 말을 온화하게 전달하는 방법

일회성 사건이고 상대도 인정하는 문제에 대한 피드백은 상대적으로 쉬운 편이다. 업무 능력이 떨어지고 동료들도 함께하기 힘들어하는데 자신은 인식조차 못 하는 경우는 훨씬 더 어렵다. 어쨌든 해결은 리더가 해야 한다. 어떤 리더는 소리치며 화를 낸다. "너는 기본이 안 됐다"며 호통을 치는 식이다. 인격 모독성 발언을 하기도 한다. 상대가 반복적으로 문제를 일으켜 자신이 스트레스 받아서 한 얘기니 문제 될 것이 없다고 말한다. 안타깝지만 '직장 갑질' 사례에 속한다. 단호함을 표현하기 위해 욕설을 할 필요는 없다. 상대가 업무를 잘하게 되는 것도 아니다. 손해 보는 사람은 나 자신이다.

다른 쪽 극단은 싫은 소리를 피하려고 '참아주는' 것이다. 상대의 문제는 반복되고 다른 동료들도 지친다. 자기 인식이 없는 문제의 인물이 갑자기 자기 문제를 깨닫는 경우는 드물다. 예를 들어 편의점 김 사장은 아르바이트생이 반복해서 업무에 문제를 일으켜도 참아줬다. 스스로 깨닫고 반성하길 기다린 것이다. 월급도 꼬박꼬박 주면서 말이다. 하지만 도저히 함께할 수 없어 이번 달까지 일하고 그만 나오라고 말하니 오히려 상대가 노발대발이다. 1년 일하기로 했는데 갑자기 약속이 달라지면 어떡하냐며 위로금을 달라고 한다. 김 사장은 '참고 기다려주는' 호의를 베풀었는데 뒤통수를 맞았다며 억울해한다.

'온화하면서 단호한'이라는 표현을 기억하자. 호통이나 욕설이 없더라도 문제를 지적할 수 있다. 역할에 대해 책임감을 가지고 개선하도록 구체적으로 요구한다. 그래야 위와 같은 경우를 피할 수 있다. 부정적인 피드백을 잘 하기 위해서는 세심히 관찰하고 구체적으로 표현해야 한다. 회의 준비를 미리 해놓기로 한 약속을 지키지 못한 신입사원에게 피드백을 준다고 생각해보자.

팀장: 자료 정리 잘 부탁해요. 아까 시작할 때 자료 화면을 다시 띄우느라 시간이 걸렸는데 무슨 문제가 있었나요?

신입: 아닙니다. 클라우드에 올린 파일이 이상해서 대리님이 전에 메일로 보내주신 것을 다시 찾아서 열었습니다.

팀장: 음, 이 회의에는 외부 손님도 오시고 해서 시간을 잘 지켜야 하니 미리 시작 전에 확인해보자고 얘기했던 것 같은데 맞나요?

신입: 네, 죄송합니다. 화면이 잘 뜨는지 확인해놓고, 자료도 받아둬서 당연히 될 거라고 생각했는데 미리 켜두라고 말씀하신 것을 깜빡했습니다.

팀장: 우리 신입은 머릿속으로 준비하는 것은 잘하는데 현장 확인이 필요하다는 면은 간과하는 경향이 있네요. 지난번 거래처에서도 실제로 작동시켜보라고 했던 것 기억나죠? 제가 현장에서 확인해달라고 한 것은 꼭 지켜주세요.

신입: 네, 알겠습니다.

팀장에게도 상대의 실수를 지적하는 것은 기분 좋은 일이 아니다. 욕설하거나 고성을 질러가며 이야기해야 상대가 바뀌는 것도 아니다. 내가 관찰한 구체적인 사실을 전달하며 열린 질문으로 대화를 이어가는 것이 최선이다. 상대방에게는 어떤 일이 일어났는지 확인하면서 교정할 지점을 찾을 수 있다. 윽박지를 필요 없이 자신의 판단을 전하면 된다. 폭력적인 방법보다는 승진이나 재계약과 같은 평가로 연결시키는 것이 낫다.

상대를 인정하는 태도

구성원 간의 협력을 촉진하고 유대감을 형성하려면 리더가 구성원을 존중하고 그들끼리도 서로를 존중하도록 요구해야 한다. 만약 리더가 구성원을 거칠게 압박하면 '공공의 적'이 되어 구성원끼리라도 아껴주자는 분위기가 형성되기도 하지만, 때로는 서로가 지나치게 경쟁하며 약육강식의 전쟁터가 되기도 한다. 구성원이 호소하는 어려움을 인정하는 것과 모험적인 시도를 격려하는 것은 상반되는 게 아님을 이해해야 한다.

대학원 신입생이 첫 발표를 하면 대개 허술한 부분이 많이 발견된다. 선배와 동료들이 질문하고 의견을 주고받는 시점에 지도교수인 나는 상황을 잘 관찰하려고 노력한다. 어떤 때는 초보 연구자에 대한 비평이 과도해서 발표자의 사기가 꺾이지 않을까 우려된다. 이때 나를 포함한 연구자들이 초보 시절에 비슷한 오류를 범했던 얘기를 해주며 익숙하지 않은 실험이나 분석을 시도한 것을 인정하려 노력한다. 반대로 교정될 부분이 있는데도 분위기가 겉치레 같은 가벼운 칭찬만 하며 넘어간다면 건설적인 비판을 장려한다. 상대를 인정하면서도 건설적이고 협력적인 비판이 가능한 분위기를 만드는 것이다.

조직의 의사소통 패턴은 전염성을 가진다. 아직 일이 익숙하지 않은 후배를 챙겨가며 일을 진행하는 고연차 학생이 지도교수에게 어려움을 호소했다고 해보자. 이때 '너만 힘든 게 아니야'라고 한대서 그의 힘든 상황이 사라지진 않는다. 그도 후배를 똑같은 패턴으로 대하게 된다. 오히려 과제도 챙기고 후배도 지도하느라 고생한다고 인정해주는 것이 낫다. 상황은 바뀐 게 없지만 자신의 노력이 무시당한 것과 인정받은 것은 다른 느낌을 갖게 하기 때문이다. 자신의 일만 잘하고 싶은데 후배는 왜 챙겨야 하는지 모르겠다는 고연차에게는 이 또한 연구자로서 키워야 하는 능력임을 자세하게 설명해준다. 일에서 의미를 느껴야 강한 동기를 갖기 때문이다.

만약 지도 학생이 팀원들과 어려움을 겪는다며 지도교수에게 호소했다고 해보자. 관심을 갖고 해결책을 찾으려 노력할 것이다. 그런데 듣다보니 지도 학생의 태도에도 문제가 있다는 것이 파악됐다. "너한테도 문제가 있는 것 같은데?"라고 말한다고 해서 상대가 바로 알아듣고 반성할 수 있을까? 그렇게 반응할 수 있는 사람은 거의 없을 것이다. 누가 원인이었든 상대의 괴로움을 충분히 인정해주고 들어준 뒤에야 받아들일 수 있을 것이다. 리더 입장에서 뻔하게 보이는 것이라도 상대에게는 그렇지 않을 수 있다. 리더에게는 더 높은 위치에서 멀리 볼 능력이 있지만 구성원은 그렇지 않기 때문이다.

학생이나 직원들이 이야기하는 상처가 되는 말을 들여다보자.

- (일의 우선순위를 공유하지 않은 상태에서) 왜 중요한 일을 놔두고 다른 일을 하고 있나요?

'왜?'라는 질문은 함께 원인을 고민하는 상황에 어울린다. 이유를 알고 싶은 것보다 우선순위가 높은 일이 진행되지 않은 것을 지적하고 싶다면 그대로 이야기하는 것이 낫다. 상대는 우선순위를 제대로 전달받지 못한 것도 답답한데 당연히 해냈어야 할 판단을 하지 못한 사람으로 지적받는다고 느낀다. 상황에 대한 의견을 편하게 교환하지 못하고 죄책감과 억울함을 느낀다. 리더가 의도했던 일의 순서와 다르다고 설명하고 비효율이 발생한 상황에서 드는 아쉬움을 나누는 것이 낫다. 시트콤에서 토라진 연인에게 사과하는 상황에서 "왜. 뭐가 미안한데?"라고 쏘아붙이는 장면을 보면 이해하기 쉽다. 상대의 사과가 부족하다고 생각한다면 질문하기보다 자신이 느낀 것을 설명하는 게 원하는 사과를 받고 재발을 방지하는 데 더 유리하다.

- (성과가 부족하다고 느낄 때) 이렇게 해서 졸업할 수 있겠어?

졸업 요건을 충족하지 못한다고 설명하는 것과 내용은 동일하다. 그런데 리더가 직접 자신의 평가를 말해주는 것과 이렇게 반문하는 것은 상대에게 전혀 다른 느낌을 준다. 이렇게 반문하면 존중받지 못한다고 느낀다. 직원을 평가하는 관리자도 마찬가지다. 졸업이나 승진 같은 좋은 결과를 마다할 사람은 없으니 굳이 질문 형식으로 말할 필요가 없다. 개선할 부분을 설명하며 목표가 멀게 느껴지는 상대의 어려움을 인정하고 격려하는 것이 낫다. "안타깝지만 이 결과는 못 쓰겠어요. 실험을 다시 몇 번 더 해야겠네. 생각보다 할 일이 많아지겠어요. 어렵게 느껴지겠지만 힘을 내봅시다"라고 직접적으로 말하는 것이 낫다.

• (어떤 일이 개선되었을 때) 그런 건 진작 했어야죠.

인정과 아쉬움을 분리하는 것이 요구된다. 개선된 것은 좋아진 대로 인정하고 아쉬운 점은 미래로 돌리는 것이 낫다. 차라리 "진작 했으면 좋았을 텐데" 정도가 낫다. 아쉬움을 나눈다기보다는 상대를 비난하는 느낌이 강하기 때문이다. 인정받지 못한 상태에서는 의욕이 생기기 어렵다.

• (리더의 피드백으로 일이 성공했을 때) 거봐. 하라는 대로만 하라니까.

전적으로 리더가 지시했다 하더라도 실행한 팔로어의 공로를 인정해야 한다. 자신의 역할을 인정받지 못하고 시키는 일만 하는 자율성 없는 존재로 느낀다면 의욕은 꺾이기 마련이다. 심지어 함께 일의 방향을 논의한 상황에서 모두 자신의 공으로 돌리면 신뢰는 형성되기 힘들다.

(3) 리더가 하는 갈등 중재

아무리 리더가 구성원과 모범적으로 소통하더라도 구성원 간의 갈등은 생기기 마련이다. 조직의 목표에 공감하더라도 각자가 생각하는 가치나 규범은 다르기 때문이다. 예를 들면 게임의 승리를 원하는 것은 같지만 공격수와 수비수의 관점이 달라 충돌이 일어나기도 한다. 감독은 선수 개인의 입장도 고려하지만 팀의 성과를 우선시하며 개인을 설득한다. 때로는 당장 오늘의 한 경기보다 시즌 전체를 잘 운영하기 위해 주전 선수를 쉬게 한다. 이를 잘 따르는 선수와 그렇지 않은 선수 사이에 갈등이 생긴다면 이 일을 중재하는 것도 리더의 역할이다.

역할에 따른 갈등도 있지만 개인의 문화적 배경에 따라 갈등이 생기기도 한다. 9시 출근이면 10분 전에는 자리에 앉아 있어야 한다는 사람과 시간 맞춰 사무실에 도착하면 되는 것 아니냐고 말하는 사람이 있다. 공용 프린터에 있는 타인의 출력물을 챙겨줘야 하는지에 대해서도 의견이 다르다. 거기에 사회적 표준이 있는 것은 아니다. 구성원이 합의해 규칙을 만들어 갈등을 줄이는 것이 더 중요하다. 리더는 이 과정을 촉진해야 한다.

신입 사원과 선배 사이 갈등에 대한 뉴스가 흔하다. 업무 시간에는 개인적인 책을 읽지 말고 업무를 익히라고 지시하자 메신저 프로필에 화풀이로 저격 글을 올리기도 하고 메일 회신을 요청했는데 메신저 쪽지를 보내 지적하자 까다롭게 군다며 무례한 답장을 보내는 사건도 있다. 공동체 경험이 줄어드는 추세니 이런 갈등은 계속 늘어날 수밖에 없다.

만약 이런 갈등이 해결되지 않는다면 리더는 개별적으로 대화하고 수정된 행동을 요청해야 한다. 선배 사원에게 문제의 원인이 없는 경우에도 그에게 후배를 대하는 방법을 알려줄 기회가 되기도 한다. 형제가 다툴 때를 떠올려볼 수 있다. 부모가 무작정 혼낸다면 싸움은 잠시 멈추지만 근본적인 문제가 사라지는 것은 아니다. 형은 형대로, 동생은 동생대로 자기만의 생각에 빠져 성장하지 못하면 같은 일이 반복된다. 부모는 각자의 입장을 들어주고 갈등을 조정하는 역할을 해야 한다. 형에게는 동생을 챙기는 역할을 인정해주고 동생을 설득하는 기술을 알려준다. 귀찮게 느껴지겠지만 이 또한 삶에 필요한 기술로 의의를 부여한다. 동생에게도 동생 나름의 어려움을 인정해주고 함께 지켜야 할 규칙을 설명해준다. 각자가 서로를 이해할 준비가 되어야 갈등 해소가 쉬워진다.

조직에서는 더 복잡한 갈등이 발생할 때도 있다. 능력을 인정받는 중간 관리자가 사적인 감정에 따라 집단을 형성해 마음에 들지 않는 사람을 은근히 따돌리기도 한다. 리더가 당장의 편의를 위해 이를 눈감아주었다가는 장기적으로 큰 손해를 볼 수도 있다. 조직의 협력과 유대감을 위한 자기 생각을 공개적으로 강조해야 어려움을 겪는 사람이 자신에게 도움을 요청할 수 있다. 객관적인 능력이든 개인적인 친분이든 리더의 편애를 받는 사람이 있다고 느끼면 조직의 협력은 어려워진다.

드라마 「이상한 변호사 우영우」에서 주인공과 갈등관계를 형성한 권민우 변호사는 주인공이 팀에서 준비한 전략과 다르게 사건을 풀어가려 하자 리더인 정명석 변호사에게 항의한다. 명석이 주의를 주겠다고 했지만 민우는 멈추지 않았다.

민우: 이번에도 주의만 주시는 겁니까? 페널티 없이요? 사소한 실수도 아니고 재판 결과를 뒤집을 만큼 큰 잘못을 했는데.

명석: 우리 전에도 이런 얘기 하지 않았나? 그때는 우 변이 무단 결근을 해서 페널티를 줘야 된다고 했었죠? 권민우 변호사 페널티 되게 좋아하네? 그래서 게시판에도 그런 글을 쓴 겁니까? 아니, 같이 일하다가 의견이 안 맞고 문제가 생기면 서로 얘기해서 풀고 해결을 해야죠. 매사에 잘잘못 가려서 상 주고 벌 주고. 난 그렇게 일 안 합니다.

민우에게 우영우는 동료가 아닌 상대평가의 경쟁자다. 성적과 평가라는 경주에서 늘 이기려 한 그에게는 협력과 유대가 익숙지 않았을 것이다. 협력으로 성과를 내는 것 또한 중요한 능력임을 이해하지 못했을 수 있다. 리더인 명석은 구성원이 서로 직접 소통해서 풀어가는 것이 먼저라고 강조했다.

대학원 연구실에서 선배 학생이 후배와 갈등을 풀지 못하는 상황에서 어떻게 대응해야 할지 생각해보자.

선배: 실험 끝나면 밸브 잠가야 하는 거 몰라? 도대체 몇 번째야.

나 골탕 먹이려고 일부러 그러는 거니?

후배: 그런 거 절대 아니에요. 머리로는 신경 써야지 하면서도 자꾸 깜빡해서…….

선배: 알면서도 그러는 건 일부러 그러는 걸로밖에 안 보여. 교수님께 알려야겠다.

이런 상황에서 지도교수는 어떻게 대응해야 할까? 양쪽 입장을 이해하는 것이 먼저다. 선배 학생은 옆 방의 동기가 비슷한 사고로 다친 적이 있어 더 신경 쓰인다고 말한다. 후배가 지시를 따르지 않아 속상하기도 한데 사고에 대한 공포감까지 드니 예민해질 수 있다. 이 점을 인정해준다. 경험이 많은 사람으로서 초심자에게 실험실 안전의 의미를 현장에서 설명해주고 안전 체크리스트를 만드는 등의 대안을 함께 고민하는 것을 생각해볼 수 있다. 선배 학생에게는 미래의 리더로 소통하는 방법을 배우는 리더십 코칭의 기회가 될 수 있다.

조직에서는 이런 일회성 갈등 외에도 역할 분배와 성과 평가 같은 반복되는 갈등 상황이 벌어지기 마련이다. 실무자는 높은 곳에서 조망할 기회가 적기에 자기 입장 위주로 생각하기 쉽다. 내가 더 어렵고 힘든 일을 하며 타인이 더 쉽게 좋은 평가를 받는다고 느낀다. 리더는 이런 시야를 넓혀주는 역할을 해야 한다. 역할 분담과 성과 평가가 소고기 무게 재듯 할 수 없다는 것도 이해시킨다. 연구실이라면 공동으로 진행된 연구에 대해 단독 저자와 공저자로 분배할지 공동 저자로 표기할지 등의 문제와 유사하다. 기여도가 5대 5로 동일하면 걱정이 없다. 5.5대 4.5 정도라면 어떻게 해야 할까? 한쪽에서 그렇게 느낀다면 반대쪽도 동일하게 생각할까? 서로가 기여를 더 많이 했다고 생각하는 경우도 생긴다. 정답은 존재하지 않는다. 최종 결정은 리더가 하고 책임도 리더가 진다. 갈등이 커지지 않도록 미리 계획하고 상황이 바뀔 때마다 계속해서 설명하고 설득하는 과정이 필요하다. 갈등이 반복되는 조직에서 협력과 유대를 느끼기 어려우니 리더는 이를 관리해야 한다.

(4) 조직 문화와 리더의 역할

조직의 성과는 역량이 뛰어난 구성원들이 모여 열정을 다할 때 극대화된다. 리더에게 권한이 있다면 구성원 선발부터 신경 써야 한다. 결과뿐 아니라 과정 또한 칭찬하며 도전의식을 불러일으키는 목표를 제시한다. 구성원 간 비교를 통해 평가하기보다는 각 개인의 발전을 평가하고 동기를 부여해야 한다. 구성원들이 선의의 경쟁을 하며 협력하는 구조를 만들어야 한다.

때로는 리더가 구성원 사이의 갈등에 개입해야 한다. 상대를 감정적으로 비난하는 팀원에게 합세해서 비난을 키우는 것은 좋지 않다. 자리에 없는 사람 이야기를 하기 싫다며 타인에 대한 구성원의 불만 표현을 들어주지 않으면 그 또한 사기를 꺾는다. 구체적인 사실 중심으로 리더로서 도울 수 있는 결정을 논의하는 것이 최선이다. 비난을 통한 감정의 배설이 목적이 아니라 업무를 성공시키기 위한 대안을 찾는 데 초점을 두어야 한다. 이렇게 진행되어야 혹시나 남을 뒤에서 비난하는 것으로 보이지 않을까 하는 걱정을 줄일 수 있다. 소통하는 문화를 만들겠다며 회식이나 등산을 가는 것보다 이런 방식으로 갈등을 낮추는 것이 더 효과적이다.

요즘 세대는 "이걸요? 제가요? 왜요?"라고 묻는다며 대하기 어렵다고 말하는 사람들이 있다. 고민 없이 시키는 대로 일하는 방식은 획일화된 산업에 어울린다. 새로운 것은 개성적인 사람들이 다양한 생각을 충돌시키고 융합해야 나온다. 소통은 양방향적이어야 한다. 면접자만 면접관에게 잘 보여야 하는 세상이 아니다. 그가 주변 친구들에게 내 회사의 평판을 높여줄 수도 있고 낮출 수도 있다. 그가 뛰어난 후보라면 그를 원하는 회사도 많을 것이다. 지금은 나와 함께 일하게 되지 않더라도 다른 조직에서 다시 만날 수 있다. 사람들은 시키는 대로 일하기보다 존중받으며 효율적이고 합리적으로 성과를 내길 원한다. 조직에서 개인의 커리어를 발전시키길 원한다. 이런 개인을 효과적이고 효율적으로 설득할 수 있는 리더가 유리하다.

존중은 나긋한 목소리로 예의 바른 단어만 쓴다고 해서 이뤄지지 않는다. 상대가 합리적으로 일할 수 있는 환경을 만들어주어야 한다. 더 높은 시야로 멀리 볼 수 있는 위치에서 예측을 통해 미래에 대비할 수 있게 해줘야 한다. 근무 시간과 급여는 기본이다. 개인을 위한 더 상세한 정보가 제공되어야 한다. 개인의 맥락에서 그의 욕구와 조직에서 제공할 기회가 조화를 이룰 수 있을지 구체적인 그림을 그려준다면 "이걸요? 제가요? 왜요?"에 대한 답이 된다.

가끔 일론 머스크나 스티브 잡스의 카리스마와 기행을 떠올리며 상대에게 무례하게 구는 리더가 있다. 그들이 큰 성공을 거둔 것은 무례하게 윽박질러서가 아니라 사회성이 부족했음에도 불구하고 그들이 제공했던 기회가 더 매력적이었기 때문이다. 공포는 단기간에 빠른 수행을 가능하게 하지만 지속적인 동기 부여는 하지 못한다. 이것을 상쇄할 정도로 빠르게 성장하는 보상이 있어서 견딜 수 있었을 것이다. 리더가 안전한 환경을 제공하며 동시에 의미 있는 목표를 제시할 때 구성원들은 더 모험적으로 도전할 수 있다. 그런 환경을 위해 상대를 존중하는 대화는 기본이 되어야 한다. 적극적으로 아이디어를 내라고 해 놓고는 핀잔을 준다면 다음 회의에는 모두 입을 다물 것이다.

세계화를 통해 외국인과 협업할 일도 많아진다. 서로 다른 문화 속에 살고 있으니 소통에 더 많은 노력이 들어가는 것은 피할 수 없다. 이럴 때 "이걸요? 제가요? 왜요?"라는 물음에 준비가 되어 있다면 편해진다. 각자의 개성을 존중하고 상대의 욕구와 조직의 목표를 조율하는 과정에 익숙해지면 국적, 인종, 종교, 성별, 나이 등 다양한 장벽을 넘기 쉬워진다. 더 많은 기회를 가질 수 있으니 조직의 목표 성취에 더 유리해진다. 리더는 이를 위해 노력해야 한다.

(5) 외부 전문가가 필요한 경우 ― 정신건강의학과, 감사실, 인권센터

자살사고가 일어나 정신건강의학과적 도움이 필요한 경우 그 방법을 3장에서 얘기했다. 자살이 발생하면 업무 자체도 문제지만 다른 구성원들도 큰 영향을 받는다. 회복에는 시간이 꽤 걸린다. 이듬해 같은 날짜가 되면 조직의 분위기가 침울해질 수도 있다. 과로나 중간 관리자의 갑질로 누군가 생명을 잃는다면 리더에게 책임을 묻게 된다. 그러니 누가 스트레스를 받는다고 하면 덜컥 겁이 날 정도다. 우리가 할 수 있는 최선은 예방이다.

리더로서 챙겨야 하는 것은 구성원의 건강과 조직의 목표 달성이다. 만약 갑자기 지각과 결근이 많아지고 표정이 어두운 구성원이 있다면 건강은 괜찮은지, 혹시 업무 조율이 필요한 것은 아닌지 알아보며 대화를 시작해보자. 원인이 신체적인 문제든 집안일이든 심리적인 어려움이든 리더로서 도와줄 것이 있는지 확인하면 된다. 전문적인 부분은 전문가의 도움을 받도록 권유하는 것이면 충분하다.

우울과 자살 외에도 다양한 문제가 직장 업무를 방해한다. 공적인 일들을 개인적인 공격으로 해석하는 피해사고를 보이는 사람, 예민해지면 충동적이고 공격적으로 변해 감정 조절 문제가 있는 사람, 원하는 대로 안 되면 자해로 상대를 위협하는 사람, 일을 왕성하게 하더니 갑자기 에너지가 뚝 떨어지는 사람 등 다양한 정신과적 문제가 업무를 방해한다.

정신건강의학과 전문의도 아닌데 이런 것을 다 공부할 수도 없다. 어설프게 질환명을 언급하는 것은 도움이 되지 않는다. 설사 맞힌다고 하더라도 말이다. 대신 리더로서 신경 쓰이는 문제들을 나누면 된다. 나는 간혹 동료 교수님들로부터 조현병이나 마약중독이 궁금하다며 연락을 받는다. 대부분 지도 학생이나 연구원의 행동을 이해할 수 없어서 도움을 요청하는 경우다. 내게 환자로 찾아오지 않은 사람을 진단할 방법은 없다. 리더로서 업무를 논의하며 방해가 되는 것들을 함께 점검하는 것이 최선이다. 나는 정신건강의학과에 가보라는 말은 가장 뒤로 미루고 지도교수로서 도울 방법 중 하나로 당사자가 결정할 수 있도록 안내해달라고 요청한다. 예를 들면 다음과 같은 방식이다.

> **교수**: 자네가 요즘 예전과 다르다고 느끼네. 그런 적이 없는 사람이 갑자기 연락도 없이 연구실에 나오지 않아 걱정되기도 했네. 지난주엔 다들 조용히 일하고 있는데 누가 자네 비난을 했다고 해서 해명하는 일이 있었다고 들었네. 스트레스를 너무 많이 받고 있는 것은 아닌가 걱정이 되네. 필요하면 과제 마감 준비를 다른 학생들과 분담하는 것도 생각해보게. 휴가를 가는 것도 좋지만 늦기 전에 도움받는 것도 좋을 수 있으니 상담실에 한번 가 보는 것은 어떨까 싶네. 내가 따로 전화로 부탁도 해놓겠네.

지도교수와 적대적인 사이가 아니라면 이런 제안은 잘 받아들여진다. 특히 내 진료실은 캠퍼스 내에 있어서 방문하기 쉽다. 일을 비롯해 여러 가지로 혼란스러운 상황에서 오히려 안내해준 지도교수님께 감사하는 마음이 더 커졌다는 말도 자주 듣는다. 스스로도 이해가 안 되는 자신의 행동에 동료들이 불편해하면서 고립되었는데 교수님이 이 점을 걱정하고 제안해줘서 더 가벼운 마음으로 진료실을 찾아왔다는 것이다. 편견을 조금 놓는다면 "팔이 불편한 것 같은데 정형외과에 가봐야 하는 것 아니야"라고 챙겨 묻는 것과 큰 차이가 없다.

정신건강의학과를 다닌다는 얘기가 나오면 일상적인 피드백도 피하는 리더들이 있다. 혹시 문제가 생길까 싶어 업무가 제대로 안 돌아가도 말을 못 꺼낸다는 것이다. 우울증 환자라고 해서 대화가 불가능한 것은 아니다. 팔다리를 다친 사람이 여전히 할 수 있는 일이 있는 것처럼 우울증 환자도 마찬가지다. 감당할 수 있다면 일을 하는 것이 치료에도 도움이 된다. 조직과 개인에 맞춰 리더와 조율할 수 있는 부분이다. 리더는 목표에 도움이 되도록 업무를 수정하고 갈등을 조정하는 역할을 하면 된다. 치료는 전문가에게 맡기자. 치료차 정형외과를 다니는 사람을 대하는 것과 비슷하다.

구성원 사이의 갈등을 중재하는 리더의 역할을 앞에서 다뤘다. 그런데 리더가 홀로 감당하기 어려운 더 복잡한 갈등도 생길 수 있다. 직장 갑질이나 성희롱, 성폭력 문제가 대표적이다. 교육 덕분인지 과거처럼 없었던 일로 덮으라면서 종용하는 리더는 드물어졌다. 대신 이 문제를 너무 두려워해서 감사실이나 인권센터에 맡기고 자신은 전혀 관여하지 않으려는 경우가 있다. 리더가 자신이 전문가가 아닌 사실에 지나치게 겁을 먹기 때문이다. 피해를 주장하는 사람에게 추가 피해를 준 사람이 될까 두렵고, 가해자로 지목된 사람을 더 억울하게 하지 않을까 두려워 아무 관여도 하지 않는다. 두려워서 피하는 것은 좋은 해결 방안이 아니다.

해결책은 앞의 정신건강의학과 문제와 비슷하다. 전문가를 필요로 하는 부분은 전문가에게 맡기고, 리더로서 자신이 할 수 있는 것을 함께 논의하는 것이 방법이다. 일반적인 갈등 중재와 비슷하게 리더로서 각 개인의 입장을 들어줄 수 있는 것은 들어보는 자세를 갖춰야 한다. 자신이 도울 수 있는 것과 없는 것을 구분하여 전달하면 된다. 두 사람이 동의할 수 있는 보호 방법을 찾는 정도에서 시작하고 판단하기 어려운 부분은 솔직하게 설명한다. 자신이 전문가가 아니라서 두 사람에게 더 피해를 줄까 걱정된다고 솔직하게 이야기하는 것이다. 이런 부분은 전문가 의견을 참고하면 되는데, 그러기까지는 시간이 걸리니 양측이 동의할 수 있는 조치부터 먼저 시작하는 것이다. 그렇게 해야 내 일이 아니라며 발을 빼는 것보다 더 신뢰감을 줄 수 있다.

우리 문화는 표현하지 않고 감추는 것을 미덕으로 여기곤 한다. 말 잘하는 사람 하면 화려한 웅변으로 대중을 이끄는 정치인이나 목소리 좋은 아나운서를 떠올린다. 일상적인 대화에서 공동의 목표에 대해 의견을 나누거나 갈등을 대화로 해결하는 것에는 익숙하지 않다. 학교에서 배우거나 훈련한 경험도 드물다. 개개인은 똑똑하고 성실한데 모여서 시너지를 내지 못한다고 자조한다. 직장은 힘겹고 모임은 다 스트레스를 유발해 혼자가 편하다는 말도 많이 한다. 가족 간의 대화도 마찬가지다. 이 장의 여러 원칙을 일상에 적용해 더 나은 조직을 만들 수 있길 기대한다. 목표도 달성하고 줄어든 갈등 속에서 유대감을 느끼길 바란다.

6장

말하기는 곧 관계

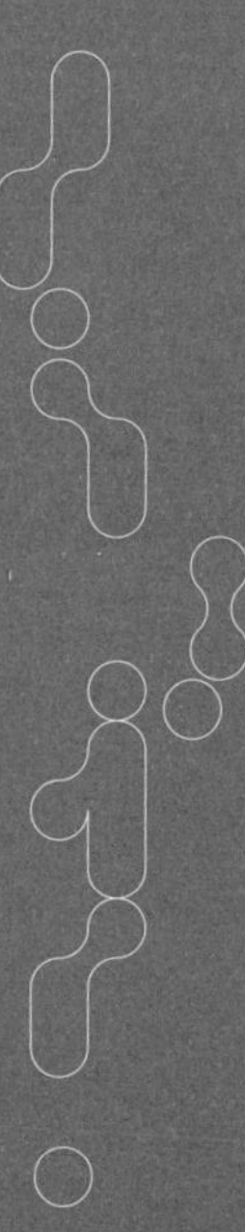

말은 관계를 담는 그릇이다. 우리는 말을 통해서 상대방과의 관계를 쌓아간다. 말을 통해서 내 생각이나 느낌을 전달하고 상대방을 설득하기도 하며 함께 문제를 해결하고 목표를 달성해가기도 한다. 이처럼 우리는 말하기를 통해서 관계를 발전시키지만, 결국 말이 관계를 넘어설 순 없다. 말을 잘하기 위해서는 잘 듣고 말하는 것만큼이나 관계 자체를 유지하고 쌓아가려는 노력이 중요하다.

---

1. 말 잘하기의 첫째 기술, 솔직함

말을 잘하는 데 있어서 가장 중요한 점은 진심을 전달하는 것이다. 그리고 관계를 유지하고 쌓아가는 데 가장 중요한 것은 솔직함이다. 솔직함에는 여러 의미가 있을 것이다. 자기 생각이나 느낌을 감추거나 과장하지 않고 표현한다는 의미도 있고, 자신의 부족한 점을 숨기거나 꾸미지 않고 드러낸다는 의미도 있으며, 다른 사람을 속이거나 이용하려 하지 않고 진심으로 대한다는 의미도 있다.

(1) 생각이나 감정을 솔직하게 표현하기

자기 생각이나 감정을 있는 그대로 표현하면 상대방에게 신뢰감과 친밀감을 준다. 우리가 인간관계에서 어렵다고 생각하는 순간은 대개 상대방이 어떤 생각을 하는지, 내가 한 말 때문에 기분이 상한 것은 아닌지, 상대방이 어떻게 행동할지 예측하기 어려운 순간들이다. 그런데 누군가가 자기 생각, 입장, 감정을 명확하게 말해준다면, 그 사람을 이해하거나 예측하기가 쉽고 좀더 편안하게 대할 수 있다.

직장 후배가 주말에 종종 전화해서 업무와 관련된 것을 물어보는 경우를 생각해보자. 주말에 급한 일도 아닌데 전화해서 물어보는 것이 귀찮기도 하고, 후배가 주말까지 열심히 일하면서 질문하는 건데 주말에는 연락하지 말라고 하자니 선배로서 속 좁은 듯한 느낌이 들기도 해서 말 못 하고 곤란하다. 그런데 이렇게 불편한 상황에서 말을 안 하고 있으면, 정확히 이유는 모르지만 불편한 느낌이 후배에게도 전해지기 때문에 후배도 눈치를 보게 된다. 이렇게 모호한 불편함 때문에 서로 관계가 어색해지는 것보다는 자신의 상황과 생각을 정확하게 말하는 것이 낫다. "제가 주말에는 여자친구랑 영화를 보거나 캠핑을 가기 때문에 업무 전화를 받기가 좀 어려워요. 그치만 평일 저녁 시간에는 편하게 연락하셔도 돼요" 하고 말해주는 것이다. 후배 입장에서도 처음에는 잘하려고 물어보는 것인데 지적당하는 것 같아 서운할 수도 있겠지만, 선배가 불편하게 생각하는 것과 그렇지 않은 것을 분명하게 얘기해준다는 사실을 알게 되면 앞으로 선배의 눈치를 덜 보고 더 편안하게 대할 수 있다.

이렇게 자기 생각과 감정을 솔직하게 표현하는 것은 상대방에게 관계에 대한 안정감과 편안함을 준다. 대화에서는 다른 사람의 숨은 의도나 욕구, 감정을 파악하고 읽는 것이 중요하다. 그런데 말하는 사람이 자기 생각이나 감정을 솔직하게 얘기한다면 상대방의 숨은 의도를 파악하려는 노력을 하지 않아도 되기 때문에, 말하는 사람을 조금 더 편하게 대할 수 있는 것이다. 또한 상대방의 솔직하고 진실된 감정과 생각을 전달받으면 더 가까운 관계가 되었다는 친밀감을 느끼게 된다. 자기 생각과 감정을 솔직하게 말로 표현하는 사람에게는 내 생각과 감정도 더 잘 표현할 수 있다. 이런 안정감과 편안함, 친밀감, 신뢰가 관계를 쌓아가는 바탕이 된다.

(2) 숨기거나 꾸미지 않는, 있는 그대로의 모습으로 관계 맺기

우리는 말할 때 자신을 그럴듯하게 포장하거나 부족한 부분을 숨기고 싶은 욕구를 느낀다. 잘 못 하면서도 잘한다고 말할 때도 있고, 실수한 것을 숨기기도 한다. 실제보다 더 있어 보이고, 실제보다 더 예뻐 보이고 싶다. 사실 소셜미디어를 보면 다른 사람들은 모두 좋은 것을 먹고, 예쁘게 입고, 멋진 곳에 여행을 다니면서 살고 있는 것 같고, 나는 뭔가 너무 평범하고 약간 부족한 삶을 살고 있는 듯해 좀더 있어 보이게 말하고 싶기도 하다. 직장에서도 좋은 성과를 내거나 상사에게 인정받고 싶은 마음 때문에 부족한 부분을 숨기고 잘하는 부분만 더 강조할 수 있다. 친구나 가까운 사람들과의 관계에서도 좋은 모습만 보이고 싶다.

생각해보면 이런 마음은 어릴 때부터 생겨난다. 초등학교 저학년 때 선생님이 내준 숙제를 못 했을 때, 아이는 "죄송해요. 깜박하고 숙제를 못 했어요"라며 사실대로 말할 것인지 "앗, 숙제를 다 했는데 깜박하고 집에 두고 왔어요"라고 거짓말할 것인지 선택해야 한다. 이런 상황에서 솔직하게 자기 잘못을 인정하지 못하는 아이의 마음속에는 선생님께 숙제를 잘하는 학생으로 보이고 인정받고 싶다는 생각과 숙제를 안 해왔다고 하면 선생님이 자기를 싫어하거나 나쁜 학생이라고 생각할지도 모른다는 두려움이 숨어 있다. 있는 그대로의 자기 모습을 보이지 못하는 어른들의 마음속에도, 자신의 부족한 모습이나 실수를 드러내면 사람들이 싫어하거나 무시할지도 모른다는 두려움 혹은 자신은 다른 사람들에게 사랑받거나 인정받기에는 부족한 존재라는 낮은 자존감이 숨어 있다. 자신의 무능함이나 열등감, 낮은 자존감을 감추고 사람들에게 유능하다는 인상을 주고 싶을 때 사람들은 거짓말을 하게 되는 것이다.

그렇지만 학교 선생님이 숙제를 안 한 초등학생의 거짓말을 쉽게 알아차리듯이, 자신의 부족함을 숨기거나 좋은 점을 부풀려서 말하는 것을 다른 사람들은 금방 알아차린다. 협상을 하거나 계약하는 것처럼 업무상 잠깐 만나는 사이에서는 자기 장점을 최대한으로 보여주고 단점을 감추는 게 도움이 될 수도 있다. 그러나 지속적으로 협력하는 업무 관계에서나 개인적으로 친밀한 관계에서는 말하는 사람을 믿을 수 없게 만든다.

단점과 부족한 부분이 없는 사람은 없다. 실수하지 않는 사람도 없다. 그렇지만 자신의 부족함이나 실수를 있는 그대로 말하기도 쉽지 않다. 그런 이유로 사람들은 자신의 부족함을 솔직하게 인정하고 담담하게 말할 수 있는 이들에게 인간적인 매력을 느낀다. 2014년 대종상 영화제 시상식에서 이정재 배우와 함께 감독상 수상자로 나온 배우 라미란은 "아름답다"는 이정재의 말에 "망했어요. 코디가 안티인가봐요. 제 배를 고스란히 드러내는 아름다운 의상을 골라주셨어요"라는 말을 했다. 이 말을 듣고 라미란 배우가 자기 관리를 못 한다거나 배우로서 부족하다고 생각하는 사람은 없을 것이다. 오히려 자신의 단점을 편안하게 이야기하면서 다른 사람들에게 웃음을 주는 재치 있는 배우라고 생각할 것이다. 자신의 부족함이나 모자람에 대해서 편안하게 말할 수 있는 사람은, 타인의 반응과 인정에 의지하지 않고, 스스로의 가치와 의미를 지킬 수 있는, 진정으로 강한 사람이다.

(3) 조종하기 위한 말

H 고등학교 1학년 학생 15명이 대치동 유명 강사 A에게 수학 내신 대비 수업을 듣고 있었다. 그중 한 명인 우진이의 엄마는 학부모 모임에서 강사 A의 수업이 학교의 내신 출제 방향과 맞지 않는 것 같다며 다른 학원의 유명 강사 B팀의 수업 자리가 났으니 그쪽으로 옮기자고 했다. 엄마들도 우진 엄마의 말에 동의해서 학원을 옮겼다. 그런데 얼마 지나지 않아 우진이만 강사 A에게 따로 수업을 듣고 있다는 사실을 알게 되었다. 결국 15명 중 우진이만 강사 A와 강사 B의 수업을 모두 듣고 있었던 것이다. 우진이 엄마는 수학시험에서 1등을 하기 위해, 강사 B의 수업도 듣고 싶었는데 강사 B가 아이들을 모아와야 수업을 열어준다고 하자 다른 엄마들에게 강사 A의 수업이 H 고

등학교의 내신 출제 방향과 맞지 않는다고 거짓말해서 다른 엄마들이 A 강사 대신 B 강사의 수업을 듣게 만든 것이었다. 이 사실을 알게 된 엄마들은 우진 엄마가 자기 아이한테만 유리한 학원 일정을 잡기 위해 다른 아이들과 학부모를 속이고 이용했다며 배신감과 분노를 느꼈다.

우진 엄마가 처음부터 솔직하게 강사 A와 B의 수업이 모두 괜찮은데 B의 수업은 15명이 되어야 들을 수 있다고 설명했다면, 다른 엄마들도 좀더 객관적이고 중립적인 상황에서 학원을 선택할 수 있었을 것이다. 우진 엄마가 원하는 대로 결정되진 않았을 수도 있지만, 다른 엄마들의 의견이 반영되어서 모두에게 어느 정도 좋은 선택지를 만들어낼 수 있었을 것이다. 그런데 우진 엄마가 우진이에게만 유리한 결과가 나오도록 다른 엄마들에게 거짓말했기 때문에 모든 사람이 우진이 엄마에게 뒤통수를 맞았다고 느꼈다. 이 일 이후로 그들은 우진이 엄마가 하는 모든 말을 의심하게 될 것이다.

우진이 엄마처럼 진심으로 사람을 대하지 않고 본인 의도대로 상대방을 속이며 조종하는 사람은 생각보다 많다. 본인이 감추고 있는 의도를 다른 사람들은 잘 모를 것이라고 생각하겠지만, 거짓말이나 조종하는 말은 결국 밝혀진다. “한 사람을 여러 번 속이거나, 많은 사람을 잠깐 속이는 것은 가능하다. 그러나 많은 사람을 오랜 기간 속이는 것은 불가능하다”라는 말이 있다. 처음 한두 번은 속거나 이용당할 수 있지만, 대부분의 사람은 거짓말이나 자신을 이용하려는 말을 금세 알아차린다. 그리고 그런 말을 하는 사람들을 피한다. 그런 사람은 믿을 수도 없고, 그 말 속에 숨겨진 다른 의도가 없는지 계속 생각해야 하기 때문에 함께 있는 것이 피곤하다. 언어의 전달력을 가장 크게 만드는 힘은 진실함에 있다.

(4) 솔직함과 무례함은 다르다

가끔 솔직함과 무례함을 구별하지 못하고, 솔직함이라는 이름 아래 다른 사람을 비난하거나 공격하는 사람도 있다.

무례함: 너 요즘 얼굴에 부쩍 기미가 많아졌더라. 피부과도 가고 피부 관리도 좀 해. 그러니까 남자친구가 안 생기지. 내가 다 너 생각해서 말해주는 거야.

다른 사람의 피부 상태나 연애사에 대해서 언급하는 것은 그 자체가 무례한 행위다. '너를 생각해서'라는 표현은 무례함에 대한 변명에 지나지 않는다. 관계의 기초가 되는 솔직함은 다른 사람의 생각이나 행동에 대해 배려 없이 쉽게 말하는 것과는 다르다.

솔직함의 기본은 상대방에 대한 평가나 판단이 아니라 내 생각과 감정을 진실하게 열어서 보여주는 것이다. 더불어 '나는 이렇게 생각하는데, 너는 그렇게 느끼는구나' 하고 상대방에 대한 관심을 보여주는 것이기도 하다. 솔직함은 자기 생각이나 의견을 드러낼 때 상대방의 의견과 감정을 존중하며 표현하는 것이다. 더불어 부드럽고 친절하며 예의 바른 말투와 태도로 다가가는 것이다.

솔직함: 소개팅 여러 번 해도 잘 안 돼서 속상한데, 내가 피부 관리 안 하는 탓이라고 하니까 서운해.
무례함: 나한테 피부 얘기랑 얼굴 얘기는 왜 하니? 너는 항상 다른 사람들 일에 오지랖 넓게 간섭하더라. 그러니까 사람들이 너를 싫어하지.

진실하게 자기 의견을 전달하는 것은 서로 신뢰를 쌓고 건강한 관계를 유지하는 바탕이 되지만, 무례함은 상대방에게 상처 주거나 협력과 소통을 방해할 수 있다. 무례한 말은 종종 신뢰를 깨뜨리고 관계 자체를 악화시키는 결과를 불러온다.

2. 마음과 마음 사이에는 거리가 필요하다

(1) 심리적 거리란?

류시화의 시집『사랑하라 한번도 상처받지 않은 것처럼』에는「사람 사이의 거리」라는 작자 미상의 시가 있다. 이 시에는 "내가 네게로 갔다 오는 거리와 네가 내게로 왔다 가는 거리는 같을 듯 같지 않다"는 구절이 나온다. 사람마다 타인과의 관계에서 편안하게 느끼는 거리가 다르다.

프린스턴대학의 신경심리학자 마이클 그라지아노는 우리 뇌가 우리 신체 주변에 물리적 완충 공간인 개인 공간Personal Space을 예측해

두고 있다고 했다. 물리적 개인 공간은 우리 몸을 지키고 보호하는 역할을 한다. 뇌가 상황에 맞게 계산해둔 개인 공간이 있는데, 엘리베이터나 지하철에서 누군가가 예측하고 있던 개인 공간 안으로 들어오면 불쾌감을 느끼고 주의를 기울이게 된다.

이런 개인 공간은 물리적 거리뿐만 아니라 사람과 사람의 심리적 거리에도 적용된다. 인간에게는 저마다 타인에게 침범당하고 싶지 않은 심리적 거리가 있다. 인간관계에서 자신을 방어하기 위한 최소한의 거리로 언제, 누구와, 어떻게 상호작용하는지에 따라서 그 거리가 결정된다. 그 경계선을 넘으면 불편함, 무례함과 위협을 느낀다. 그리고 사람마다 타인과 관계 맺는 방법이 다르듯이, 본인이 편안하게 생각하는 심리적 거리도 다르다. 어떤 사람은 주변 모두와 친밀하고 가까운 관계를 유지하는 것을 좋아하지만, 어떤 사람들은 혼자 있는 시간을 중요하게 여기고 대부분의 사람과 적당한 거리를 유지하길 원한다.

(2) 적절한 심리적 거리를 유지하기

누군가와 좋은 관계를 유지하고 싶다면, 그 사람이 어느 정도의 심리적 거리를 편안하게 여기는지 관찰하고 나와 상대방이 모두 편안하게 느낄 만한 거리를 찾아야 한다. 그 사람이 다른 이들과 어떻게 관계를 맺는지, 어느 정도의 거리를 적당하다고 생각하는지를 한번 살펴보자. 또한 언제, 누구와, 어떤 상황에서 만나는지에 따라서 심리적 거리를 어떻게 조정하는지도 지켜볼 필요가 있다.

한쪽에서 친구와 거리를 유지하는 것을 편하게 생각하는데, 다른 쪽에서 그 사람에게 너무 의지하면 문제가 된다. 상대방이 자기처럼 친근하게 대해주지 않는 것에 대해서 서운함이나 분노가 생길 수 있고, 상대방에게 휘둘리는 것 같다고 느낄 수도 있다. 반대로 적당한 거리 유지를 좋아하는 사람은 상대방이 지나치게 다가오면 부담스러워하거나 존중받지 못한다고 느낄 수도 있다. 그래서 나와 상대방이 편안하게 생각하는 심리적 거리가 어느 정도인지 가늠해보고 맞춰가려는 노력이 필요하다. 4장에서 자기 공개를 상대방과 균형 및 속도를 맞추면서 해야 한다고 말했는데, 이것 역시 사람과 사람 사이의 적절한 심리적 거리를 유지하는 방법이다.

아이들에게 친구 잘 사귀는 법을 가르치는 사회성 집단 치료를 할 때는 다른 사람들과의 물리적 거리를 유지하는 방법뿐만 아니라 심리적 거리를 유지하는 방법도 구체적으로 가르쳐준다. 예를 들어 친구와 만나서 놀자는 약속을 할 때, 늘 두 명 중 한 명이 먼저 만나자고 한다면 이미 둘의 관계는 동등하지 않은 것이다. 친구와 카카오톡이나 인스타그램 DM으로 대화할 때도 마찬가지다. 항상 한 사람이 대화를 시작한다거나, 여러 번 톡과 DM을 보냈는데도 어쩌다 한 번씩 답변한다면 두 사람이 편안하게 생각하는 거리는 같지 않은 것이다. 사회성 치료를 할 때는 아이들이 쉽게 실천할 수 있는 기준을 알려주는 게 중요하기 때문에, 내가 먼저 연락하는 것은 두 번까지만 하자고 얘기해준다. 카카오톡이나 인스타그램 DM으로 대화를 시작하는 것도 내가 두 번 정도 하고 나면 상대방이 연락해올 때까지 기다리고, 만나서 놀자고 할 때도 내가 먼저 두 번 제안했으면, 다음번에는 친구가 먼저 만나자고 말하는 것을 기다려보자고 말이다.

현실의 인간관계는 아이들의 사회성 치료에서처럼 단순하진 않지만, 나와 상대방이 서로 어떻게 연락하고 대화를 시작하는지 관찰해보는 것은 도움이 된다. 만약 내가 늘 먼저 연락하고, 대부분 만나자는 약속을 먼저 만들며 상대방에게 더 많이 의지하고 있다면, 연락하는 속도와 빈도를 약간 늦추고 거리를 두는 것이 관계를 오래 유지하는 데 도움이 될 수 있다. 반대로 상대방이 너무 자주 연락하거나 나에게 의존하고 나를 함부로 대하거나 혹은 나를 휘두르려 한다면 내가 편안한 거리를 지키도록 노력해야 한다. 직접 불편하다고 말해도 좋고, 답변을 천천히 하거나, 무례하거나 조종하는 말에 대해서는 답변하지 않는 것도 한 가지 방법이다. 건강한 관계에서는 내가 다른 사람을 진심으로 대하는 것뿐만 아니라 상대방 역시 나를 존중하고 진심으로 대해야 한다.

심리적 거리는 관계에 대해서 잠시 멈춰 생각하고 나 자신을 다시 살펴볼 기회를 준다. 또 상대방을 좀더 객관적으로 바라보고 이해하거나 배려하도록 하는 데도 도움이 된다. 또한 보지 못했던 것들을 보며 생각을 재구성할 수 있게 된다. 그래서 적절한 거리를 지키는 것이 건강한 관계를 지키는 데 중요하다.

(3) 말에도 적절한 거리가 필요하다

말에도 적절한 거리가 필요하다. 『나를 지키는 관계가 먼저입니다』

의 저자 앤절라 센은 '건강한 소통은 자기 생각과 감정을 표현하며 요구를 솔직하고 분명하게 전달하면서 동시에 서로의 권리를 존중하는 소통'이라고 했다. 말하기의 기본은 상대방을 존중하는 것이다. 아무리 친한 사이라도 쉽게 대해서는 안 되고, 적절한 거리를 지키고 예의를 갖추며 존중해야 한다.

상대방이 자신과 가까운 사람이라고 생각하면 무례하게 대하기 쉽고, 말도 쉽게 하며, 배려도 덜 하게 될 수 있다. 상대방이 알아서 이해해줄 거라면서 자기 생각이나 감정, 욕구를 정확하게 설명하지 않기도 한다. 관계를 가꾸려는 노력을 하지 않게 되는 것이다. 그러면서도 서로 기대하는 것이 많기 때문에 실망하고 갈등도 잘 생긴다. 가족이나 연인 사이에서 상처를 쉽게 받는 것도 이런 이유에서다. 가까운 사람일수록 상대방의 마음을 이해하고 그 기분과 감정을 알아차리려 노력해야 한다.

영미의 아들 지훈은 이번에 입시를 마치고 원하던 대학, 원하던 학과에 합격했다. 합격 발표가 나자마자 고등학교 친구와 같은 과 친구들을 만나서 술을 마시고 늦게까지 놀기 시작했다. 연락도 없이 새벽 1~2시가 되어야 집에 들어오고, 와서는 휴대폰 하면서 늦게 자다가 오후 2~3시가 되어서야 일어난다. 이런 모습이 일주일간 지속되자 영미는 머리끝까지 화가 났다. 자는 지훈을 깨워서 "야, 이게 뭐 하는 짓이야" 하고 소리질렀다. "대학 합격이 끝이 아니다, 학점도 챙겨야 하는데 전공 준비는 안 하냐, 요즘 취업도 어려운데 학점을 잘 받아야지, 그리고 영어 공부도 좀 해야 하지 않냐, 이렇게 매일 늦게 일어나다가 3월에 학교는 어떻게 다니려고 그러냐" 하고 잔소리도 퍼부었다. 지훈도 화가 나서 "이제 저도 어른이니까 엄마는 신경 끄세요"라며 소리 질렀다.

영미는 이제 지훈이 어른이라는 것을 알지만 아직 불안하다. 대학 합격은 시작일 뿐 앞으로 갈 길이 먼데 지훈이 이런 것을 다 생각하지 못하는 듯해 답답하다. 착하고 모범생이었던 아들이 늦게까지 술 마시고 연락도 잘 안 되는 것에 적응이 안 된다. 지훈은 힘든 입시가 막 끝나고 모처럼 쉬는 시기인데 우리 엄마만 잔소리하는 게 답답하다. 3월이 되면 알아서 잘할 텐데, 이제 나도 어른인데 엄마는 아직도 나를 못 믿는 것 같아서 속상하기도 하다. 엄마와 아들 모두 각자의 마음속 불안이나 속상함을 표현하는 대신 화내고 소리 지르게 된 것이다. 서로 조금씩 조심하고 상대의 감정이나 생각을 짚어보면서 대화하면 화내지 않고 마음 상하지 않게 할 수 있다.

영미: 지훈아, 요즘 술 마시고 늦게 들어오면서 연락 안 하면 엄마가 걱정되거든. 늦으면 미리 연락해줘.

지훈: 네. 저도 막 입시 끝나서 오랜만에 고등학교 친구들이랑도 놀고, 대학 친구들이랑 선배들 만나니까 자꾸 늦어지네요. 걱정하시게 해서 죄송해요. 늦으면 연락할게요.

영미: 그리고 대학생활 준비도 알아서 잘할 거지?

지훈: 네. 선배들도 요새 취업하려면 학점 관리랑 영어 공부가 중요하다고 해서요. 2월까지만 좀 놀고 잘할게요.

또 내가 편안한 심리적 거리를 지키는 것도 중요하다. 이 정도가 딱 좋은데 상대가 지나치게 다가온다거나, 나에게 의존하거나 너무 스스럼없이 대할 때, 내 선을 말해야 한다. 적절한 거리를 유지하고 싶다고 말하는 것에 대해서 죄책감이나 미안한 마음을 가질 필요는 없다. 서로가 편하게 지낼 수 있는, 너무 멀지도 않고 가깝지도 않은 관계를 찾아서 유지하는 것이 좋다.

유미는 대학교 1학년생이다. 막내인 유미가 대학에 입학한 다음부터 엄마는 유미에게 하소연하기 시작했다. 엄마가 아빠 때문에 얼마나 고생하면서 살았는지, 오빠와 유미를 키우느라 얼마나 힘들었는지, 시집살이가 얼마나 고되었는지 등등. 유미는 이제 막 어른이 된 것 같고, 자기 마음도 다스리기 어려운데, 엄마의 하소연을 들으면서 엄마를 위로하는 역할을 떠맡는 게 부담스럽기만 하다. 그러면서도 이런 심정을 내비치면 엄마가 상처받을 것 같아 차마 말할 수가 없다. 생각해보면 유미는 어려서부터 항상 다른 사람들의 기분을 맞추려 했던 것 같고, 거절의 말을 하는 데 어려움을 느꼈다. 유미는 우선 아르바이트를 시작하면서 엄마와 함께 있는 시간을 조금 줄였고, 용기를 내 "엄마, 아빠랑 오빠를 자꾸 욕하시면 곤란해요. 엄마 편을 들기도 어렵고, 오빠나 아빠 편을 들기도 어려워서 어떻게 해야 할지 모르겠거든요. 서운한 게 있으시면 직접 말씀하시는 게 좋겠어요"라고 말했다.

3. 상대방을 바꾸려 하지 않고 받아들이기

2023년 가을 전북대에 강의를 하러 갔다. 현대 사회와 정신건강이 주제였는데, 끝나고 나서 한 학생이 질문했다. "부모님이 동아리나 과 학생회 활동은 시간 낭비라 생각하시고, 취업에 도움이 되는 활동을 하라시는데, 부모님을 어떻게 설득할 수 있을까요?" 사실 학생과 부모님의 욕구 및 감정을 파악하고, 부모님의 불안과 걱정에 공감하면서, 부모님이 생각하지 못한 동아리나 과 활동의 장점을 말씀드리고, 양쪽 다 만족할 만한 장기적인 계획을 보여드리는 것으로 부모님을 설득할 수 있을 것이다. 사실 이 책 전체가 그런 말하기 방법에 대한 것이다.

그런데 나는 그렇게 답변하지 않았다. 어떻게 말할지는 학생이 어떤 사람인지, 부모님이 어떤 분인지, 그리고 동아리나 과 활동이 학생에게 어느 정도로 중요한지에 따라서 다르다고 답변했다. 학생이 최선을 다해서 설득하고 부모님이 이해해주면 좋겠지만, 노력해도 설득에 실패할 수 있다. 그럴 때는 동아리와 과 활동이 나에게 어떤 의미가 있고, 얼마만큼 중요한지에 따라서 결정해야 한다. 부모님이 설득되지 않아도, 동의해주시지 않아도, 나에게 중요하고 의미 있다면 할 수밖에 없다.

말하기를 통해서 모든 관계를 바꿀 수 있는 것은 아니다. 내가 말을 잘한다고 해서 모든 사람을 설득할 수 있는 것도 아니다. 때로는 내가 진심을 다해도 내 마음을 몰라주는 사람이 있다. 마음을 다해 내 생각과 감정을 보여주고, 또 상대방의 욕구와 감정을 경청하면서 서로 설득될 수 있지만, 그렇지 않을 수도 있다.

(1) 모든 사람과 잘 지내는 것은 불가능하다

모든 사람과 잘 지내는 것, 모든 사람에게 좋은 사람이 되는 것은 불가능하다. 내가 진심을 다해도 모든 사람의 마음에 가닿는 것은 아니다. 상대방 마음이 나와 같기도 어렵고, 내가 상대방을 존중하고 배려해도 그가 나를 배신하거나 이용하거나 버릴 수 있다.

모두에게 착하고 좋은 사람이 될 수는 없다. 그렇지만 누구에게 좋은 사람이 될지는 선택할 수 있다. 그래서 잘 지낼 사람과 잘 지내지 않아도 되는 사람을 구별하는 것이 중요하다. 내가 상대방을 배려하고 노력하는데도 나를 불편하게 하거나, 미워하거나 괴롭히는 사람들과는 잘 지내지 못해도 어쩔 수 없다. 누군가에게 미움받는다고 해서 내가 나쁜 사람이거나 문제가 있는 것은 아니다. 유대교 경전인 『미슈나』에 나오는 "열 명 중 한 명은 나를 싫어할 것이다"라는 말처럼 아무리 노력해도 나를 싫어하는 사람들은 있기 마련이다. 또 가까워지려 노력해도 가까워지지 않는 사람은 나에게 관심이 없거나 나와 맞지 않는 것이다. 어느 정도 노력해봤는데도 더 가까워지지 않으면 어쩔 수 없다는 사실을 받아들이고 멈추자. 나에게 중요하고 나를 사랑해주는 사람들과 좋은 관계를 유지하는 것만으로도 우리 인생은 충분히 바쁘다.

예지는 요즘 친구 수민이 때문에 고민이다. 수민은 대학교 같은 동아리를 하면서 가까워진 친구다. 예지는 부끄럼이 많고 소극적인 성격이라 사람들에게 먼저 다가가는 것을 잘 못 하는데, 수민은 먼저 연락하고 만나서 놀자고 제안하는 편이라 자연스럽게 가까워졌다. 그런데 친해지고 몇 달이 지나자 수민이 약속 시간에 15~20분쯤 늦기 시작했다. 밥값을 계산할 때도 못 본 척하고 있어서 결국 예지가 계산하게 되는 날이 많아졌다. 처음에는 무슨 사정이 있나보다 했는데, 시간이 지나도 이런 것이 반복되니 수민을 만나는 게 불편해졌다. 전화하거나 카톡을 할 때도 수민이 좋아하는 영화나 드라마에 대해서 얘기하거나 힘들었던 일을 하소연하는 게 대부분이고, 예지가 얘기하면 건성으로 대답하는 것 같다. 말로는 제일 친한 친구라고 하지만, 정서적으로나 금전적으로나 수민이 예지를 이용, 착취하는 느낌이 들기도 한다.

친구는 대등한 위치에서 서로의 관심사, 감정, 생각을 공유하고 지지하는 관계다. 수민처럼 다른 사람을 불편하게 하고 이용하거나 휘두르려는 사람과는 진정으로 좋은 친구가 되기 어렵다. 이런 사람들과는 적절한 거리를 유지해야 한다. 때로는 밥값을 나눠서 내자며 내 요구 사항을 정확히 말해야 하고, 이번 주말에는 다른 약속이 있어서 만나기 어렵다고 거절해야 하며, 바쁠 때 전화해서 자기 얘기만 늘어놓으면 단호하게 전화를 끊기도 해야 한다. 나를 진심으로 소중하게 대하는 친구라면 내가 거절하거나 요구하는 것을 이해할 테고, 이해하지 못하고 불평하거나 뒷담화하거나 멀어지는 친구라면 더 이상 내 시간과 열정을 허비할 가치가 없다. 이런 사람과 좋은 관계를 유지하고 싶어하는 것은 쓸모없는 감정 소모이고, 인생을 낭비하는 일이다.

모든 사람과 잘 지내고 싶은 마음은 미움받거나 욕먹는 것이 싫은 마음, 누구에게나 인정받고 싶거나 이해받고 싶은 마음에서 나온다. 이것은 사람이라면 누구나 가지고 있는 감정이다. 그렇지만 이렇게 인정받고 싶은 마음 때문에 다른 사람에게 이용당하거나 휘둘릴 수 있다. 그래서 모든 사람과 잘 지내야 한다는 기대, 다른 사람들에게 인정받고 싶은 마음을 내려놓는 것이 오히려 좋은 관계를 유지하는 데 도움이 될 수 있다. 모든 사람에게 좋은 사람이 되고 싶은 마음을 내려놓고, 다른 사람의 거절과 미움을 견딜 수 있는 맷집을 좀 키우면 인생은 더 살 만해진다.

(2) 다른 사람을 바꿀 순 없다

사람은 모두 다르다. 그동안 살아온 인생의 경험도 다르고 가치관도 다르다. 감정을 느끼고 표현하는 방식도 다 다르다. 동아리나 과 활동이 취업에 도움 되지 않는 시간 낭비라고 생각하는 부모님의 마음속에는

A. 동아리나 과 학생회 활동은 취업에 도움이 안 된다.
B. 대학을 다니면서 취업에 도움 안 되는 활동은 시간 낭비다.

라는 생각+가치관이 숨어 있다. 자녀가 부모님을 잘 설득해서

A. 동아리나 과 학생회 활동이 취업에 도움이 될 수도 있다.

B. 대학생활은 취업만 준비하는 시기가 아니라 인생의 여러 방향을 경험하고 고민해보는 시기다.

라고 생각을 바꾸시면 자녀와 부모님 사이의 갈등은 없어질 것이다.

혹은 부모님이 자녀를 잘 설득해서

A. 동아리나 과 학생회 활동이 취업에 직접적인 도움은 되지 않을 수도 있다.

B. 우리 집 형편상 대학 졸업 후 취업 준비 기간을 갖기는 어렵고 가능한 한 졸업과 동시에 취업해야 하니 대학 다니는 동안 취업과 관련된 활동에 집중해야겠다.

라며 자녀의 생각이 바뀌어도 부모 자식 간의 갈등은 없어질 것이다.

혹은 자녀와 부모님의 의견을 어느 정도 조정해서 대학교 1, 2학년까지는 동아리와 과 학생회 활동을 포함해 다양한 경험을 해보되 3, 4학년부터는 취업과 직접 관련된 활동에 중점을 두기로 할 수도 있다.

그런데 이런 방식으로 어느 한쪽이 설득되거나 혹은 양쪽이 모두 어느 정도 받아들일 수 있는 대안을 찾지 못하는 경우가 현실에서는 더 많다. 최선을 다해 상대방을 이해하고 설득하려 했는데도 의견이 모아지지 않는다면 어쩔 수 없는 일이다. 부모님 생각과 의견이 바꿔지 않고, 자녀에게 동아리와 과 활동이 정말로 중요하다면 "죄송해요. 저는 부모님과 생각이 좀 달라요. 동아리나 과 활동이 길게 보면 저한테 도움이 될 거라고 생각해요. 우선 올해는 제 뜻대로 해볼게요"라며 본인 생각을 정확하게 말하는 수밖에 없다.

사람은 쉽게 바뀌지 않는다. 아무리 친밀하고 가까운 사이라도 내가 그 사람의 생각이나 가치관, 성격을 바꾸는 것은 어렵다. 내가 노력하고 설득해서 바꾸려는 자체가 그 사람을 인정하지 않는 것일 수 있다. 목적이 있는 말하기에서도 마찬가지다. 협상에서도 원하는 결과가 이뤄지지 않을 수 있고, PT를 했는데 다른 팀의 기획안이 채택될 수도 있다. 유명한 강사가 대중 강연을 할 때도 그 내용에 동의하지 않는 사람들은 꼭 있다. 속상하거나 마음에 안 들 수 있지만 당연하고 자연스러운 일이다. 영화 「흐르는 강물처럼」에는 "우리가 서로를 완벽하게 이해할 수는 없지만, 완벽하게 사랑할 수는 있습니다"라는 대사가 나온다. 서로 다른 생각과 가치관을 가진 채 함께 살아가는 것을 배우는 게 필요할 때도 있다.

(3) 어쩔 수 없이 멀어지는 관계도 있다

지훈은 최근에 입사 동기 민환과 사이가 멀어졌다. 입사 때부터 서로 의지하고 도와주는 사이였는데, 올해 초 서로 경쟁관계에 있는 기획 1팀과 기획 2팀으로 배치되면서 조금씩 관계가 멀어졌다. 사이가 나쁜 두 팀장님이 다른 팀에 진행 중인 프로젝트가 노출되지 않도록 신신당부하면서 서로 연락하기도 조심스럽고 퇴근 후 술 한잔 하는 것도 부담스러워졌다.

지원과 희연은 대학에 다닐 때부터 보육원 아이들 학습 지도 봉사를 함께 꾸준히 다녔다. 각자 취업한 후에도 한 달에 한두 번은 보육원에 가서 봉사하고 매달 후원을 하기도 했다. 학습 지도를 했던 아이가 자라서 보육원을 나가게 되자 지원은 아이의 자립을 도울 수 있게 따로 후원도 하고, 아이와 종종 연락하면서 힘들 때면 다독여주기도 했다. 희연은 아이들이 적절한 보호막 없이 보육원에서 내보내지는 것이 불합리하다며, 법을 개정하기 위한 서명을 받으러 다니기도 하고, 국회 앞에서 일인시위를 하기도 했다. 희연은 지원에게도 서명운동과 일인시위를 같이 하자고 했지만, 지원은 사람들 앞에 나서는 게 부끄럽고 싫다며 보육원 자원봉사를 열심히 하겠다고 했다. 그랬더니 희연이 지원에게 편한 것만 하려 하고, 세상을 바꾸는 일에는 소극적이라면서 비난했다. 서로 마음이 상하기도 했고 하는 활동도 달라져서 둘은 점점 멀어졌다.

지훈과 민환은 직장 내의 정치적인 역학관계 때문에, 지원과 희연은 가치관의 차이 때문에 자연스럽게 멀어졌다. 이렇게 꼭 누가 잘못한 것이 아니어도 멀어질 수 있다. 상대방을 진심으로 대하고 최선을 다해 이해하며 배려하려고 노력했는데도 멀어진다면 어쩔 수 없다. 오랫동안 가깝게 지냈던 사람과 멀어지는 것은 안타깝고 슬프지만, 사람과 사람의 관계에서 어쩔 수 없는 것을 받아들이는 것도 필요하다. 시간이 한참 지난 뒤 지훈과 민환의 직장 내 역학관계가 바뀌거나, 지원과 희연이 각자의 방법으로 열심히 노력하다보면 서로를 이해하는 때가 올 수도 있다.

상대방에게 최선을 다했는데도 계속 나를 비난하거나 상처 주거나 이용하려는 사람들을 만나면, 내가 그 사람을 떠나야 할 때가 올 수도 있다. 서정윤 시인의 시집 『홀로서기』에는 「늙은 개」라는 시가 있다. 늙은 개가 짖을 때는 나이에 맞는 대접을 해주거나 나 자신이 가진 가장 강한 모습을 보여서 쫓아버려야 한다는 내용이다. 나는 살면서 인간관계 때문에 어려울 때, 불합리한 대우를 받는다고 생각할 때, 이 시를 떠올리곤 했다. 지금이 늙은 개의 나이만큼 대접해줄 때인가, 아니면 단호하게 늙은 개를 쫓아버릴 때인가 고민하면서 말이다. 가족이나 직장 상사처럼 나에게 영향을 많이 주지만 피할 수 없는 관계에서 이런 고민을 할 때가 많을 것이다.

사람과 사람 사이의 관계는 누구에게나 어렵다. 내가 어떤 사람인지, 또 상대방이 어떤 사람인지에 따라서 관계를 맺고 이어가는 방식은 모두 다를 것이다. 말하기는 이렇게 관계를 맺고 쌓아가며 갈등을 해결하는 모든 과정에 영향을 준다. 또 관계의 특징이 사람들의 말하기에 영향을 미치기도 한다. 존중과 예의를 담아 진심으로 상대방을 대하고, 또 나 자신을 존중하고 소중히 여긴다면, 말하기도 관계도 잘 이어갈 수 있을 것이다.

주

1장 대화가 관계를 바꾼다

1. Buehlman, K. T., Gottman, John, Katz, L. F., "How a couple views their past predicts their future: Predicting divorce from an oral history interview", *Journal of Family Psychology*, 1992, 5(3 – 4): 295~318.

2장 듣는 사람들

1. 김호연, 『불편한 편의점』, 나무옆의자, 2021.

2. Mehrabian, Albert, Ferris, Susan R., "Inference of attitudes from nonverbal communication in two channels", *Journal of Consulting and Clinical Psychology*, 1967, 31: 249~252.

3. Abrahams, R., Groysberg, B., "How to Become a Better Listener", *Harvard Business Review Digital Articles*, December 21, 2021.

4. Greenson, R. R., *The technique and practice of psychoanalysis*, Vol 1, New York: International Universities Press, 1967.

3장 말하기의 기본기 다지기

1. Gawande, A., "Hellhole", *The New Yorker*, 2009, March 30, pp. 36~45(https://www.newyorker.com/magazine/2009/03/30/hellhole).

2. Holt-Lunstad, J., Smith, T. B., and Layton, J. B., "Social relationships and mortality risk: A meta-analytic review", *PLoS Medicine*, 2010, 7(7), e1000316.

3. Case, R. B., Moss, A. J., Case, N., McDermott, M., and Eberly, S., "Living alone after myocardial infarction", *JAMA*, 1992, 267(4): 515~519; Williams, R. B., Barefoot, J. C., Califf, R. M., Haney, T. L., Saunders, W. B., Pryor, D. B., Hlatky, M. A., Siegler, I. C., Mark, D. B.(1992, January 22/29), "Prognostic importance of social and economic resources among medically treated patients with angiographically documented coronary artery disease", *JAMA*, 267, 520~524; and Ruberman, R.(1992, January 22/29), "Psychosocial influences on mortality of patients with coronary heart disease", *JAMA*, 267, 559~560; Cacioppo, J. T., Ernst, J. M., Burleson, M. H., McClintock, M. K., Malarkey, W. B., Hawkley, L. C., & Berntson G. G.(2000), "Lonely traits and concomitant physiological processes: The MacArthur social neuroscience studies", *International Journal of Psychophysiology*, 35, 143~154.

4. Bell, R. A.(2010), "Conversational involvement and loneliness", In M. L. Knapp & J. A. Daly(Eds.), *Interpersonal communication*, pp. 99~120, Thousand Oaks, CA: Sage.

5. Floyd, K., & Riforgiate, S.(2006), "Human affection exchange: XII. Affectionate communication is related to diurnal variation in salivary free cortisol", *Western Journal of Communication*, 75, 351~368.

6. Ybarra, O., Burnstein, O. E., Winkielman, P., Keller, M. C., Manis, M., Chan, E., & Rodriguez, J.(2008), "Mental exercising through simple socializing: Social interaction promotes general cognitive functioning", *Personality and Social Psychology Bulletin*, 34, 248~259.

7. Ronald B. Adler, Russell F. Proctor II, 『인간관계와 의사소통의 심리학』, 정태연 옮김, 박영스토리, 2021.

8. 로버트 치알디니, 『초전 설득』, 김경일 옮김, 21세기북스, 2018.

9. Tamir, Diana, Mitchell, Jason P., "Disclosing information about the self is intrinsically rewarding", *Proc Natl Acad Sci USA*, 2012 May 22;109(21):8038~8043.

10. Pat Ogden, Janina fisher, 『감각운동 심리치료: 트라우마와 애착을 위한 치료 개입』, 이승호 옮김, 하나의학사, 2021.

11. 아와즈 교이치로, 『굿 퀘스천』, 장미화 옮김, 이새, 2018.

4장 타인의 마음으로 들어가는 말하기

1. Dindia, K.(2002), "Self-disclosure research: Advances through meta-analysis", In M. Allen & R. W. Preiss(Eds.), *Interpersonal communication research: Advances through meta-analysis*, pp. 169~185, Mahwah, NJ: Erlbaum; Derlega, V. J. & Chaikin, A. L.(1975),

Sharing intimacy: What we reveal to others and why, Englewood Cliffs, NJ: Prentice-Hall.

2. John Powell(1969), *Why am I afraid to tell you who I am?*, Niles, IL: Argus Communications.

3. 로버트 치알디니 외, 『설득의 심리학』(전4권), 황혜숙 외 옮김, 21세기북스, 2023.

4. Carkhuff, R, R.(1969), *Human and Helping Relations*(Vols. 1 & 2), New York: Holt, Rinehart, and Winson.

5. 퍼트리샤 에반스, 『언어폭력』, 이강혜 옮김, 북바이북, 2018.

6. Cox, S. A.(1999), "Group communication and employee turnover: How coworkers encourage peers to voluntarily exit", *Southern Communication Journal*, 64, 181~192.

7. Gottman, J. M., & Levenson, R. W.(2000), "The timing of divorce: Predicting when a couple will divorce over a 14-year period", *Journal of Marriage and the Family*, 62, 737~745.

5장 성과를 이끄는 팀 소통의 기술

1. Lewicki, R. J., Polin, B., & Lount Jr, R. B.(2016), "An exploration of the structure of effective apologies", *Negotiation and conflict management research*, 9(2), 177~196.

듣는 마음, 말하는 기술

정신과 의사들이 현장 상담에서 배운 대화의 힘

1판 1쇄 2024년 11월 11일
1판 2쇄 2024년 12월 30일

지은이 김효원 김은영 정두영
펴낸이 강성민
편집장 이은혜
마케팅 정민호 박치우 한민아 이민경 박진희 황승현
브랜딩 함유지 함근아 박민재 김희숙 이송이 박다솔 조다현 배진성 이서진 김하연
제작 강신은 김동욱 이순호

펴낸곳 (주)글항아리 | 출판등록 2009년 1월 19일 제406-2009-000002호

주소 경기도 파주시 심학산로 10 3층
전자우편 bookpot@hanmail.net
전화번호 031-955-2689(마케팅) 031-941-5161(편집부)

ISBN 979-11-6909-310-1 03180

잘못된 책은 구입하신 서점에서 교환해드립니다.
기타 교환 문의 031-955-2661, 3580

www.geulhangari.com